Friedrich von Gudenus

Die Geschichte des ersten christlichen Jahrhunderts

Darinn die Begebenheiten von der Geburt unsers göttlichen Erlösers an, bis zur

Sendung des heiligen Geistes beschrieben werden

Friedrich von Gudenus

Die Geschichte des ersten christlichen Jahrhunderts
Darinn die Begebenheiten von der Geburt unsers göttlichen Erlösers an, bis zur Sendung des heiligen Geistes beschrieben werden

ISBN/EAN: 9783743437555

Hergestellt in Europa, USA, Kanada, Australien, Japan

Cover: Foto ©Lupo / pixelio.de

Weitere Bücher finden Sie auf **www.hansebooks.com**

Die Geschichte

des

Ersten

christlichen Jahrhunderts.

Von

Anselm Friederich von Gudenus,

Kanonikus und Sänger bey dem Kollegiatstifte des heiligen
Severus zu Erfurt.

Erste Abtheilung.

Wirzburg,

bey Johann Jakob Stahel, Hochfürstl. Wirzburg. privil.
Universitätsbuchhändler, und Buchdrucker 1783.

Hochwürdigster
Erzbischof
gnädigster Kuhrfürst
und Herr, Herr.

Euer Kuhrfürstlichen Gnaden höchsten Namen gegenwärtigem Werke vorzusetzen, würde mich die Tiefe der Ehrfurcht, wovon ich mich durchdrungen fühle, zurückgehalten haben, wenn mich nicht eine ganze Reihe von Fällen belehret hätte, daß diese gnädigste Erlaubniß noch Niemand versaget worden, der unter eben diesem höchsten Namen Schutz uud Zuflucht gesuchet.

Durch so viele Beyspiele Erzbischöflicher Milde ermuntert, unterwinde ich mich,

mich, nachstehendes Werk, als die Erst=
linge meiner Arbeit zu höchst Dero Fü=
ßen zu legen, mit der unterthänigsten
Bitte von Dero geheiligten Throne mit
gnädigen Augen auf daſſelbe herabzu=
ſehen.

Hochwürdigſter Erzbiſchof ein ein=
ziger Gnadenblick wird genug ſeyn, mich
gegen einen ganzen Schwarm von Tad=
lern zu vertheidigen; und ich werde
mich, durch einen ſo mächtigen Schutz
gedeckt, im Stande befinden, mein an=
gefan=

gefangenes Werk, ohne Störung, in Frieden fortzusetzen, der ich unter tausend Segenswünschen für die Verlängerung Dero glorreichen Regierungsjahre in tiefester Erniedrigung ersterbe

Euer Kuhrfürstlichen Gnaden

unterthänigster treugehorsamster Kapellan

Anselm Friederich von Gudenus,

Kanonikus und Sänger bey dem Kollegiatstifte des heil. Severus.

APPROBATIO
REVERENDISSIMI ET CELSISSIMI
D. ORDINARII.

Cum liber, cui titulus: **Die Geschichte des ersten christlichen Jahrhunderts** à Plur. Rev. & exim. D. Anselmo Friederico de Gudenus Canonico & Cantore Eccl. Colleg. ad S. Severum Erfordi compofitus nihil contineat, quod Fidei orthodoxæ, aut bonis moribus fit contrarium, hinc eundem imprimendi Licentiam Authoritate Reverendiffimi & Celfiffimi D. Ordinarii hifce impertior Wirceburgi die 25 Feb. 1783.

DAMIANUS GODEFRIDUS GÜNTHER,
S. T. & U. J. D. Reverend. & Celfiff. Epifc. & Principis Bamberg. & Wirceb. ac Franciæ Orientalis Ducis Confiliarius Ecclef. Infig. Ecclefiæ Colleg. in Haugis Can. Cap. Librorum Cenfor.

Vorrede.

Die Kirchengeschichte enthält in sich so viel Angenehmes, und hat vor andern Geschichten so grosse Vorzüge, daß ich schon vor mehreren Jahren gewünschet, daß doch einer von meinen katholischen Landsleuten dem Beyspiele der Franzosen und Italiäner folgen, und so, wie diese, seinem Vaterlande eine ausführliche Kirchengeschichte in seiner Muttersprache liefern möchte. Ungewiß, ob mein Wunsch je werde erfüllet werden, und wenn er auch erfüllet werden sollte, ob ich das Vergnügen haben würde, den Anfang von einer so nützlichen Arbeit zu erleben, entschloß ich mich, den Anfang davon selbst zu machen, ohne mich von dem Bewußtseyn meiner geringen Fähig-

kei-

keiten abschrecken zu laſſen, die ich durch den Gebrauch guter Bücher einigermaßen zu erſetzen verhoffte. Ich wählete unter den verſchiedenen Arten, die man hat, die Geſchichte zu ſchreiben,
die chronologiſche, weil ſie für die Leſer die
angenehmſte, und diejenige iſt, die man im ei-
gentlichſten Verſtande Geſchichte nennen kann.
Ich brachte endlich die Geſchichte des erſten
chriſtlichen Jahrhunderts zu Stande. Und da
ich mir ſchmeichelte, daß die Bekanntmachung
derſelben meinen wertheſten Landesleuten nützlich
ſeyn würde, ſo übergab ich ſie dem Druck. Das
Glück, meinem Nächſten nützlich zu ſeyn, wün-
ſche ich mir auch wirklich viel zu ſehr, als daß
ich es nicht hoffen ſollte. Ich weiß zwar wohl,
daß meine Schreibart das Schöne nicht hat, das
man heut zu Tage in ſo vielen Büchern findet,
allein ich weiß auch, daß die einfachenſte Erzählung der Begebenheiten, wenn ſie von der
Wahrheit nicht abweichet, ihren Nutzen haben
werde. Hätte es in meinem Vermögen geſtan-
den, meiner Geſchichte alle die Annehmlichkei-
ten zu ertheilen, die nur immer ein Schriftſteller der Geſchichte geben kann, ſo würde ich ſolches gewiß mit dem größten Vergnügen gethan
haben, um meine Herrn Leſer des Verdruſſes,
den ſie vielleicht bey Leſung meines Buches ver-

ſpüren

spüren werden, zu überheben, und Ihnen folglich daſſelbe deſto nützlicher zu machen. Indeſ-
ſen hoffe ich doch, daß der Inhalt deſſelben allen Beyfall erhalten werde, indem derſelbe Ihnen die größten, die wichtigſten und die heilig-
ſten Begebenheiten, die ſich jemals zugetragen
haben, vor Augen leget. Auch die von mir
beygefügten Anmerkungen, hoffe ich, werden
günſtig aufgenommen werden, weil dadurch viele
Begebenheiten ein helleres Licht erhalten, und
von Dingen Nachricht ertheilet wird, die ich,
in dem Texte ſelbſt, nicht anbringen konnte.
Sollten meine kritiſchen Noten manchem Leſer
mißfallen, ſo verſichere ich, daß mich nur die
Liebe zur Wahrheit, ſie beyzufügen bewogen
habe. Ich glaube auch, daß ich dadurch der
Religion gar keinen Schaden, ſondern vielmehr
Nutzen bringen werde; denn die Erfahrniß hat
es nur gar zu oft, und gar zu deutlich gelehret, daß der Mangel der Kritik dem Glauben
immer ſehr nachtheilig geweſen, die Kritik aber
zur größern Aufnahme deſſelben gedienet habe.
Beyſpiele hievon anzuführen, finde ich nicht
für nöthig. Ich überlaſſe ſolches jenen, die im
Stande ſind, ſowohl das eine, als das andere
in ſeiner ganzen Größe zu zeigen. Mir iſt
es genug, meine gethane Erklärung nochmals
zu

zu wiederholen, und dabey zu versichern, daß ich von ganzem Herzen bereit bin, gegründete Belehrungen gern anzunehmen, und davon, im Fall eine neue Auflage gegenwärtigen Werks nöthig seyn würde, Gebrauch zu machen. Sollte ich so glücklich seyn, daß es dem größten Theile eines verehrungswürdigen Publikums beliebte, meine angefangene Arbeit günstig aufzunehmen, so werde ich sie mit allem mir möglichem Eifer fortsetzen, wenn es anders dem Höchsten gefallen wird, mich noch einige Zeit bey meinen schwachen Kräften zu erhalten. Geschrieben Erfurt den 9ten Jenner 1783.

Der Geschichte
des erften chriftlichen Jahrhunderts
Erftes Buch,

darinn die Begebenheiten von der Geburt
unfers göttlichen Erlöfers an, bis zur Sendung des heiligen Geiftes befchrie-
ben werden.

§. 1.

Als die Zeit herbey kam, da Gott, der himmli-
fche Vater, feinen von Ewigkeit her gezeug-
ten Sohn, den verheißenen und von den Propheten verkündigten Meffias *) zur Erlöfung des
menfch-

Ein En-
gel verkün-
digt dem
Zacha-
rias die
Geburt
des Jo-
hannes.

*) Die Verheißung eines Meffias, welche die Welt von
dem Herrn erhielt, ift fo alt, als der Anfang der
Welt felbft. Diefe Verheißung ift von einem Jahr-
hunderte zum andern erneuert, und allezeit auf eine
anzüglichere Weife vorgetragen worden. Kaum hatte
Adam gefündiget, als Gott verkündigte, daß ein
Sprößling diefes erften Menfchen der verführerifchen
Schlange den Kopf zertreten werde. 1 Buch Mofis
A
3, 15.

J. C. menschlichen Geschlechts in diese Welt schicken wollte,
so sandte er einen Engel an den Zacharias, einen
sehr

3, 15.   Sobald die Welt in verschiedene Völker,
und die Völker in verschiedene Geschlechter getheilet
waren, warf der Herr seine Augen auf einen Mann
nach seinem Herzen, und entdeckte ihm, daß aus seinem Blute derjenige entspringen werde, der alle Segen und Gnaden über alle Völker der Erde ausgie-
ßen sollte. 1 Buch Mosis 22, 18.   Jakob, sein Enkel empfieng noch größere Beleuchtungen von dem zu-
künftigen Messias: er bewunderte schon seine Herrlichkeit, und bestimmte die Zeit, zu welcher er kommen würde, die Welt heimzusuchen. 1 Mosis 49, 10.
Als Gott zu dem Gesetzgeber Moses redete, verkündigte er alle Weisheit und alle Gewalt, womit der
Messias bekleidet seyn sollte.   Ich will ihnen, sprach
der Herr zum Moses, aus dem Mittel ihrer Brüder einen Propheten, gleich dir, erwecken.   Ich
will ihm meine Worte in den Mund legen: er
wird ihnen alles sagen, was ich ihm zu sagen
gebieten werde.   Wenn jemand sich wegert, an-
zuhören, was er in meinem Namen sagen wird,
so will ich der Rächer seyn. 5 Mosis 18, 18-19.
David giebt uns die Beschreibung von allen seinen
Leiden, seiner Herrlichkeit, seinen Siegen, seinem
ewigen Reiche über alle Völker.   Isaias, nachdem
er ihn in seiner ewigen Gottheit gezeiget hat, verkün-
det seine wundervolle Geburt aus einer Jungfrau:
er stellet ihn auf Erden, als das Urbild der voll-
kommnesten Tugenden vor: er schildert ihn, wie er die
Armen unterweiset, wie er seine Wohlthaten allenthalben ausbreitet, wie er die Menschen durch seine
Wunder in Erstaunen setzt: er besinget schon seine
Siege über den Götzendienst, und über die eingewur-
zel-

sehr frommen Priester *) von der Klasse des Ab= J. C.
A 2 bia

zelsten Aberglauben: er begleitet ihn sogar auf den Kreuzberg, und zeiget uns, wie er sein Blut und sein Leben für die Ehre seines Vaters, und für das Heil des menschlichen Geschlechts dargiebt. Isaias 7, 42. 49. 53. Daniel vernimmt vom Herrn, daß nach vierhundert neunzig Jahren Jerusalem seinen Gebie=ter, und seinen König, den Messias, die Pflanzung der ewigen Gerechtigkeit, die Erfüllung aller Weis=sagungen, die Versöhnung aller Sünden, und die Weihung des Heiligen aller Heiligen sehen werde. Dan. 9. Michäas weissaget der kleinen Stadt Beth=lehem, daß sie die Ehre haben werde, demjenigen das Tageslicht zu geben, welcher von aller Ewigkeit da ist, und sich als wahrer König Israels, als Va=ter des Friedens, als Zerstörer des Götzendienstes und alles Aberglaubens zeigen soll. Mich. 5. Ag=gäus, um die Juden zu ermuntern, den Tempel wie=der aufzubauen, saget ihnen, daß dieser zweyte Tem=pel einen großen Vorzug vor dem ersten haben werde, weil er mit der Gegenwart des Verlangens aller Völker beehret werden sollte. Aggäus 2. Zacha=rias endlich ladet Jerusalem ein, sich den Entzückun=gen, der Wonne und Freude zu überlassen, weil es bald seinen König, seinen Erlöser, den Gerechte=sten aus allen, den Fürsten des Friedens sehen wer=de, dessen Macht bis an das Ende der Erde sich er=strecken sollte. Zach. 9. Man sehe des Herrn Abts Nonnote philosophisches Lexicon der Religion unter den Artikeln Christenthum und Messias.

*) Verschiedene von den Kirchenvätern haben in der Meinung, daß das Räuchern eine Verrichtung des Hohenpriesters gewesen, dem Zacharias diese Würde beygeleget. Allein es ist selbst aus dem heiligen Evan=
geli=

J. C. bia *), ihm die erfreuliche Nachricht zu überbringen, daß er in kurzem von seinem tugendhaften Weibe, der Elisabeth einen Sohn erhalten werde, den
er Johannes nennen, und der ein Vorläufer des Erlösers der ganzen Welt seyn sollte ᵃ). Gabriel, so
nannte sich der Engel, erfüllte den Befehl seines
Herrn eben zu der Zeit, da sich Zacharias seinem
Amte zufolge in dem Tempel befand, und das heilige
Rauchwerk anzündete. Er erschien ihm zur Rechten
des güldenen Rauchaltars **), und da derselbe bey
seit-

gelisten Lukas offenbar, daß er nur ein gemeiner
Priester aus dem Hause Abbia gewesen, und überdies ist auch bekannt, daß die Priester alle Tage in
das Heilige gingen. Der Abt Calmet in seinem biblischen Wörterbuche unter dem Artikel Zacharias.

*) Da sich zu den Zeiten Davids die Zahl der Prie-
ster, die insgesamt von den zween Söhnen des
Aaron, dem Eleazar und dem Ithamar abstam-
meten, sehr vermehret hatten, so theilte sie dieser
fromme König, um alle Unordnung zu verhindern,
in vier und zwanzig Klassen ab, die nacheinander,
und zwar jede eine Woche lang, den Tempeldienst versehen mußten. Sechzehn von diesen Klassen waren
aus der Familie des Eleazar, achte aber aus der
Familie des Ithamar. Des Abbia Klasse war,
der Ordnung nach, die achte. 1 Paralipomenon
Kap. 24.

ᵃ) Luk. 1, 5 - 17.

**) Dieser Altar stand in dem Heiligen, dem Vor-
hange gegen über, der das Heilige von dem Aller-
heiligsten absonderte. Täglich mußte der Priester,
den das Loos traf, zweymal das heilige Rauchwerk
auf demselben anzünden, nemlich des Morgens um
die

seinem Anblick in ein großes Schrecken gerieth, so J. C.
redete er ihn also an: Fürchte dich nicht Zacha=
ria, denn dein Gebet ist erhört: und dein
Weib Elisabeth, wird dir einen Sohn gebä=
ren, dessen Namen sollst du Johannes heißen.
Du wirst deshalb Freude und Wonne haben,
und viele werden sich seiner Geburt freuen.
Denn er wird groß vor dem Herrn seyn; Wein
und starkes Getränke wird er nicht trinken,
und noch im Mutterleibe wird er mit dem hei=
ligen Geiste erfüllet werden.   Er wird viele
Kinder von Israel zum Herrn, ihren Gott
bekehren: und er wird vor ihm hergehen im
Geiste und in der Kraft des Elias, zu bekeh=
ren die Herzen der Väter zu den Kindern, und
die Ungläubigen zur Klugheit der Gerechten,
ein vollkommenes Volk dem Herrn zu be=
reiten.

§. 2.

Zacharias, der sich bey diesen Worten seines
und seiner Gattinn hohen Alters erinnerte, bezeigte
über die Verheißung des Engels einigen Zweifel b).
Aber derselbe bestätigte die Wahrheit derselben, in=

A 3   dem

die dritte Stunde, und des Abends um die neunte
Stunde, oder nach unserer Art zu zählen, des Vor=
mittags um neun Uhr, und des Nachmittags um
drey Uhr. Er ward deswegen der güldene Altar
genannt, weil er völlig mit dichtem Golde überzogen
war. Seine Länge und Breite betrug eine Elle, und
die Höhe zwo Ellen. 2 Mosis 30, 1 - 9. 37, 25-29.
b) Luk. 1, 18 · 25.

J. C. dem er zu ihm ferner sprach: Ich bin Gabriel, der vor Gott stehet, und bin gesandt mit dir zu reden, und dir solches zu verkündigen. Und siehe, du wirst stumm seyn, und nicht reden können, bis auf den Tag, da dieses geschehen wird, darum, daß du meinen Worten nicht geglaubet hast, welche zu ihrer Zeit sollen erfüllet werden. In dem Augenblicke ward Zacharias stumm *) und konnte kein Wort reden. Das Volk, welches mittlerweile in dem Vorhofe **) des Tem-

*) Vermuthlich ward Zacharias auch taub. Es ist solches abzunehmen aus den Worten des heiligen Evangelisten Lukas, da er sagt, daß seine Verwandten ihn durch Zeichen gefragt hätten, wie das Kind sollte genannt werden, welches sie nicht würden gethan haben, wenn er nicht taub gewesen wäre. Luk. 1, 62. Ambrosius lib. 2. in Lucae cap. 1. circa finem.

**) Der Tempel hatte drey Vorhöfe. Der erste ward genannt der Vorhof der Heiden, weil die Heiden in demselben sich einfinden, aber nicht weiter gehen durften. Der andere hieß der Vorhof der Israeliten. Dieser Vorhof war durch eine Mauer in zwey Theile abgetheilet. In dem Theile gegen Morgen versammleten sich die Weiber, in dem andern Theile aber, der gegen Mittag und Mitternacht lag, die Männer, wenn sie rein waren. Der dritte war der Vorhof der Priester. In demselben befand sich der Brandopferaltar, und die Priester verrichteten darin ihren Dienst. Von diesem Vorhofe durften die Israeliten, die keine Priester waren, nur einen gewissen Theil betreten, wenn sie nemlich ihre Opferthier brachten. Josephus in seinen jüdischen Alterthümern

Tempels auf ihn wartete, verwunderte sich sehr über J. C.
sein so langes Ausbleiben, und es erstaunte, als es
hernach vermerkte, daß er stumm sey, und daß er ein
Gesicht in dem Tempel müsse gesehen haben. Als die
Tage seines Amts erfüllet waren, begab er sich wie=
der in sein Haus, und nicht lange darauf ward Eli=
sabeth mit einer Leibesfrucht von dem Herrn gesegnet.
Sobald sie solches merkte, verbarg sie sich fünf Mo=
nate lang, und sprach: So hat mir der Herr ge=
than in den Tagen, da er mich angesehen hat,
daß er meine Schmach unter den Menschen
von mir nähme *).

§. 3.

Im sechsten Monate ihrer Schwangerschaft ward   Gabriel
der nemliche Engel zu einer armen und von Jahren   wird zu
ganz jungen, zugleich aber sehr demüthigen und heili=   Maria
gen Jungfrau, Namens Maria, geschickt, die sich   gesandt,
zu Nazareth **) einer Stadt in Galiläa aufhielt,   ihr die Ge=
burt Jesu
zu verkün=
digen.

A 4   wo

mern Buch 15. Kap. 11. §. 5. Und vom jüdischen
Kriege 5, 5. §. 2.

*) Daß die Unfruchtbarkeit den jüdischen Weibern zu
einer Schmach gereichet, ist aus 1 Mos. 30, 20. und
dem ersten Buche der Könige 1, 11. wie auch aus
der oben angeführten Stelle des heiligen Evangeli=
sten zu ersehen.

**) Diese kleine Stadt gehörte zum Stamme Zabulon.
Sie lag an einem Berge, Luk. 4, 29. ohngefär eilf
bis zwölf deutsche Meilen von Jerusalem, und eine
Meile vom Berge Thabor entfernet. Ihr Ansehen
war bey den Juden so gering, daß Nathanael den
Philippus fragte, ob denn etwas Gutes von Na=
zareth

J. C. wo sie an einen gerechten Mann aus dem Hause Davids, der sich Joseph nannte, verlobet war c). Sie befand sich, wie zu vermuthen, eben im Gebete, als dieser himmlische Gesandte in ihr Zimmer trat. Er redete sie sogleich mit diesen Worten an: Gegrüsset seyst du Gnadenvolle, der Herr ist mit dir, du Gebenedeyete unter den Weibern. Die Demüthigste unter allen, die nichts weniger, als einen solchen Gruß vermuthete, gerieth bey Anhörung dieser Worte in eine ungemeine Bestürzung. Doch der Engel, der nicht gekommen war, sie zu schrecken, sondern ihr die erfreulichste Botschaft zu überbringen, sagte in dem Augenblicke zu ihr: Fürchte dich nicht, Maria, denn du hast Gnade bey Gott gefunden. Siehe, du wirst empfangen in deinem Leibe, und wirst einen Sohn gebären, und du sollst seinen Namen Jesus nennen. Er wird groß seyn, und ein Sohn des Höchsten genannt werden; Gott der Herr wird ihm den Thron seines Vaters Davids geben: und er wird im Hause Jakobs herrschen ewiglich, und seines Königreiches wird kein Ende seyn. Die jetzt noch mehr bestürzte Jungfrau antwortete hierauf in solchen Ausdrücken, die kein Mißtrauen auf die Worte des Engels in sich enthielten, sondern nur ihr demüthiges Verlangen, zu wissen an den Tag legten,

zareth kommen könne? Johan. 1, 46. Sie ist heutiges Tages ein Steinhaufen, bey demselben aber ein grosses von Arabern und Christen bewohntes Dorf.
c) Luk. 1, 26-38.

ten, wie solche Empfängniß geschehen werde, indem sie keinen Mann erkenne. Gabriel that, was sie verlangte, und sprach: Der heilige Geist wird über dich kommen, und die Kraft des Höchsten wird dich überschatten; darum wird auch das Heilige, das von dir geboren wird, Gottes Sohn genannt werden. Zur Bestätigung dessen, was er sagte, setzte er noch dieses hinzu: Elisabeth, deine Verwandte, hat auch einen Sohn empfangen in ihrem Alter, und die unfruchtbar genannt wird, gehet jetzt im sechsten Monate: denn bey Gott ist kein Ding unmöglich. Auf dieses versetzte Maria nichts anders, als: Siehe, ich bin des Herrn Magd; mir geschehe, wie du gesagt hast. Sogleich empfieng sie durch die Wirkung des heiligen Geistes, und alles das ward erfüllt, was die Propheten von diesem grossen Geheimnisse geweissaget hatten.

§. 4.

Maria, die nun den Sohn des Höchsten unter ihrem jungfräulichen Herzen trug, machte sich, auf die Versicherung des Engels, daß Elisabeth ihre Verwandte auch einen Sohn empfangen habe, und schon im sechsten Monate mit ihm schwanger gehe, auf, bestieg das Gebirge d), und eilete nach Hebron *) einer

Maria besuchet ihre Base Elisabeth.

A 5   ner

d) Luk. 1, 39-45.
*) Der heilige Evangelist benennet die Stadt nicht, wo sich Zacharias und Elisabeth aufgehalten haben. Die gemeinste Meinung aber ist, daß es Hebron gewesen sey. Hebron lag auf einem Gebirge. Jos. 14, 12-13.

J. C.   ner Stadt, die sowol wegen ihres Alterthums, als wegen der vielen merkwürdigen Dinge, die sich daselbst zugetragen hatten, berühmt war.   Hier begab sie sich in das Haus ihrer Base Elisabeth.   Sie grüssete sie, und sie hatte noch nicht ihren Gruß geendiget, so empfand schon das kleine Kind die Gegenwart seines Herrn, und sprang in dem Leibe seiner Mutter vor Freuden auf.   Elisabeth selbst ward mit dem heiligen Geiste erfüllet, und rief mit lauter Stimme ihrer Freundinn entgegen: Gebenedeyet bist du unter den Weibern, und gebenedeyet ist die Frucht deines Leibes.   Und woher kömmt mir das, daß die Mutter meines Herrn zu mir kömmt? Denn siehe, sobald die Stimme deines Grußes in meinen Ohren erscholl, sprang das Kind mit Freuden auf in meinem Leibe.   Und selig bist du, die du geglaubet hast; denn es wird vollbracht werden, was dir von dem Herrn gesagt ist.

§. 5.

Maria lehret nach Nazareth zurück.

Maria, die durch das, was sie hörete, ganz entzücket ward, sprach: Meine Seele erhebet den Herrn;

12-13.   Es gehörte zum Stamme Juda, und war eine Priesterstadt. Jos. 21, 9. 11.   Diejenigen, die diese Meinung nicht annehmen, halten dafür, daß der heilige Evangelist durch die unbenannte Stadt, die Stadt Jotta oder Jutta verstehe.   Sie lag ebenfalls auf dem Gebirge. Josue 15, 48. 55., und war auch eine Priesterstadt Jos. 21, 13. 16., die ohngefär eilf bis zwölf Meilen von Nazareth entfernet war.

Herrn; und mein Geist frohlocket in Gott mei= **J. C.**
nem Heilande e). Denn er hat grosse Dinge
an mir gethan: der da mächtig ist, und des=
sen Name heilig ist. Und seine Barmherzig=
keit währet von einem Geschlechte zum andern,
bey denen, die ihn fürchten. Er hat Gewalt
geübet mit seinem Arme, und hat zerstreuet,
die hoffärtig sind in ihres Herzens Sinn. Die
Gewaltigen hat er vom Stuhle herunter ge=
setzet, und hat die Niedrigen erhöhet. Die
Hungrigen hat er mit Gütern erfüllet: und hat
die Reichen leer von sich gelassen. Er hat
Israel seinen Diener aufgenommen, und ist sei=
ner Barmherzigkeit eingedenk gewesen. Wie
er geredet hat zu unsern Vätern, dem Abra=
ham, und seinem Saamen ewiglich. Als Ma=
ria hierauf ohngefär drey Monate bey ihrer Base ge=
blieben war, verließ sie dies glückselige Haus, dem sie
durch ihre Gegenwart so viele Gnaden gebracht hatte,
und kehrete wieder nach Nazareth zurück.

§. 6.

Nachdem die heilige Jungfrau von ihrer beschwer= *Joseph*
lichen Reise zu Nazareth, ihrem gewöhnlichen Wohn= *will seine*
orte wieder angelanget war, so äußerten sich an ihr *verlassen.*
so deutliche Merkmale der Schwangerschaft, daß Jo=
seph, ihr Bräutigam, dem das grosse Geheimniß
noch unbekannt war, darüber in eine außerordentliche
Bestürzung gerieth f). Er wußte nicht, was er bey
sol=

e) Luk. 1, 46-56.
f) Matth. 1, 18-24.

J.C. solchen Umständen thun sollte. Da er aber ein ge=
rechter Mann war, und seine Verlobte nicht beschim=
pfen wollte, so entschloß er sich endlich, sie heimlich
zu verlassen. Doch, als er mit diesen Gedanken um=
ging, erschien ihm ein Engel im Schlafe, und
sprach zu ihm: Joseph, Davids Sohn, fürchte
dich nicht, Maria, deine Gemahlinn zu dir
zu nehmen; denn was in ihr geboren ist, das
ist von dem heiligen Geiste. Sie wird aber
einen Sohn gebären: und du sollst seinen Na=
men Jesus *) nennen: Denn er wird sein Volk
selig machen von ihren Sünden. Joseph ward
durch diese Worte augenblicklich von aller Angst und
Sorge befreyet. Er gehorchte dem Befehle des En=
gels, und nahm seine Gemahlinn zu sich. Er er=
kannte sie nicht, bis **) sie ihren erstgebornen Sohn
gebar. Und er nannte seinen Namen Jesus.

§. 7.

*) Dieser unaussprechliche Name Jesus, oder, wie ihn
die Hebräer aussprechen Jehosuah, oder Josuah,
bedeutet einen Heiland, denjenigen, der da erretten
wird. Niemand hat diesen Namen jemals mit grösserm
Rechte geführet, und die Bedeutung desselben so voll=
kommen erfüllet, als Jesus Christus, der Heiland
der Welt, der uns von der Sünde und Hölle erlö=
set, und uns mit seinem Blute den Himmel erwor=
ben hat. Der Abt Calmet in seinem biblischen Wör=
terbuche unter dem Artikel Jesus.

**) Der lateinische Artikel donec bedeutet gemeiniglich
bis dahin, oder, so lange als, und zeiget also an,
daß eine Sache zu einer gewissen Zeit ihr Ende errei=
che, und nicht über dieselbe hinaus währe. Allein in
der

§. 7.

Mittlerweile ward Elisabeth von dem verheißenen Sohne entbunden g). Diese Geburt verursachte
bey ihren Nachbarn und Verwandten eine grosse Freude. Als sie am achten Tage zusammen kamen, das
Kind zu beschneiden, so wollten sie es nach dem Vater

der Schrift wird das Wörtchen donec nicht allezeit
in diesem Verstande genommen. Oefters zeiget es
nur schlechthin an, daß etwas bis auf eine Zeit geschehen sey, oder geschehen werde, ohne daß man den
Schluß daraus machen kann, daß es nach Verlauf
dieser Zeit nicht ferner statt finden werde. So sagt
z. B. Matthäus, Joseph habe die Jungfrau Maria
nicht erkannt, bis sie ihren erstgebornen Sohn geboren habe. Et non cognoscebat eam, donec pe-
perit filium suum primogenitum. Man kann aber
hieraus nicht folgern, daß er nach der Geburt des
Heilandes einen ehelichen Umgang mit ihr gepflogen
habe. Auf eben diese Weise schreibt Paulus an den
Timotheus: Halt an mit Lesen - - - bis ich komme. Wer wollte aber hieraus schließen, Timotheus
solle nach Pauli Ankunft diese Beschäftigung nicht
weiter fortsetzen? Und wenn der Psalmist in der Person des Vaters zu dem Messias spricht: Setze dich
zu meiner Rechten, bis ich deine Feinde zum
Schemel deiner Füße lege: so kann ja solches nicht
den Verstand haben: Christus werde alsdenn aufhören zu herrschen, und nicht weiter zu der Rechten
des Vaters sitzen. Siehe 1 Mos. 28, 15. 1 Sam. 15,
35. Jes. 46, 4. Matth. 12, 20. und Ps. 72, 7.
Der Abt Calmet in seinem Bibl. Wörterb. unter dem
Artikel Bis.

g) Luk. 1, 57-64.

J. C.

ter Zacharias nennen. Allein die Mutter war damit nicht zufrieden, und sprach: Mit nichten, sondern er soll Johannes heißen. Die Verwandten blieben bey ihrer Meinung, und stelleten der Elisabeth vor, daß ja niemand in der Verwandtschaft sey, der diesen Namen führe. Zu eben dieser Zeit fragten sie den Vater durch Zeichen, wie das Kind sollte genannt werden? Zacharias forderte ein Schreibtäfelchen und schrieb: Johannes ist sein Name. Dies setzte alle in Erstaunen. Gleich darauf ward das Band seiner Zunge gelöset, und sein Mund öffnete sich mit Loben und Danken.

§. 8.

Zacharias weissaget.

Da diese Begebenheit auf dem ganzen Gebirge von Judäa ruchtbar ward, so geriethen alle, die dort herum wohneten, in Furcht und Schrecken h). Voll Verwunderung sprachen sie zu einander: Was meinest du, wird aus diesem Kindlein werden? Denn die Hand des Herrn war mit ihm. Zacharias, sein Vater ward mit dem heiligen Geiste erfüllet, er weissagete und sprach: Gelobet sey der Herr, der Gott Israel! denn er hat heimgesuchet, und erlöset sein Volk. Und hat uns ein Horn des Heils aufgerichtet, in dem Hause seines Dieners Davids. Wie er durch den Mund seiner heiligen Propheten von Alters her geredet hat: Daß er uns erlöset von unsern Feinden, und von der Hand aller, die uns hassen: Und Barmherzigkeit erzeigete unsern

sern

h) Luk. 1, 64-79.

fern Vätern, und gedachte an seinen heiligen **J. C.**
Bund, und an den Eid, den er geschworen
hat, unserm Vater Abraham, uns zu geben:
Daß wir, erlöset aus der Hand unserer Feinde,
ohne Furcht ihm dieneten, in Heiligkeit und
Gerechtigkeit vor ihm, alle die Tage unseres
Lebens. Er wandte sich hierauf zu dem kleinen
Johannes, und redete ihn also an: Und du Kindlein wirst ein Prophet des Höchsten genannt
werden: denn du wirst vor dem Angesichte des
Herrn hergehen, daß du seinen Weg bereitest.
Und seinem Volke Erkenntniß des Heils ge-
best, zur Vergebung ihrer Sünden; Durch die
herzliche Barmherzigkeit unsers Gottes, durch
welche uns besucht hat, der Aufgang aus der
Höhe. Diejenigen zu erleuchten, welche in der
Finsterniß, und in dem Schatten des Todes
sitzen; und unsere Füße auf den Weg des Friedens zu richten. Und das Kindlein wuchs, und
ward stark im Geiste: und war in der Wüste, bis
daß er vor dem Volke Israel auftreten sollte.

§. 9.

Um diese Zeit befahl Augustus der Kayser, ein *Jesus*
Verzeichniß zu machen von allen seinen Unterthanen *Christus*
in der ganzen Welt [1]). Cyrenius, der auch Pu- *wird zu*
blius Sulpicius Quirinius genannt wird, und der *Bethle-*
ohngefär zehn Jahre hernach die Statthalterschaft von *hem geboh-*
Syrien erhielt, mußte dieses Geschäft in Judäa *) *ren.*

befor-

i) Luk. 2, 1-7.
*) Judäa war damals noch keine römische Provinz,

und

J. C. besorgen.　Jedermann mußte sich dem kaiserlichen Befehle zufolge, in seine Stadt begeben, um sich daselbst aufschreiben zu lassen.　Joseph und Maria unterwarfen sich diesem Befehle mit Demuth, und da beyde aus dem Hause Davids waren, so verließen sie Galilæa, und begaben sich nach Bethlehem *) in Judæa, welches die Stadt Davids war.　Die Menge des Volks, die an diesem Orte von allen Seiten her zusammenfloß, verursachte, daß sie aller Bemühung ungeachtet, keine Herberge bekommen konnten.　Dies nöthigte sie, sich in eine unsaubere Höle **), die dem Viehe zu einem Stalle dienete,

zu

und hatte seinen eigenen König, nemlich den Herodes.　Doch war es nebst demselben der Oberherrschaft des römischen Reichs unterworfen.

*) Bethlehem, welches die Geburtsstadt Davids war, liegt der Stadt Jerusalem gegen Mittag, und ist von derselben zwo Stunden Wegs, oder eine gute sogenannte deutsche Meile entfernet.　Bethlehem liegt hoch, und hat um sich Thäler und Hügel, die Getreide, Wein, Oel, Feigen, und andere vorzügliche Bäume tragen.　Eins von den Thälern erstrecket sich abwärts nach Jericho und den Jordan.　Von der höchsten Gegend des Berges, darauf Bethlehem erbauet ist, kann man die Gegend von Jericho, das todte Meer und die arabischen Gebirge sehen.　Der Herr Oberkonsistorialrath Büsching in seinen vorläufigen Abhandlungen zu den vier Evangelisten.

**) Die griechischen Väter halten insgemein dafür, Jesus sey in einer Höle geboren worden.　Justinus und Eusebius melden, sie habe außerhalb der Stadt, jedoch nicht weit davon gelegen; und Hieronymus

schrei-

zu begeben. Und hier gebar Maria, ohne die geringste Verletzung ihrer Jungfrauschaft, ihr heiliges Kind

J. C.

I.

schreibet, sie sey am Ende der Stadt gegen Mittag befindlich gewesen. Der Abt Calmet in seinem biblischen Wörterbuche unter dem Artikel Maria. Der P. Neret, der in dem Jahre 1713. diese Höle besuchet, liefert uns von derselben, und der darüber erbauten Kirche, folgende Beschreibung: „Die Grotte „und die Kirche der Geburts-Stadt unsers Herrn „Jesu Christi liegen Ostwärts zu Ende des Dorffs. „Man gehet in dieses Gotteshaus durch einen mit „grossen Maueren verschlossenen Vorhof; stracks an „demselben gegen Mittag stehet ein altes Gebäu, so „die Schule des heiligen Hieronymi genannt wird; „in solchem trifft man einen Saal an, der dreyßig „bis vierzig Schritte lang, und sechzehn breit ist. „Das Gewölbe ruhet auf fünf oder sechs Säulen „aus Marmel-Stein. Man will behaupten, daß „gedachter grosse Kirchen-Lehrer in diesem Ort sei„nen Schülern die heil. Schrift ausgeleget habe, „wessen sich die Armenier dermal zur Beherbergung „ihrer Pilgrämen bedienen. Die Kirche ist schön „und weitschichtig. Fünfzig sehr hohe Säulen, jede „aus einem Stück Marmel ausgehauet, unter„scheiden das Kirchen-Schiff samt dem Chor von „dessen Flügeln. Die Friese, so sich auf die Säulen „oder Pfeilern herum-windet, ist zwar nur aus „Holz, aber sehr künstlich ausgearbeitet. Oberhalb der „Friese stehen die Fenster, durch welche ein gewalti„ges Licht in die Kirchen einfällt, auf deren Wän„den vor Zeiten alle Geheimnissen des christlichen „Glaubens abgemahlet waren, jetzt aber schier völ„lig ausgelöscht sind. Der Chor, so eigentlich den „vordern Theil des Kirchen-Schiffs einnimmt, ist

B   „unt

J. C.
1.

Kind *).   Sie wickelte dasselbe in Windeltücher,
und legte es aus Abgang besserer Gelegenheit in eine
Krippe, die ihm statt einer Wiege dienen mußte.

§. 10.

„ um drey Staffel über dasselbe erhoben. In jetzt
„ besagtem Chor, und zwar in Mitten des Zwerg-
„ Creuzes stehet ein den heil. 3 Königen gewryheter
„ Altar, welcher eben denjenigen Platz einnehmen
„ soll, allwo diese das Kind Jesus angebetet, und
„ ihm mit Gold, Weyhrauch und Myrrhen gehuldi-
„ get haben. Die Grott, in welcher der Sohn Got-
„ tes ist geboren worden, liegt gerad unter dem
„ Chor; sie mag vierzig Schuhe lang, und zwölfe
„ breit seyn. Man steiget von dem Chor beyderseits
„ hinab über zwo schöne aus Marmel und Porphyr-
„ Stein gemachte Stiegen. Beyde Thüren sind aus
„ Messing nach aller Kunst verfertigt, niemand darf
„ anders, als baarfuß hinein-gehen. Die Grott
„ hat kein anderes Licht, als jenes, so die ange-
„ zündete Lampen ertheilen. Die Krippe Christi, so
„ nicht mehr vorhanden, wird durch einen aus ei-
„ nem Marmel-Steinern ausgehölten Trog vorge-
„ bildet, der nur eines Schuhes hoch über den Fuß-
„ boden sich erhebet. Man hält dafür, daß er al-
„ lerdings auf jener Stelle liege, wo ehemals die
„ heilige Krippe gestanden ist; darum wird auch die
„ Geburt Christi hieselbst von den Christen verehret „.
Der P. Neret in seiner Reisebeschreibung.

*) Die Geburt unsers göttlichen Erlösers Jesu Christi
ereignete sich nach der genauesten Ausrechnung in
dem vier tausendsten Jahre nach der Schöpfung der
Welt, vier bis fünf Jahre vor der gemeinen Zeitrechnung, der wir jedoch nach dem Beyspiele des unver-
gleichlichen Bossuet und anderer Gelehrten wegen
viel grösserer Bequemlichkeit folgen. Was den Mo-
nat

§. 10.

Kaum war dieses heilige Kind, der Erlöser der ganzen Welt geboren, so erschien ein Engel den auf den bethlehemitischen Gefilden bey ihrer Heerde wachenden Hirten [k]. Ein göttliches Licht umleuchtete sie in dem Augenblicke, und eine grosse Furcht nahm sie ein. Aber der Engel des Herrn sprach zu ihnen: Fürchtet euch nicht; siehe, ich verkündige euch grosse Freude, die allem Volke wiederfahren wird; Denn heute ist euch in der Stadt Davids der Heiland geboren, welcher ist Christus der Herr. Hieran sollet ihr ihn erkennen: Ihr werdet das Kind in Windeln gewickelt, und in

B 2   einer

J. C.
1.
Ein Engel
verkündi-
get die Ge-
burt des
göttlichen
Heilands.

---

nat und den Tag der Geburt Jesu belanget, so setzten fast alle griechische Väter dieselbe auf den sechsten Jenner. Klemens von Alexandrien, der gegen das Ende des zweyten, oder zu Anfange des dritten Jahrhunderts geschrieben, berichtet uns lib. 1. Stromat. daß einige, die den Tag der Geburt untersuchet, denselben auf den zwanzigsten May, andere aber auf den neunzehnten oder zwanzigsten April gesetzet hätten. Julius, der römische Bischof, der im vierten Jahrhundert gelebet, verordnete, daß die Geburt des Herrn den fünf und zwanzigsten December sollte gefeyert werden. Die Gründe, die ihn dazu bewogen, können in der fünf und dreyßigsten Rede des heiligen Chrysostomus nachgelesen werden. Mehrere Nachrichten hievon sind zu finden in dem Breviario Gestorum Pontificum Romanorum *Francisci Pagi* Fol. 89. & seq. Edit. Antwerp. de anno 1717.

k) Luk. 2, 8-13.

einer Krippe liegend finden. Sobald der Engel diese Worte ausgeredet hatte, so gesellete sich die Menge der himmlischen Heerschaaren zu ihm, und die Luft ertönete von dem freudigen Lobgesange: **Ehre sey Gott in der Höhe, und Friede den Menschen, die eines guten Willens sind.**

§. II.

Die Hirten besuchen den neugebornen Heiland.

Nachdem sich dieser englische Gesang geentiget hatte, und die heiligen Engel verschwunden waren, sprachen die Hirten, voll heiligen Verlangens dieses Wunderkind mit ihren eigenen Augen zu sehen, zu einander: Lasset uns gehen bis gen Bethlehem, und die Geschichte sehen, die uns der Herr kund gethan hat [1]). Sie säumeten sich auch nicht lange, sondern eileten gleich dahin, und waren auch so glücklich, daß sie das heilige Kind in einer Krippe liegend, und bey demselben Mariam und Joseph fanden. Als sie das Kind sahen, erkannten sie die Wahrheit dessen, was ihnen von demselben war verkündiget worden, und sie unterließen nicht, solches jedermann bekannt zu machen. Alle, die ihre Erzählung höreten, erstaunten darüber. Maria aber behielt alle diese Worte, und erwog sie in ihrem Herzen. Sie kehreten endlich freudig zu ihrer Heerde zurück, und priesen und lobeten Gott um alles desjenigen willen, was sie gehöret und gesehen hatten, wie zu ihnen ge-

Jesus wird beschnitten.

saget war. Die Eltern ließen das Kind am achten Tage nach dem mosaischen Gesetze beschneiden, oder

beschnit-

1) Luk. 2, 15-21.

beschnitten es selbst *), und gaben ihm den Namen Jesus, welches eben der Name war, den der Engel angezeiget hatte, ehe es noch im Mutterleibe empfangen ward.

J. C.

1.

§. 12.

Wenige Wochen **) hierauf langten einige Magier ***) oder weise Männer aus dem Morgenlande

B 3

Jesus wird von einigen Weisen aus Morgenland besucht.

*) Das Gesetz hat wegen desjenigen, der die Beschneidung verrichten sollte, nichts ausdrückliches verordnet. Es konnte der Vater selbst das Kind beschneiden. Es konnte aber auch ein Anverwandter, oder ein Wundarzt, oder ein jeder, den man dazu erwählen wollte, solches verrichten. Der Abt Calmet in seinem biblischen Wörterbuche unter dem Artikel Beschneidung. Vermuthlich ward die Beschneidung in der Höle vorgenommen, in der Jesus Christus geboren worden. Benedikt der vierzehnte tadelt in dem ersten Buche von den Festen des Herrn Kap. 1, §. 15. jene Mahler sehr, die die Beschneidung in dem Tempel vorstellen.

**) Wenn man nicht mit dem heiligen Epiphanius haeres. 30. und andern die Ankunft der Magier der Darstellung Jesu im Tempel nachsetzet, so muß man sie ganz kurz vor derselben setzen; denn da Bethlehem nur zwo Stunden von Jerusalem entfernet war, so konnte Herodes gar bald von der Abreise der Magier Nachricht erhalten, und es ist nicht zu glauben, daß er seine mörderischen Absichten auf das heilige Kind lange werde verschoben haben. Man sehe des P. Lamy Apparatum chronologicum fol. 48. & seq. und dessen Commentarium in Harmoniam fol. 92.

***) Weder die Anzahl dieser in der Sternkunde erfahrenen Männer, noch die Würden, die sie bekleideten,

kön-

J.C.
1.

de *) zu Jerusalem an, und sprachen: Wo ist der neugeborne König der Juden? Denn wir haben seinen Stern im Morgenlande gesehen, und sind gekommen, ihn anzubeten ᵐ). Diese Frage setzte den Herodes, der sich auf seinem Throne immer nicht sicher hielt, als er sie erfuhr, in ein ungemeines Schrecken, und alle Einwohner der Stadt mit ihm, weil sie seine Grausamkeit **) kannten, und blutige Auftritte besorgten. Er forderte sogleich die vornehmsten Oberhäupter der Priester und die Schriftgelehrten des Volks zusammen, und fragte sie, wo Christus sollte geboren werden. Zu Bethlehem im jüdischen Lande, antworteten sie, denn so

können mit Gewißheit dargethan werden. Wer hievon mehrere Nachrichten zu wissen verlanget, der kann die Abhandlung nachlesen, die der gelehrte Benediktiner, der schon oft genannte Abt Calmet von diesen Magiern geschrieben hat. Man kann auch sein biblisches Wörterbuch unter dem Artikel Magier nachschlagen, wie auch des P. Alexander Natalis Hist. ecclesiast. art. IV. saec. 1.

*) Was für ein Land hiedurch eigentlich verstanden werde, ist ungewiß. Indessen ist es sehr wahrscheinlich, daß Arabien dadurch verstanden werde, und diese Meinung scheinet auch den meisten Beyfall zu haben, doch ist auch die Meinung derjenigen von grossem Gewichte, die dafür halten, daß unter diesem Lande Persien zu verstehen sey. Die gelehrtesten Männer stimmen ihr bey.

m) Matth. 2, 1 - 12.

**) Beyspiele von des Herodes Grausamkeit sind häufig zu finden bey dem Josephus im sechzehnten und siebzehnten Buche seiner Alterthümer.

so ftehet gefchrieben durch den Propheten n):
Und du Bethlehem im Lande Juda, bift mit
nichten die kleinefte unter den Fürften Juda;
denn aus dir wird der Herzog hervorgehen,
der mein Volk Ifrael regieren foll. Auf diefe
Nachricht ließ Herodes die Weifen heimlich zu fich
kommen, und erkundigte fich fehr forgfältig nach der
Zeit, da ihnen der Stern erfchienen. Nach erhaltenem Unterrichte fchickte er fie nach Bethlehem,
und fagte zu ihnen mit einer verftellten Mine: Zie-
het hin, und fraget fleifig nach dem Kinde:
und wenn ihr es gefunden habt, fo thut mirs
zu wiffen, daß ich auch komme, und es anbete.
Sie reiften ab. Sogleich erfchien ihnen der Stern,
den fie im Morgenlande gefehen hatten, aufs neue.
Sie folgten freudig feinem Laufe, bis er endlich über
das Haus kam, darinn fich das heilige Kind befand.
Hier blieb er ftehen. Und nun erkannten fie, daß
dies der von ihnen fo fehnlich gewünfchte Ort fey.
Sie traten voll Ehrfurcht in das Haus, warfen fich
dem neugebornen Könige zu Füßen, öffneten ihre
Schätze, und befchenkten ihn mit Golde, Weyhrauch
und Myrrhen *). In der folgenden Nacht wurden

B 4   fie

n) Michäas 5, 2. Der heilige Evangelift drückt, bey
   Anziehung diefer Stelle, mehr den Sinn als die
   Worte des Propheten aus.

*) Es war bey den Morgenländern die Gewohn-
   heit, daß fie Königen oder andern vornehmen Perfo-
   nen, denen fie aufwarteten, Gefchenke überreicheten,
   ihre Ehrfurcht gegen diefelben dadurch an den Tag
   zu legen.

sie im Schlafe ermähnet, zu dem Herodes nicht wieder zurückzukehren. Sie folgten dieser Ermahnung, und zogen durch einen andern Weg wieder in ihr Land.

§. 13.

Als die Zeit der Reinigung der Mutter des Herrn erfüllet war, welches den vierzigsten Tag, nachdem sie geboren hatte, geschah, so trug sie ihr wunderbares Kind in Begleitung des Joseph nach Jerusalem, wo sie es dem Herrn darstellete, und alles dabey beobachtete, was in einem solchen Falle von dem Gesetze*) vorgeschrieben war °). Damals lebte in Jerusalem ein gerechter und gottesfürchtiger Mann, Namens Simeon **), der auf den Trost Israels war=

*) Eine jede Wöchnerinn mußte nach dem Gesetze an dem Tage ihrer Reinigung ein jähriges Lamm zum Brandopfer, und eine junge Taube oder Turteltaube zum Sündopfer darbringen. Wenn sie es aber nicht im Vermögen hatte, ein Lamm zu bringen, so brachte sie zwo Turteltauben oder zwo junge Tauben, die eine zum Brandopfer, und die andere zum Sündopfer. 3 Mos. 12, 6-8. Maria unterwarf sich dem Gesetze, und wählete das Opfer der Dürftigen.

o) Luk. 2, 22-32.

**) Ein alter Schriftsteller, Namens Celsus, welcher eine Vorrede zu der Unterredung zwischen dem Johannes und Papiscus verfertiget hat, die aber verloren gegangen, meldet uns, Simeon sey blind gewesen, und als er Jesum auf seine Arme genommen, sogleich wieder sehend geworden, da er denn vor allem Volke ein Zeugniß von Jesu abgeleget habe. Andere glauben, Simeon sey ein Priester gewesen, und habe

wartete, und der heilige Geist war in ihm. Es war ihm vom heiligen Geiste geoffenbaret worden, daß er nicht sterben werde, er habe denn zuvor den Gesalbten des Herrn gesehen. Aus Antrieb dieses Geistes ging er in den Tempel, und als die Eltern das Kind dahin brachten, so erkannte er durch eine innerliche Erleuchtung, daß eben dieses Kind der Gesalbte des Herrn sey. Ganz entzückt griff er nach demselben, nahm es auf seine Arme, und gänzlich versichert, daß er denjenigen an seinem Herzen habe, nach welchem alle Wünsche desselben jederzeit gerichtet waren, sprach er voll himmlischen Trostes: Herr, nun lässest du deinen Diener im Frieden fahren, wie du gesagt hast. Denn meine Augen haben deinen Heiland gesehen, den du bereitet hast vor dem Angesichte aller Völker. Ein Licht zur Erleuchtung der Heiden, und zum Preise deines Volks Israel.

B 5 §. 14.

habe vermöge seines Amts, den Heiland, als einen Erstgebornen, der dem Herrn zugehörete, auf seine Arme genommen, und seinen Eltern hernach wieder gegeben, nachdem sie ihn nach der Vorschrift des Gesetzes gelöset. Es behaupten in der That viele von den Alten, daß er ein Priester gewesen, andere aber leugnen es aus trifftigen Gründen. Blos das Stillschweigen der Schrift ist hierinn ein zulänglicher Beweis; denn sie würde vermuthlich einen Umstand von dieser Art nicht vergessen haben. Dieses und mehrere Nachrichten von dem Simeon sind in dem biblischen Wörterbuche des Abts Calmet unter dem Artikel Simeon zu finden.

§. 14.

Indessen befanden sich Joseph und Maria in der größten Verwunderung wegen der Dinge, die von Jesu gesaget wurden ᵖ). Simeon wandte sich zu ihnen. Er segnete sie, und sprach, indem er der Mutter das heilige Kind wiedergab. Siehe, dieser ist gesetzt zum Falle, und zur Auferstehung *) vieler in Israel; und zu einem Zeichen, dem man wiedersprechen wird. Und ein Schwert wird durch deine Seele dringen, auf daß vieler Herzen Gedanken offenbar werden. Zur nemlichen Stunde näherte sich auch Anna dieser heiligen Gesellschaft. Sie war eine Tochter Phanuels, von dem Stamme Aser, und eine Wittwe von vier und achtzig Jahren. Niemals wich sie vom Tempel, und dienete dem Herrn mit Fasten und Beten Tag und Nacht. Sie pries den Herrn, und da sie von dem Troste, den Messias gesehen zu haben, ganz durchdrungen war, so redete sie von ihm zu allen, die auf die Erlösung Israels warteten.

§. 15.

p) Luk. 2, 33 - 38.

*) Viele, weil sie an ihn glauben werden, werden selig werden: und viele wieder, weil sie ihn für ihren Heiland nicht werden erkennen wollen, werden durch ihren Unglauben zu Grunde gehen. Mithin wird er die Ursache des Heils der einen, und die obschon unschuldige Gelegenheit des Falles der andern seyn. Der Herr Abt Messanguy in seiner Uebersetzung des neuen Testaments über diese Stelle.

§. 15.

Nachdem Joseph und Maria alles nach dem
Gesetze des Herrn erfüllet hatten, kehreten sie wieder
nach Galiläa in ihre Stadt Nazareth zurück 9).
Doch ehe dieses geschah, erschien der Engel des Herrn
dem Joseph im Schlafe, und sprach: Steh auf,
und nimm das Kindlein, und seine Mutter,
und flieh in Egypten, und bleibe daselbst bis
ich dirs sagen werde: Denn es wird geschehen,
daß Herodes das Kind suchen wird, dasselbe
umzubringen r). Joseph gehorchte dem Befehle
des Engels. Er stand auf, nahm noch bey der Nacht
das Kind und seine Mutter, entwich in Egypten *),

und

q) Luk. 2, 39.　　r) Matth. 2, 13-15.

*) Der Abt Calmet schreibt in seinem biblischen Wör-
terbuche unter den Worten: Flucht in Egyptenland,
folgendes: „Das falsche Evangelium der Kindheit
„Jesu ist mit einer ganzen Menge erdichteter Wun-
„der, und außerordentlicher Begebenheiten angefül-
„let, welche sich bey der Reise Jesu nach Egypten
„sollen zugetragen haben. Allein wir halten von der-
„gleichen Erdichtungen nichts, welche mehr schaden,
„als erbauen können„. Er fährt hierauf also fort:
„Einige Kirchenväter erzählen, das Kind Jesu sey
„bis Hermopolis in der Landschaft Thebais ge-
„bracht worden, und bey seiner Ankunft in Egypten
„wären alle Götzenbilder umgefallen„. Er scheint
aber ihrer Erzählung keinen Beyfall zu geben, und
unter dem Artikel Hermopolis schreibt er: „Da sich
„Christus so wenige Zeit in Egypten befunden, so
„ist nicht wahrscheinlich, daß er bis in Thebais ge-
„kommen seyn sollte„.

und blieb allda bis zum Tode des Herodes, auf daß erfüllet würde, was der Herr durch den Propheten gesaget hat, der da spricht: Aus Egypten habe ich meinen Sohn gerufen ') *).

§. 16.

Herodes ward wirklich auf das äußerste entrü- stet, als er sah, daß die Magier fortgereiset waren, ohne ihm eine Nachricht von dem Kinde ertheilet zu haben '). Nun wollte er sein grausames Vorhaben, dasselbe zu tödten, nicht länger verschieben, und da- mit er seine gottlose Absicht um so sicherer erreichen möchte, so befahl er alle Knäblein **) von zwey Jahren,

s) Osea II, I.

*) Diese Stelle, welche Osea im buchstäblichen Ver-
stande von dem auserwählten Volke geschrieben, er-
weist handgreiflich, daß ein Bibelspruch mehr als einen geoffenbarten Verstand haben könne. Anmerkung
des Herrn Ignaz Weittenauer ehemals k. k. Lehrer
der morgenländischen Sprachen.

t) Matth. 2, 16.

**) Die Griechen setzen in ihren Märtyrerverzeichnissen,
und die Ethiopier in ihrer Liturgie die Anzahl dieser
in Bethlehem und in den umliegenden Gegenden um-
gebrachten Kinder auf vierzehn tausend. Allein diese
Zahl ist so übertrieben, daß man sie ohne Bedenken
unter die Erdichtungen rechnen kann. Der P. Pape-
broch, einer von den gelehrten Männern, die unter
dem Namen Bollandisten bekannt sind, versichert
in den Actis Sanctorum, daß man gegen das Ende
des Jahres 1696 in der volkreichen Stadt Antwer-
pen und in ihrer ganzen Nachbarschaft keine zwey-
tausend Knaben, von zwey Jahren und darunter,
habe finden können, woraus er denn schließet, daß es
viel

ten, und darunter, nicht nur zu Bethlehem, son=
dern auch in den gesammten Gränzen desselben zu töd=
ten. Der Befehl ward erfüllet. Allein er hatte
nicht jene Wirkung, die er sich davon versprach. Das
heis=

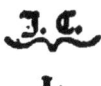

viel seyn müsse, wenn in dem geringen Bethlehem
und seinen Gränzen zwey bis dreyhundert Knaben
von diesem Alter wären gefunden worden. Der Herr
Oberkonsistorialrath Büsching, der sich durch seine
geographischen Werke, und durch die Ausrechnung
ganzer Völkerschaften so berühmt gemacht hat, hält
dafür, daß die Zahl der getödteten Kinder sehr klein
sey. „ Die Anzahl der getödteten Knaben, sagt er,
„ ist aller Wahrscheinlichkeit nach klein gewesen:
„ Denn da Bethlehem ein kleiner Ort war, von dem
„ Micha schon zu seiner Zeit sagt, daß er nicht unter
„ die tausenden Judä gerechnet werden könne, er
„ auch vermuthlich nachher noch mehr in Abnahme
„ gerathen ist, so kann man schwerlich annehmen,
„ daß er 500 Mann habe stellen können, und daß
„ also in demselben und in seinem District 2000 Men=
„ schen gewesen. Ich will aber die höchste Zahl,
„ wie auch die höchste Fruchtbarkeit seiner Einwoh=
„ ner annehmen, und also setzen, daß die jährlich
„ Gebornen zu den Lebenden sich wie 1 zu 20 ver=
„ halten haben: so sind daselbst jährlich 100 Kinder
„ geboren, davon nach den allgemeinen von Gott
„ verordneten Gesetzen der Fortpflanzung die Hälfte
„ Mädgen gewesen. Von diesen Kindern ist der 4te
„ Theil im ersten Jahre des Lebens wieder gestorben,
„ ich will aber diesen natürlichen Abgang für die
„ Knaben, so über ein Jahr alt gewesen sind, rech=
„ nen, so sind auf Herodes Befehl etwan 50 Kna=
„ ben getödtet worden,,,. Der Herr Oberkonsisto=
rialrath Büsching in den vier Evangelisten.

J. C.
1a

heilige Kind blieb beym Leben, und Herodes starb *)
bald darauf an einer sehr schmerzhaften und abscheuli-
chen Krankheit u).

§. 17.

Jesus
kömmt aus
Egypten
wieder zu-
rück.

Nachdem Herodes gestorben war, erschien der
Engel des Herrn dem Joseph in Egypten, als er
schlief, und sprach zu ihm: Steh auf, nimm das
Kindlein und seine Mutter zu dir, und zieh
in das Land Israel; denn sie sind gestorben,
die

*) Herodes starb in einem sehr hohen Alter, im sieben
und dreysigsten Jahre, seitdem er von dem Rathe zu
Rom zum Könige ernannt worden, und im vier und
dreysigsten Jahre, seitdem er nach des Antigonus
Tode die Herrschaft über Judäa allein behauptet
hatte. Jos. jüd. Alterth. 17, 8. §. 1. vom jüd. Kr.
1, 33. §. 8. Da Herodes vorsah, daß die Juden sich
vielmehr über seinen Tod erfreuen, als über denselben
trauern würden, so ließ er kurz vor seinem Tode die
Vornehmsten aus Judäa nach Jericho, wo er krank
lag, kommen. Als sie beysammen waren, ließ er sie
in den Rennplatz einschließen, und bat hierauf seine
Schwester, die Salome und ihren Gemahl, den
Alexas, mit Thränen, diese Gefangenen, sobald er
todt seyn würde, hinrichten zu lassen, damit die Juden im ganzen Lande bey seinem Tode wenigstens äusserlich Thränen vergießen möchten. Sie versprachen
es ihm, allein sobald er gestorben war, setzten sie sie in
Freyheit. Jos jüd. Alterth. 17, 6-8. vom jüd.
Kriege 1, 33. §. 6. §. 8.

u) Joseph in seinen jüdischen Alterthümern 17, 7.
Und vom jüdischen Kriege 1, 33. wo er diese Krankheit umständlich beschreibet.

die dem Kinde nach dem Leben standen ͪ). J. C.
Joseph war jetzt, wie allezeit, gehorsam. Er machte
sich gleich auf, nahm das Kindlein und seine Mutter zu sich, und kam in das Land Israel. Als er
aber hörete, daß Archelaus statt seines Vaters, des
Herodes, im jüdischen Lande regierete, so fürchtete
er sich, dahin zu kommen. Er begab sich daher, wie
er im Schlafe war erinnert worden, in Galiläa *),
und kam und wohnete in der Stadt Nazareth, damit erfüllet würde, was durch die Propheten gesagt
worden, daß er ein Nazarder sollte genannt werden **). Die heiligen Evangelisten berichten uns
nichts von der Geschichte und von den Thaten Jesu,
von seiner Rückkunft aus Egypten an, bis in sein
zwölftes Jahr, und von diesem Zeitpunkte bis auf
seine Taufe. Wir glauben nicht, daß es unsern Le-
sern werde zuwieder seyn, wenn sie einige dieser lee-
ren Jahre durch die vornehmsten Dinge bezeichnet finden werden, die mit unsrer Geschichte in einer gewissen Verbindung stehen.

§. 18.

w) Matth. 2, 19-23.

*) Der nächste Weg dahin, ging am mittelländischen
Meere weg, und betrug von der Gränze Egyptens
an, nicht 60 Stunden, und diesen nächsten Weg hat
Joseph vermuthlich genommen. Der Herr Oberkonsistorialrath Büsching in den vier Evangelisten.

**) Diese Weissagung findet man nirgends in der heili-
gen Schrift aufgezeichnet. Sie ist also von den Propheten entweder nur mündlich vorgetragen worden,
oder sie ist in jenen Schriften befindlich gewesen, die
nachher verloren gegangen sind.

§. 18.

Herodes, der König hatte in seinem letztern Testamente den Archelaus, den er mit der Malthace,
seiner fünften Gemahlinn gezeuget hatte, zum Könige
ernannt, doch mit dieser ausdrücklichen Bedingniß,
daß diese seine letzte Willensmeinung nicht eher von
Gültigkeit seyn sollte, bis Augustus, der Kaiser
sie genehmigen würde x). Archelaus hielt daher
für nöthig, sich selbst nach Rom zu begeben, den
Kaiser um die Bestätigung des väterlichen Testaments
zu bitten. Er that es auch, sobald er einen Aufstand
in Jerusalem gestillet hatte, wobey ohngefär drey
tausend Aufrührer erschlagen wurden. Malthace,
seine Mutter, Nikolaus von Damaskus, ein alter Freund und Rath seines Vaters, nebst einer grossen Anzahl von Freunden und Verwandten begleiteten ihn auf seiner Reise. Salome, die Schwester
des verstorbenen Königs, befand sich mit ihren Kindern unter den letztern. Zu Cäsarea begegnete ihm
Sabinus, des Augustus Aufseher in Syrien, der
nach Judäa eilete, sich die grossen Schätze ausl ie-
fern zu lassen, die Herodes diesem Kaiser vermacht
hatte. Varus, der Statthalter von Syrien, bat
den Sabinus, nicht weiter zu gehen, sondern zu warten, bis des Kaisers Wille bekannt, und Archelaus
in seinem Königreiche bestätiget seyn würde. Sabinus gehorchte, und blieb in Cäsarea, doch nur auf
eine kurze Zeit; denn sobald Varus nach Antiochien
zurückgekehret war, setzte er seine Reise nach Jerusalem

x) Jos. jüd. Alterth. 17, 8. 9. vom jüd. Kr. 2, 1. 2.

salem fort, nahm daselbst seine Wohnung in dem
königlichen Pallaste, und begehrte von den königlichen
Schatzmeistern, daß sie ihm Rechnung thun, und
ihn in den Besitz der dem Kaiser vermachten Schätze
setzen sollten. Sie thaten nicht, was Sabinus von
ihnen verlangte; denn da sie von dem Archelaus Be-
sehl hatten, sich bis zu seiner Rückkunft in nichts ein-
zulassen, so wegerten sie sich in das Begehren desselben zu willigen. Sie gaben ihm jedoch die Versicherung, daß sie dem Kaiser alles aufbewahren würden,
bis sie von demselben weitere Anweisung würden erhalten haben.

§. 19.

Bald darauf kam Archelaus zu Rom an, woselbst auch Antipas, sein Bruder, eintraf, in der
Absicht, ihm das Königreich streitig zu machen, indem er behauptete, daß das erste Testament des Herodes, worinn er zum Könige ernannt worden, dem
letztern vorgezogen werden müsse, weil dieses ihr Vater zu einer solchen Zeit verfertiget habe, da er nicht
mehr bey so vollkommenem Verstande, als zuvor, gewesen wäre y). Antipas ward in seinem Unternehmen
von der Salome, die zwar den Archelaus ihres
Beystandes versichert hatte, in der That aber seine
ärgste Feindinn war, unterstützet. Sie brachte es
auch mit ihrem Anhange, worunter Irenäus ein
grosser Redner, und Ptolomäus ein vollkommener
Statsmann die Vornehmsten waren, in kurzer Zeit
so weit, daß sie den grösten Theil von des Archelaus

Freun-

y) Jos. jüd. Alterth. 17, 9. vom jüd. Kr. 2, 2.

C

J. C.
1.

Freunden und Verwandten von ihm ab, und auf des Antipas Seite zog. Hiezu kam noch ein für den Archelaus sehr bedenklicher Umstand, indem Sabinus dem Kaiser berichtete, daß des Archelaus Bediente sich wegerten, das Vermächtniß des Königs ihm auszuliefern. Archelaus sah sich bey solchen Umständen genöthigt, dem Kaiser eine Schrift zu überreichen, worinn er seine Ansprüche auf die Krone zu vertheidigen suchte, denen er noch ein Verzeichniß von der Verlassenschaft seines Vaters, nebst dem königlichen Siegel, womit sein letzter Wille versiegelt war, beyfügete. Antipas folgte seinem Beyspiele, und übergab dem Kaiser ebenfalls eine Bittschrift.

§. 20.

Augustus, der Kaiser, versammlet einen Rath.

Nachdem Augustus die Schriften von beyden Theilen durchgelesen hatte, versammlete er einen Rath von den Vornehmsten der Stadt Rom, die Ansprüche eines jeden zu untersuchen ²). Kajus, ein Enkel des Augustus, den er an Kindesstatt angenommen hatte, mußte dieser Rathsversammlung, ob er gleich nur zehn Jahre alt war, mit beywohnen, und hatte darinn nach dem Kaiser den Vorsitz. Antipater, ein Sohn der Salome, öffnete, nach erhaltener Erlaubniß, diese Handlung mit einer Rede, in der er den Archelaus beschuldigte, er habe ohne des Kaisers Bewilligung abzuwarten, eigenmächtig vom Throne Besitz genommen: er habe an dem letzten Osterfeste bey drey tausend Juden durch seine Soldaten im Tempel niederhauen lassen: er habe dem Volke ansehn-

z) Jos. jud. Alterth. 17, 9. vom jüd. Kr. 2, 2.

ansehnliche Freyheiten zugestanden, und die Gefangenen losgelassen, die sein Vater in den Rennplatz habe einsperren lassen: er habe nebst diesem noch viele andere Dinge, die nur Königen zukämen, unternommen. Er beschuldigte ihn über dies noch einer unnatürlichen Verachtung gegen das Andenken seines Vaters, dessen Tod er so wenig bedauert, daß er gleich die darauf folgende Nacht in lauter Lustbarkeiten zugebracht habe, so, daß das Volk in Betracht seiner Unempfindlichkeit gegen einen Vater, von dem er so ausnehmende Merkmale der Liebe erhalten, beynahe einen Aufstand erreget hätte. Herodes selbst, der ihn am besten gekannt, habe sich niemals, solange er bey gesundem Verstande gewesen wäre, einfallen lassen, ihn zu seinem Nachfolger zu benennen, sondern habe vielmehr den Antipas, dessen Herz und Gemüthsart viel anders beschaffen sey, zu dieser Würde ernannt.

§. 21.

Nikolaus von Damaskus, der die Sache des Archelaus vertheidigte, fieng hierauf zu reden an ¹). Er beantwortete den größten Theil von des Antipater Klagen damit, indem er bewies, daß die zu Jerusalem entstandene Empörung auf keine andere Art, als durch ein so hartes Mittel habe können gestillet werden, und daß Archelaus weder in diesem, noch in einem andern Falle etwas gethan habe, wozu nicht eben diejenigen, die jetzt seine Ankläger geworden wären, ihren Beyfall gegeben hätten. Er behauptete

C 2 hier-

¹) Jos. jüd. Alterth. 17, 9. vom jüdischen Kr. 2, 2.

hierauf, daß das letzte Testament des Herodes in seiner Kraft verbleiben müsse, weil derselbe solches dem Kaiser, damit es von ihm bekräftiget würde, übergeben hätte. Denn da er so viel Verstand gehabt, daß er sich dem Herrn der Welt unterwürfig gemacht, so würde er sich nicht so leicht in der Wahl seines Nachfolgers geirret haben, und er müsse nothwendig mit guter Vernunft gehandelt haben, da er seinen Nachfolger ernannt, weil er gewußt, wen er bestellen müsse, um sein Testament in Vollziehung zu bringen. Sobald Nikolaus seine Rede geendiget hatte, näherte sich Archelaus dem Kaiser, und warf sich in einer so demüthigen Stellung zu dessen Füßen nieder, daß er denselben zum Mitleiden bewog. Augustus hob ihn mit einem sehr gnädigen Bezeigen von der Erde auf, versicherte ihn, daß er ihn des Reiches würdig achte, und nichts verordnen werde, so der Absicht seines Vaters zuwieder, oder ihm nachtheilig seyn könne. Doch ließ er die Sache damals noch unentschieden, indem er erst überlegen wollte, ob er das Reich dem Archelaus allein übergeben, oder ob er dasselbe unter die Kinder des Herodes, die sämmtlich ihre Zuflucht zu ihm genommen hatten, vertheilen sollte.

§. 22.

Die Juden
erregen in
Jerusa-
lem einen
Aufstand.

Ehe sich Augustus in dieser Sache zu etwas Gewisses entschloß, fiel Malthace, des Archelaus Mutter in eine schwere Krankheit, und starb b). Inzwischen erhielt der Kaiser von dem f rischen Statthalter, dem Varus, ein Schreiben, worinn derselbe

ihm

b) Jos. jüd. Alterth. 17, 10. vom jüd. Kr. 2, 3.

ihm von einem Aufruhre Nachricht gab, den die Juden zu Jerusalem, kurz nach des Archelaus Abreise
erreget hatten. Varus, der denselben durch seine
schleunige Ankunft, und Bestrafung der Rädelsführ-
er bald gestillet hatte, kehrte hierauf nach Antiochien
zurück. Damit er aber den Juden die Lust zu fernern Unruhen benehmen möchte, so ließ er eine Legion *) in Jerusalem, den Sabinus hiedurch in
den Stand zu setzen, die Stadt im Zaume halten zu
können. Doch eben das, was die Ruhe erhalten
sollte, gab zu vielen gefährlichen Unruhen Anlaß.
Denn als sich Sabinus so sehr verstärkt sah, suchte
er sich der Festungen der Stadt mit Gewalt zu bemächtigen, in der Hoffnung, daß er die von dem Herodes hinterlassenen Schätze darinn finden würde, die
er sich selbst zuzueignen gedachte. Die außerhalb Jerusalem wohnenden Juden hatten hievon kaum Nachricht erhalten, so eileten gleich viele tausend aus allen
benachbarten Provinzen nach dieser Stadt, nicht sowol des herannahenden Pfingstfestes wegen, als vielmehr in der Absicht, sich dem ungerechten Vorhaben
des Sabinus aus allen Kräften zu wiedersetzen. Sie
thaten es auch wirklich; denn als sie sich stark genug
zu seyn glaubten, theilten sie sich in drey Haufen, de-

C 3 ren

---

*) Eine römische Legion bestand aus zehn Kohorten,
die Kohorte zu sechs hundert Mann gerechnet. Zu
einer Kohorte gehörten drey Manipuli, und zu einem Manipulus zwey hundert Mann. Es war also
eine Legion sechs tausend Mann stark. Der Abt
Calmet in seinem biblischen Wörterbuche unter den
Artikeln Cohors und Legion.

J. C.
1.

ren einer die Rennbahne besetzte, da hingegen die bey=
den andern sich bey dem Tempel und dem königli=
chen Pallaste gegen über lagerten, so, daß Sabi=
nus von allen Seiten eingeschlossen war, und in Ge=
fahr stand, mit allem seinem Kriegsvolke erschlagen
zu werden.

§. 23.

Sabi=
nus hält
bey dem
Varus
um Ver=
stärkung
an.

Sabinus, der die Gefahr, in der er sich befand,
wohl einsah, ertheilte sogleich dem Varus davon
Nachricht, und bat ihn um schleunige Hülfe, wie=
drigen Falles er samt allen Römern verloren seyn
würde c). Doch ohne diese Hülfe abzuwarten, stieg
er auf den höchsten Thurm des königlichen Schlosses,
und gab von demselben seinen Völkern mit der Hand
ein Zeichen, auf die Feinde einen Ausfall zu thun.
Sie gehorchten den Augenblick, und griffen die Ju=
den mit einer solchen Wut an, daß sie sie, nachdem
sie eine grosse Anzahl derselben getödtet hatten, zum
Weichen brachten. Diese Niederlage benahm jedoch
den Uebriggebliebenen den Muth nicht. Sie stiegen
auf die äußern Gänge des Tempels, und thaten den
Römern mit Steinen und Pfeilen sehr grossen Scha=
den, da hingegen die Pfeile der Römer ihnen wenig
Schaden thun konnten, indem dieselben, ehe sie die ho=
hen Gänge erreichten, schon fast alle Kraft verloren
hatten. Die Römer beschämt von der Tapferkeit
ihrer Feinde, zündeten endlich, ohne daß es von den
Juden bemerkt ward, eine grosse Menge Holz unter
den Gängen an, und da sie das Feuer durch neue

Nah=

c) Jos. jüd. Alterth. 17, 10. vom jüd. Kr. 2, 3.

Nahrung immer vermehreten, so stieg es endlich so
hoch, daß es die Zierrathen der Gänge erreichte, die,
weil sie mit Peche und Wachs der Vergoldung wegen
überzogen waren, gar leicht in Flammen geriethen.
Die meisten Juden kamen nun auf diesen Gängen in
dem Feuer um.   Viele erstachen sich selbst, oder stürz-
ten sich aus Verzweiflung von denselben herab, und
starben entweder von dem Fall, oder durch das Schwert
der Feinde.   Eben so ergieng es auch allen, die durch
den Weg zu fliehen gedachten, durch den sie hinauf
gestiegen waren; denn da sie mit keinen Waffen mehr
versehen waren, so wurden sie mit leichter Mühe getödtet, und es kam nicht ein Einziger mit dem Leben
davon.   Die Römer drangen hierauf durch das
Feuer in den Tempel, bemächtigten sich des Schatz-
kastens, darinn die heiligen Gelder lagen, und raub-
ten daraus vierzig Talente *).   Das übrige nahm
Sabinus zu sich.   Es belief sich aber solches ohngefär auf vier hundert Talente.

§. 24.

Der Verlust eines so grossen Schatzes, und der
Tod so vieler Mitbrüder brachte die Wut der Juden
aufs höchste d).   Nachdem sie sich wieder versammlet
hatten, umgaben sie mit ihren tapfersten Leuten den
königlichen Pallast, und droheten den Römern den-

C 4   selben

Die Juden belagern die Römer von neuem.

---

* Ein hebräisches Talent mochte sich etwann auf sieben
  bis acht hundert Thaler belaufen haben.   Anmerkung
  des Herrn Lenfants zu seiner Einleitung in die heilige Schrift.
d) Jos. jüd. Alterth. 17, 10. vom jüd. Kr. 2, 3.

selben anzuzünden, und alles zu tödten, wofern sie
ihn nicht verlassen würden. Da sich aber die Römer
durch diese Drohungen nicht schrecken ließen, so setzten sie die Belagerung mit grossem Ernste fort. Doch
da ihnen die Stärke dieses Orts sehr gut bekannt war,
und sie auch wußten, daß über drey tausend Mann
von den königlichen Völkern unter der Anführung des
Rufus und des Gratus sich zu den Römern geschlagen hätten, so versprachen sie der ganzen Besa-
tzung, wovon sie den Sabinus selbst nicht ausnah-
men, einen freyen und ungehinderten Abzug, wenn
sie diesen Pallast verlassen, und ihnen an ihren Gesetzen nicht hinderlich seyn würden. Sabinus, ob
er gleich dies Anerbieten sehr gern angenommen hätte,
so konnte er sich doch nicht entschließen, solches zu wagen, indem er wohl wußte, daß er die Juden allzu-
viel beleidiget hätte, als daß er ihrem Versprechen
trauen dürfe. Er entschloß sich also, die Hülfe des
Varus abzuwarten.

§. 25.

Zwey tau-
send abge-
dankte
Soldaten
greifen des
Arche-
laus Völ-
ker an.

Um diese Zeit entstanden viele Unruhen und Empörungen in dem jüdischen Lande e). Zwey tausend
tapfere alte Soldaten, die unter dem letztverstorbenen
Könige gedienet, die man aber nachher abgedanket
hatte, versammleten sich, und überfielen die Völker
des Archelaus, die sein Vetter Achiabus anfüh-
rete. Dieser Feldherr wollte sich ihnen anfänglich
wiedersetzen, allein er ward von ihnen, als Leuten,
die das Kriegswesen wohl verstanden, von dem ebe-
nen

e) Jos. jüd. Alterth. 17, 10. vom jüd. Kr. 2, 4.

nen Lande in das Gebirge getrieben, woselbst er die
beschwerlichsten Zugänge besetzte, und alles, was ihm
möglich war, zu erhalten suchte.

§. 26.

Judas, ein Sohn des Ezechias, den Herodes wegen seiner Räubereyen hatte hinrichten lassen f), versammlete in der Gegend von Sephoris,
einer Stadt in Galiläa einen Haufen muthiger und
verwegener Leute, überfiel damit das königliche Schloß
bey Sephoris, bemächtigte sich aller Waffen, und
raubte das Geld, welches dem Könige zugehörete g).
Nachdem er sich genugsam mit Waffen und Gelde
versehen hatte, ging er weiter. Allenthalben, wo
er hinkam, erweckte er Furcht und Schrecken, indem
er alles plünderte, und was er antraf, gefangen fort-
führete. Das Glück, so ihn aller Orten begleitete,
machte ihn endlich so stolz, daß er nach der königlichen Würde zu trachten anfieng.

§. 27.

Judas war nicht der einzige, der bey diesen unruhigen Zeiten nach der königlichen Krone strebte.
Auch Simon ein leibeigener Knecht des verstorbenen
Königs Herodes, der sich durch seine ansehnliche Lei-
besgestalt und gute Gesichtsbildung vor andern sehr
auszeichnete, unterstand sich nach der königlichen

C 5   Krone

f. Jos. jüd. Alterth. 14, 9. §. 2.

g) Jos. jüd. Alterth. 17, 10. §. 5. vom jüd. Kr. 2, 4.
    §. 1.

J. C.

I.

Krone zu trachten h). Er bekam auch in kurzer Zeit einen grossen Anhang, der ihn zum Könige ausrief. Den Anfang seiner Regierung machte er damit, daß er gegen Jericho zog, und den königlichen Pallast, ein sehr prächtiges und reiches Gebäude in Brand setzte. Er that auch dieses nemliche mit allen königlichen Gebäuden, wo er hinkam, nachdem er sie von seinen Leuten hatte plündern lassen. Zum Glück für das Land war seine Regierung von keiner langen Dauer. Gratus, des Archelaus Feldherr, eilte ihm entgegen, griff ihn mit Beyhülfe der Römer an, und schlug seinen Anhang nach einem langwierigen und scharfen Gefechte, aus dem Felde. Simon wollte durch ein tiefes Thal flüchten, allein Gratus kam ihm zuvor, und hieb ihm den Kopf ab. Um eben diese Zeit wurden alle königliche Häuser am Jordan bey Bethamaratus durch eine andere Rotte Aufrührer abgebrandt.

§. 28.

Auch Athronges trachtet nach der Krone.

Noch ein anderer, Namens Athronges, der vorher ein Schafhirte gewesen, und keine andere Eigenschaften, als eine außerordentliche Größe besaß, war auch so vermessen, daß er sich nicht scheuete, auf die königliche Würde einen Anspruch zu machen i). Er hatte noch vier Brüder von eben so ungemeiner Größe, die er zu Obersten und Hauptleuten über diejeni=

h) Jos. jüd. Alterth. 17, 10. §. 6. vom jüd. Kr. 2, 4. §. 2.

i) Jos. jüd. Alterth. 17, 10. §. 7. vom jüdisch. Kr. 2, 4. §. 3.

jenigen verordnete, die sich zu ihm schlugen.   Er setzte sich selbst die königliche Krone auf, theilte königliche Befehle aus, und spielte die Rolle eines Königs ziemlich lange.   Er war sowol ein Feind der Kriegsvölker des Archelaus, als der Römer.   Alle, die ihm von beyden Partheyen in die Hände fielen, wurden ohne Barmherzigkeit in Stücke zerhauen, doch empfanden die Römer am meisten die Wirkungen seiner Grausamkeit.   Einsmals griff er bey Emmaus einen Haufen derselben an, da sie eben dem Kriegsheere Getraide und Waffen zuführen wollten, und erlegte von ihnen vierzig der Tapfersten nebst ihrem Hauptmanne dem Arius.   Die übrigen würden ein gleiches Schicksal gehabt haben, wenn sie nicht von dem Gratus, der ihnen noch zu rechter Zeit zu Hülfe kam, wären gerettet worden.   Nachdem diese fünf Brüder in dergleichen Unternehmungen öfters sehr glücklich gewesen, ward endlich der Eine von dem Gratus gefangen, und ein Anderer von dem Ptolomäus.   Athronges selbst fiel dem Archelaus, nach seiner Rückkunft, in die Hände.   Der letzte von dem Unglücke der übrigen geschreckt, ergab sich auf gütliche Bedingung.   Und hiemit endigte sich dieser blutige Auftritt.

§. 29.

Varus, der Statthalter von Syrien hatte inzwischen von der Gefahr Nachricht erhalten, in der sich Sabinus und seine Legion befanden k).   Er

Varus rückt vor Jerusalem.

brach

k) Jos. jüd. Alterth. 17, 10. und vom jüd. Kr. 2, 5. §. 1.

brach daher mit seinen zwo Legionen nebst vier Haufen Reuter und einigen Fußvölkern, die er von den benachbarten Königen und Fürsten erhalten hatte, auf, und eilte damit nach Judäa, den in Jerusalem Belagerten zu Hülfe zu kommen. Unterweges erhielt er noch eine Verstärkung von funfzehn hundert Mann, die ihm die Beryther überließen, ohne diejenige, die er von dem Könige von Arabien bekam, die theils aus Fußvolke, theils aus Reuterey bestand. Bey Ptolemais theilte er sein Kriegsheer. Mit dem einen Theile mußte sein Sohn nebst einem arabischen Feldherrn in Galiläa einbrechen, er selbst aber ging mit dem andern Theile nach Samaria. Nachdem sein Sohn alles, was sich ihm wiedersetzte, über den Haufen geworfen hatte, rückte derselbe vor Sephoris, nahm es ein, und verkaufte die Einwohner an die meistbietenden, steckte sodann diese vortreffliche Stadt in Brand, und machte sie zu einem Steinhaufen. Varus übte seiner Seits keine Feindseligkeiten in Samaria aus, weil er wußte, daß die Samariter keinen Antheil an den Empörungen der Juden gehabt hatten. Er rückte gerade gegen Jerusalem, und schlug sein Lager bey Arus einem Dorfe, welches die Araber ausplünderten und ansteckten, aus Haß gegen den Ptolomäus, dem es zugehörete. Auf gleiche Weise verfuhren dieselben auch mit Sampho, einer reichen Stadt, und mit allen den Ortschaften, die sie betraten. Emmaus ward aber auf Befehl des Varus angezündet, den Tod der Römer zu rächen, die Athronges nahe bey diesem Orte erschlagen hatte. Die Einwohner hatten sich noch bey
rech=

rechter Zeit mit der Flucht gerettet, weil sie leicht vorsehen konnten, was ihnen begegnen würde.

J. C.

2.

§. 30.

Sobald die Juden zu Jerusalem, die die Rö= mer in dem königlichen Pallaste noch immer belager= ten, die nahe Ankunft des Varus erfuhren, hoben sie die Belagerung auf, und nahmen voll Schrecken die Flucht [1]). Josephus, ein Enkel des Herodes, Gratus und Rufus nebst den befreyten Römern eilten hierauf dem Gratus entgegen, ihm für seine noch zu rechter Zeit geleistete Hülfe zu danken. Sa= binus getrauete sich aber nicht vor dem Varus zu erscheinen, sondern entwich nach der See zu, der wohl= verdienten Strafe zu entgehen. Varus gab bey sei= ner Ankunft den Einwohnern der Stadt einen ernst= lichen Verweis. Sie entschuldigten sich aber damit, daß sie sagten, die Feindseligkeiten hätten nicht von ihnen, sondern von den fremden Juden, die wegen des Pfingstfestes nach Jerusalem gekommen, ihren Anfang genommen, und daß vielmehr sie von den Rö= mern wären belagert worden, als daß sie etwas zur Belagerung derselben sollten beygetragen haben. Va= rus nahm diese Entschuldigung an, da er aber gleich= wol für nöthig hielt, an den Anstiftern der Empörung ein hartes Beyspiel zu geben, so schickte er einen Theil seiner Völker durch das ganze Land aus, dieselben aufzusuchen, und ihm zuzuführen. Sie brachten bey

ihrer

Die Ju= den zu Je= rusalem heben die Belage= rung auf.

1) Jos. jüd. Alterth. 17, 10 · 11. vom jüd. Kr. 2, 5. §. 2 - 3.

ihrer Rückkunft eine grosse Anzahl derselben mit sich. Varus ließ gegen zwey tausend dieser Unglückseligen ans Kreuz heften. Die übrigen aber, die ihm nicht so strafwürdig schienen, ließ er gefänglich verwahren. Als er auf diese Art die Ruhe wieder hergestellet hatte, schickte er die fremden Hülfsvölker nach Hause. Er ging hierauf mit seinen Legionen nach Jdumäa, wo sich wieder zehn tausend Mann versammlet hatten, die aber, ohne einen Angriff abzuwarten, sich auf Anrathen des Achiabus, eines Enkels des Herodes, auf Gnade und Ungnade ergaben. Varus erwies dem gemeinen Volke Gnade. Die Obersten und Hauptleute aber schickte er, gebunden, dem Kaiser zu, der ihnen das Leben schenkte, von welcher Gnade jedoch die Anverwandten des Herodes ausgenommen wurden, die, ohne die geringste Ursache zu haben, an der Empörung Theil genommen hatten. Nachdem Varus auf solche Weise auch in Jdumäa die Ruhe wieder hergestellet, so ließ er die Legion, die die Belagerung ausgehalten hatte, in Jerusalem, und kehrte mit den zwo übrigen nach Antiochien zurück.

§. 31.

Gesandtschaft der Juden an den Kaiser. Um diese Zeit ward die Sache des Archelaus zu Rom vom Kaiser entschieden. Ehe die erzählten Unruhen in Jerusalem gegen die Römer angingen, schickten die Juden, mit des Varus Bewilligung, eine Gesandtschaft, die aus funfzig vornehmen Gliedern bestand, nach Rom ab, den Kaiser zu bitten, daß Judäa mit Syrien vereiniget, und die Verwaltung desselben, den römischen Statthaltern übergeben

geben werden möchte ᵐ). Sie wurden nach ihrer Ankunft von ohngefär acht tausend Juden, die damals
sich in Rom aufhielten, in ihrem Gesuche unterstützt.
Augustus gab ihnen in dem Tempel des Apollo, den
er auf dem Berge Palatinus mit grossen Kosten erbauet, und wo er einen Rath von den Vornehmsten
Römern versammlet hatte, in Beyseyn des Archelaus und seiner Freunde, Gehör. Sobald die Gesandten die Erlaubniß zu reden erhalten hatten, fiengen sie an, über den verstorbenen König in den här-
testen Ausdrücken zu klagen, indem sie ihn beschuldigten, daß er sein Volk, nicht wie ein König, sondern
wie der ärgste Tyrann, den jemals die Welt gesehen,
beherrschet hätte. Ihr Land, welches bey dem Antritte seiner Regierung an allem einen Ueberfluß gehabt, habe er in die äußerste Armuth versetzet: die
Weiber und die Jungfrauen habe er geschändet: die
Vornehmsten und Reichsten des Landes geringer Ursachen wegen gleich tödten lassen, und überhaupt habe
er sich gegen seine Unterthanen so betragen, daß es
kein wildes Thier, wenn es die Herrschaft über Menschen bekommen hätte, so arg, wie er, würde gemacht
haben. Diesem ungeachtet hätten sie seinen Sohn,
den Archelaus, für ihren König ausgerufen, indem
sie geglaubt, er werde dem Beyspiele seines Vaters
nicht folgen, sondern er werde sich gegen seine Unterthanen auf eine viel leutseligere Art betragen. Allein
er hätte gar bald gezeiget, was sie von ihm zu ge-

war-

J. C.
5.

ᵐ) Jos. jüd. Alterth. 17, 11. §. 1-2. vom jüd. Kr.
2, 6. §. 1-2.

warten hätten, indem' er, ehe er noch die kaiserliche Bestätigung erhalten, drey tausend Juden in dem Tempel habe ermorden lassen. Sie baten hierauf den Kaiser, daß sie von solchen Königen und Oberherrn befreyet, der syrischen Provinz einverleibet, und den römischen Statthaltern übergeben werden möchten, da sich denn zeigen würde, ob sie so, wie man sie beschuldigte, beschaffen wären.

§. 32.

Archelaus wird vertheidiget.

Sobald die Gesandten ihre Klage geendiget hatten, fieng Nikolaus von Damaskus an, darauf zu antworten n). Er sagte, es sey etwas Sonderbares, daß bey Lebzeiten des Herodes niemand gewesen, der ihn solcher Verbrechen, wie jetzt nach seinem Tode geschehe, beschuldiget hätte, und dies sey wirklich eine Sache, die genugsam das Unrecht seiner Ankläger beweise. Was aber den Archelaus betreffe, so sey dieser genöthiget worden, so hart gegen die Aufrührer zu verfahren, indem sie die Soldaten, die derselbe abgeschicket, die Unruhe zu stillen, zuerst angegriffen und getödtet hätten. Und eben diese Gesandtschaft, fuhr er fort, sey nichts anders, als eine Wirkung von ihrem aufrührischen Geiste, indem sie sich nie zum Gehorsam bequemen, sondern immer frey und niemand unterworfen, leben wollten. Nachdem Augustus auf solche Art beyde Theile gehöret hatte, ließ er die Versammlung auseinandergehen, ohne auch diesmal die Sache zu entscheiden.

§. 33.

n) Jos. jüd. Alterth. 17, 11. §. 3-4. vom jüd. Kr. 2, 6. §. 2-3.

§. 33.

Doch einige Tage hierauf ließ er, nachdem er al=
les wohl überleget hatte, den **Archelaus** zu sich kom=
men, und gab ihm die Hälfte des Königreichs seines
Vaters unter dem Titel eines **Ethnarchen** *) mit
der Vertröstung, ihm auch den Titel eines Königs zu
geben, wenn er sich, wie es einem Könige zukäme,
betragen würde °). Die andere Hälfte theilete er
wieder in zween Theile, und gab solche den beyden an=
dern Söhnen des **Herodes**, nemlich dem **Philippus**,
und dem **Herodes Antipas**. **Antipas** erhielt Ga=
liläa, und das Land jenseits des **Jordans**, **Peräa**
genannt, welche Länder ihm jährlich zweyhundert Ta=
lente eintrugen. **Philippus** aber bekam die Land=
schaften **Bataniäa**, **Trachonitis** und **Auranitis**
oder **Jduräa**, nebst einem Theile des kleinen Staa=
tes, den **Zenodorus** ehedem besessen hatte, welches
alles zusammen ebenfalls zweyhundert Talente ein=
trug. Dem **Archelaus** hingegen ward zutheil **Jdu=**
mäa, **Judäa** und **Samaria**. Den Samari=
tern ward der vierte Theil der Auflagen erlassen,
weil sie sich nicht, wie das übrige Volk, empöret
hatten. Die vornehmsten Städte, die zu des Ar=
chelaus **Ethnarchie** gehörten, waren **Stratons=**
thurm,

J. C.

1.

Augu=
stus zer=
theilet das
König=
reich des
Hero=
des.

---

*) **Ethnarche**, ein Titel, welcher einen solchen Fürsten
eines Volks anzeiget, der noch unter der Oberherr=
schaft eines Königes stehet. Der Abt **Calmet** unter
dem Artikel **Ethnarche**.

o) Jos. jüd. Alterth. 17, 11. §. 4-5. vom jüd. Kr.
2, 6. §. 3.

D

J. C.
1.

thurm, Sebaste, Joppe und Jerusalem. Die andern Städte aber, nemlich Gaza, Gadara und Hippos riß Augustus von Judäa ab, und theilte sie, weil sie den Gewohnheiten der Griechen folgten, zu Syrien. Das jährliche Einkommen des Archelaus belief sich auf vier hundert Talente. Salome bekam auf ihren Antheil die fünf hundert tausend Stücke gemünzten Silbers, so ihr ihr Bruder, der König vermacht hatte, nebst den Städten Jamnia, Azotus und Phasaelis, denen der Kaiser den Pallast zu Askolon noch beyfügete, so, daß sich ihr jährliches Einkommen in allem auf sechzig Talente belief. Auch die übrigen Anverwandten erhielten alles, was ihnen Herodes in seinem Testamente zugedacht hatte, und Augustus gab über dies noch seinen zwoen Töchtern, die er an des Pheroras Söhne verheirathete, fünfmal hundert tausend gemünzten Silbers. Den Söhnen aber schenkte er die funfzehn hundert Talente, die ihm Herodes vermacht hatte, und behielt für sich weiter nichts, als nur einige wenige Geschirre, nicht sowol wegen ihrer Kostbarkeit, als aus Achtung gegen das Andenken eines Freunds, den er in seinem Leben so zärtlich geliebt hatte.

§. 34.

Ein gemeiner Jude trachtet nach dem Königreiche.

Kaum hatte Augustus diese neue Eintheilung des jüdischen Königreichs gemacht, so that sich schon wieder Einer hervor, der nach demselben trachtete p). Es war dieses ein Jude, der zu Sidon von einem

Frey-

p) Jos. jüd. Alterth. 17, 12. §. 1. vom jüd. Kr. 2, 7. §. 1.

J. C.

I.

Freygelaſſenen war erzogen worden, und dem Alexander, dem Sohne des Herodes von der Mariamne, den der Vater hatte tödten laſſen, dermaßen
gleich ſah, daß, wie er ſeine Rolle zu ſpielen anfieng,
und vorgab, er ſey eben der nemliche, und beym Leben erhalten worden, ihn alle, die jenen gekannt hatten, ohne Bedenken für den leiblichen Alexander hielten. Er breitete überall aus, er und ſein Bruder,
Ariſtobulus, wären dem Tode durch Hülfe derjenigen entgangen, die ihr Vater geſchickt hätte, ſie zu
tödten, indem dieſe von Mitleiden gerührt, ihnen das
Leben gelaſſen, und ſtatt ihrer zween gleichförmige
Körper untergeſchoben hätten. Alles dieſes ward
durch einen Juden beſtätiget, dem alles, was am
Hofe des Herodes vorgegangen, beſtens bekannt
war. Als er nach Kreta kam, glaubten ihm alle
Juden, und verſahen ihn mit Gelde, worauf er nach
Melos überſchiffte. Hier bekam er noch größere
Geldſummen, weil man ihn nicht nur für den wahren Alexander hielt, ſondern auch glaubte, er werde
das väterliche Reich erhalten, und gegen ſeine Gutthäter ſchon wieder dankbar ſeyn. Von Melos begleiteten ihn viele Juden nach Rom. Zu Puteoli
waren die Juden eben ſo leichtgläubig. Sogar die
Freunde des Herodes, und die, welche den Prinzen ſehr genau gekannt hatten, ließen ſich durch die
groſſe Aehnlichkeit, die er mit dieſem hatte, betrügen,
und thaten ihm königliche Ehre an. Die Juden in
Rom, als ſie von ſeiner Annäherung Nachricht erhalten hatten, eilten ihm in groſſen Haufen entgegen,
und begleiteten ihn, als einen König in die Stadt.

§. 35.

§. 35.

J. C.

1.

Der fal-
sche Ale-
rander
kömmt
in Rom
an.

Bey seinem Einzuge in die Stadt! drängeten sich
die noch übrigen Juden zu ihm, ihm zu seiner Ankunst Glück zu wünschen. Augustus, der nicht
glauben konnte, daß sich Herodes, in einer Sache
von solcher Wichtigkeit, so leicht habe betrügen lassen,
schickte, nachdem er die Ankunst dieses neuen Alexanders erfahren hatte, einen Freygelassenen, Namens
Celadus, ab, mit dem Befehle, denselben zu ihm
zu bringen q). Celadus, ob er gleich mit dem wahren Alexander sehr gut bekannt gewesen, ward, da
er ihn sah, eben so leicht, als die andern betrogen.
Nur Augustus ließ sich nicht betrügen. Kaum
hatte er diesen jungen Menschen erblickt, so schloß er
gleich aus seiner Stellung, und aus der groben Haut,
die er in seinen Händen bemerkte, daß er ein Betrüger seyn müsse. Er fragte ihn, wie es seinem Bruder, dem Aristobulus ergangen wäre, und warum
er denselben nicht mit auf Rom gebracht hätte? Er
antwortete: sein Bruder wäre wegen der vielen Ge-
fahren auf dem Meere in der Insel Cypern geblieben, damit, wenn einer auf demselben etwa verun-
glückete, doch nicht das ganze Geschlecht der Mariamne zu Grunde ginge, sondern der andere noch
erhalten würde. Augustus machte seiner Verstellung
bald ein Ende. Er nahm ihn bey Seite, und sagte
zu ihm mit einem ernsthaften Gesichte: „ Wenn du
„ mir die Wahrheit sagst, so will ich dir das Leben
„ schen=

q) Jos. jüd. Alterth. 17, 12. §. 2. vom jüd. Kr. 2, 7.
    §. 1-2.

„ schenken.   Darum sag mir, wer du eigentlich bist,
„ und wer dich, dieses anzustellen verleitet hat; denn
„ du bist noch zu jung, als daß du im Stande seyn
„ solltest, so etwas zu erdenken „„.   Jetzt wußte sich
der Betrüger nicht mehr zu helfen; denn da er wohl
merkte, daß er mit seinem Lügen bey dem Kaiser nicht
auslangen würde, so entdeckte er demselben den ganzen Handel, nebst der Person, die ihn angesponnen
hatte. Augustus hielt sein Wort.   Er schenkte ihm
das Leben, doch schickte er ihn, weil er stark von Leibe
war, auf die Galeren.   Den Erfinder des Betrugs
aber ließ er tödten.   Die Juden, die ihm mit Gelde
beygestanden, strafte er nicht, indem er glaubte, daß
sie durch den Verlust ihres Gelds, den sie gelitten hatten, schon genug gestrafet wären.

J. C.

1.

§. 36.

Nachdem Archelaus von seiner Ethnarchie
Besitz genommen hatte, entsetzte er den Joazar, des
Boethus Sohn, unter dem Vorwandte, daß er es
mit den Aufrührern gehalten habe, der Hohenprie-
sterswürde, und ertheilete sie dessen Bruder, dem
Eleazar ʳ).   Er bauete hierauf den königlichen Pallast zu Jericho mit ungemeiner Pracht von neuem
wieder auf, und leitete einen Theil des Wassers, das
durch den Flecken Neara floß, in den Wald von
Palmenbäumen, den er in der Gegend von Jericho
angepflanzet hatte.   Zwischen Jericho aber und
Scythopolis legte er einen neuen Flecken an, den

Arche-
laus ent-
setzet den
Joazar
der Hohen-
priesters-
würde.

D 3   er

---

r) Jos. jüd. Alterth. 17, 13. vom jüd. Kr. 2, 7.

er nach seinem Namen Archelais nannte. Während der Zeit, da er sich mit diesen Dingen beschäftigte, stieß er seine rechtmäßige Gemahlinn, die Mariamne, von sich, und vermählete sich wieder das mosaische Gesetz mit Glaphyra, der Wittwe seines Bruders, Alexanders, die eine Prinzessinn des Archelaus, Königs in Kappadocien war, und mit ihm zween Prinzen, nemlich den Alexander und den Tyranes gezeuget hatte, und nach dem Tode ihres ersten Gemahls an Juba, den König von Lybien war verheirathet gewesen. Er setzte auch den Hohenpriester Eleazar von seiner Würde wieder ab, und beehrete damit den Jesus, des Sias Sohn.

§. 37.

In den ersten Jahren des Archelaus Regierung hielten sich seine Unterthanen ganz ruhig. Doch da seine Tyranney und Grausamkeit, davon er schon viele Beyspiele gegeben hatte, immer mehr zunahmen, und sie dieselben nicht länger ertragen wollten, so verklagten ihn endlich die vornehmsten Juden und Samariter durch ihre Gesandten deshalb bey dem Kaiser s). Augustus gerieth in einen großen Zorn, da er hören mußte, wie wenig seine Ermahnungen bey dem Archelaus gefrucht hätten. Er ließ sogleich denjenigen, der dessen Angelegenheiten in Rom besorgte, und gleichen Namen führete, vor sich kommen, und befahl ihm sich unverzüglich nach Judäa zu verfügen, und dem Archelaus, den er nicht einmal einer Zuschrift

s) Jos. jüd. Alterth. 17, 13. §. 2. vom jüdisch. Kr. 2, 7. §. 3.

schrift würdigte, in seinem Namen anzubefehlen, daß　J. C.
er eilends nach Rom reisen, und daselbst Rede und
Antwort von seinem Betragen geben sollte.　Archelaus erhielt den kaiserlichen Befehl eben damals, da
er seinen Freunden ein großes Gastmahl gab.　Er gehorchte.　Sobald er zu Rom ankam, hörte der Kaiser seine Ankläger und seine Verantwortung an.　Da
er aber mit dieser nicht bestand, so verwies ihn derselbe nach Vienne in Gallien, und gab zugleich Be-　9.
fehl zur Einziehung aller seiner Güter.

§. 38.

Augustus verwandelte hierauf Judäa in eine　Judäa
römische Provinz, und schickte den Sulpicius Qui-　wird zu ei-
rinius, den der heilige Lukas t) nach der griechischen　ner römi-
Aussprache Cyrinus oder Cyrenius nennet, als　schen Pro-
Statthalter nach Syrien mit dem Befehl, das Volk　vinz ge-
in dieser neuen Provinz zu schätzen u).　Und dies ist　macht.
die Schatzung, die auf die Zählung erfolgte, die zur　10.
Zeit der Geburt Jesu Christi geschehen ist w).　Die
Juden waren mit dieser Schatzung nicht zufrieden,
doch hielten sie sich auf das Zureden des Hohenpriesters Joazar, den Archelaus abgesetzet hatte, der
nun aber sein altes Amt wieder bekleidete, ruhig, und
ließen diese Schatzung ohne Wiederstand geschehen.
Nachdem Cyrenius den kaiserlichen Befehl vollzogen,
des Archelaus Güter verkauft, seiner Schätze sich
bemächtiget, und den Hohenpriester Joazar, weil

D 4　　　das

t) Luk. 2, 2.
u) Jos. jüd. Alterth. 18, 1-2. vom jüd. Kr. 2, 8.
w) Luk. 2, 2.

das Volk einen Aufruhr gegen ihn erreget, von seiner Würde abgesetzet, dagegen aber den Ananus, Seths Sohn, damit beehret hatte, so ging er wieder nach Syrien, und ließ den Koponius, einen römischen Ritter in Judäa zurück, weil ihn der Kaiser zum Statthalter dieser neuen Provinz ernannt hatte.

§. 39.

Judas der Gaulonite erreget einen Aufstand.

Die Ruhe in Judäa war auf diese Begebenheit von keiner langen Dauer; denn Judas, der Gaulonite, der in der Apostelgeschichte der Galiläer genannt wird x), und der von einem unruhigen Pharisäer, Namens Sadduk, unterstützt ward, erregte unter dem Volke einen entsetzlichen Aufstand, indem er vorgab, die Juden wären ein freyes Volk und, außer Gott, keiner andern Herrschaft unterworfen y). Er ermahnete sie zu gleicher Zeit, ihre Freyheit zu vertheidigen, und versicherte sie, daß sie in diesem Fall ihre Güter nicht nur erhalten, sondern auch zu einer besondern Glückseligkeit gelangen würden. Durch diese und dergleichen Reden wurden die Gemüther des Volks dergestalt erhitzt, daß ein grosser Theil desselben zu den Waffen griff, worauf denn in dem ganzen Lande nichts als Rauben und Morden zu sehen war. Die Freunde wurden wie die Feinde geplündert, diejenigen, die zum Frieden riethen, wurden getödtet, und es war mit einem Worte kein Uebel, wie der jüdische Geschichtschreiber Josephus sagt, wozu diese zween Männer nicht Anlaß gegeben hätten.

§. 40.

x) Apostelgesch. 5, 37.
y) Jos. jüd. Alterth. 18, 1. §. 1. vom jüd. Kr. 2, 8.

§. 40.

Aus dieser Empörung entstand unter den Juden, wie kaum genannter Geschichtschreiber meldet, die vierte Sekte, deren Häupter Judas und Sadduk waren [z]). Die Pharisäer, die Sadducäer und die Essäer machten die drey ersten Sekten aus. Da die evangelische Geschichte der Pharisäer und Sadducäer öfters gedenket, so werden es unsere Leser nicht übel deuten, wenn wir ihnen hier eine kurze Beschreibung derselben liefern werden. Die Zeit, da diese Sekten entstanden, kann man so genau nicht bestimmen. Josephus, nachdem er den Brief des Hohenpriesters Jonathas an die Lacedemonier angeführet, schreibt: „Zu derselben Zeit entstanden drey „Sekten unter den Juden. Die eine war die Sekte „der Pharisäer, die andere der Sadducäer, und „die dritte der Essäer „ [a]). Gedachter Brief war im Jahre der Welt drey tausend, acht hundert und sechzig, welches das hundert und vierzigste oder nach der gemeinen Zeitrechnung das hundert und vier und vierzigste vor Christi Geburt ist, geschrieben. Wir halten also dafür, daß diese Sekten theils unter dem Hohenpriesterthume des Jonathas, theils nicht gar zu lange vor demselben entstanden seyn.

§. 41.

Es ist unbekannt, wer der Stifter der Pharisäer gewesen sey, und ihre Benennung giebt Anlaß zu vermuthen,

D 5

z) Jos. jüd. Alterth. 18, 1. §. 1-3. vom jüdisch. Kr. 2, 8. §. 2.

a) Jos. jüd. Alterth. 13, 5. §. 9.

(Marginalien rechts:)

J. C.

Die Sekten der Juden.

Abbildung der Pharisäer.

J. C. muthen, daß sie keinen besondern Stifter gehabt haben. Sie waren vermöge derselben Abgesönderte oder solche Leute, die sich durch eine strengere Lebensart und genaure Beobachtung des Gesetzes von den übrigen Juden unterschieden. Da ihre Sekte an keinen gewissen Stamm gebunden war, so breitete sie sich gar bald durch alle Stämme aus, und sie setzten sich in kurzer Zeit durch ihre Weisheit, durch ihren frommen und strengen Lebenswandel, und durch eine genaue Beobachtung der Ceremonien bey dem gemeinen Volke in ein ungemeines Ansehen b). Sie fasteten oft, sie beteten fleißig und lange, den Armen theilten sie öfters Almosen aus, und bezahlten nach der Vorschrift des Gesetzes den Zehenten auf das genaueste. Doch bey allem diesem waren die meisten unter ihnen nichts anders, als übertünchte Gräber, die sich den Menschen von außen schön zeigen, da sie indessen inwendig voll Todtenbeine und Unflat sind. Sie schienen äußerlich vor den Menschen gerecht; aber innerlich waren sie voll Gleißnerey und Bosheit, und ein unerträglicher Stolz begleitete alle ihre Handlungen c). Sie fasteten öfters, aber jedermann mußte es wissen, daß sie fasteten. Sie beteten, aber sie thaten es gern in den Synagogen, und an den Ecken der Straßen, damit sie von den Menschen gesehen würden. Sie gaben Almosen, aber sie machten es zuvor bekannt, das Lob der Menschen dadurch zu erhalten. In den Synagogen trachteten sie nach den ersten Stühlen;

bey

b) Jos. jüd. Alterth. 18, 1. §. 3. vom jüd. Kr. 2, 8.
c) Matth. 23, 5-28. Mark. 12, 38-40. Luk. 11. 42-44.

bey den Gaſtmahlen nach den erſten Sitzen, und auf
den öffentlichen Plätzen ließen ſie ſich gern grüſſen und
Meiſter nennen.   Die Denkzettel *), die ſie an
der Stirne und auf dem Ermel des linken Arms trugen, und auf denen gewiſſe Worte des Geſetzes ſtanden, waren merklich größer, als die Denkzettel der
übrigen Juden, und ſie ſuchten ſich beſonders darinn
von den andern Juden zu unterſcheiden, daß ſie län-
gere Franzen an ihren Kleidern trugen, als die Juden
gemeiniglich zu tragen pflegten, damit man ſie für
Leute, die das Geſetz genauer, als andere beobachteten, halten möchte.

§. 42.

Fortſe-
zung.

Die Ueberlieferungen der Alten ſtanden bey ihnen
in dem größten Anſehen, und nicht ſelten zogen ſie
dieſelben dem Geſetze ſelbſt vor.   Viele geringſchätzige,
unnütze und nichts bedeutende Dinge machten ſie zu
Geboten, und hiedurch machten ſie das Geſetz zu einem unerträglichen Joche d).   Sie verfälſchten es
auch durch ihre unrichtigen Erklärungen in den wichtigſten Stellen, wie ihnen dieſes unſer göttliche Heiland mit nachdrücklichen Worten verweiſet e).   Zum
Bey-

*) Dieſe Denkzettel oder Philakteria waren gewiſſe
kleine Rollen von Pergament, darauf verſchiedene
Stellen aus dem zwenten und aus dem fünften Buche
Moſis geſchrieben ſtanden. Weitläufiger handelt hievon der Abt Calmet in ſeinem bibliſchen Wörterbuche unter dem Artikel Philakteria.

d) Matth. 15, 3. 23, 4. Mark. 7, 7-8.

e) Matth. 15, 3-6. Mark. 7, 9-13.

J. C. Beyspiel: Das Gesetz befiehlt Vater und Mutter zu ehren. Sie hingegen lehreten, wenn ein Kind zu seinen nothleidenden Eltern spräche: Mein Vater, oder, meine Mutter, die Sache, die du von mir verlangest, ist Gott gelobet; du sollst aber Theil an meinem Opfer haben; so wäre es von dem Gebote frey, und hätte keine weitere Verbindlichkeit, seinen Eltern in ihrer Noth zu Hülfe zu kommen. Sie glaubten zwar das Daseyn der Geister, und die Unsterblichkeit der Seele f); allein sie lehreten, daß die Seelen der Frommen aus einem Körper in den andern wanderten. Von den Seelen der Gottlosen hingegen glaubten sie, daß sie verdammet würden in finstern Gefängnissen ewig zu verbleiben. Alles, was geschah, schrieben sie dem Schicksale zu, doch, wie Josephus versichert, ohne dem Menschen seinen freyen Willen, und die freye Bestimmung desselben zu nehmen, weil Gott mit dem Menschen eine solche Mittelstraße ginge, daß der Mensch dennoch die Freyheit behielte, zwischen dem Laster und der Tugend zu wählen, ob schon alle Sachen nach seinem Rathschlusse geschähen. Wir brechen hier ab, weil in der Geschichte Jesu mehrere Nachrichten von dieser Sekte vorkommen werden. Nur dieses bemerken wir noch, daß die Sekte der Pharisäer bey der Zerstörung des Tempels zu Jerusalem, und der darauf erfolgten Zerstreuung der Juden durch die ganze Welt, nicht untergegangen sey. Es giebt noch heut zu Tage eine große

---

f) Jos. jüd. Alterth. 18, 1. §. 3. vom jüd. Kr. 2, 8. §. 14.

große Anzahl der Pharisäer unter den Juden. Alle **J. G.**
diejenigen, die sich unter ihnen auf die Wissenschaften
verlegen, sind gemeiniglich dieser Sekte zugethan.
Sie leben zwar nicht mehr so strenge, wie die alten,
doch hegen sie über die Ueberlieferungen, über die
Seele, über die Engel und Geister, und über den
freyen Willen des Menschen noch die nemlichen Mei=
nungen *).

§. 43.

Die Sadducäer machten die zweyte Sekte un=   **Abbildung
der Sad=**
ter den Juden aus ᵍ). Saddok, der ohngefär drey= **ducäer.**
hundert Jahre vor Christi Geburt lebte, und ein
Schüler des Antigonus von Socho **) war, wird
gemeiniglich für den Stifter dieser Sekte gehalten.
Antigonus lehrete, der Mensch müsse Gott dem
Herrn ohne Eigennutz gehorchen, und ihm, ohne den
gering=

*) Mehrere Nachrichten von der Sekte der Pharisäer
sind zu finden in der Abhandlung, die der Abt Cal=
met von dieser Sekte geschrieben hat, wie auch in
seinem biblischen Wörterbuche unter dem Artikel Pha=
risäer. Man kann auch hievon nachsehen des Bi=
schofs Godeau zweyten Theil seiner Kirchengeschichte,
und den neunten Theil von der allgemeinen Weltge=
schichte.

g) Jos. jüd. Alterth. 18, 1. §. 4. vom jüd. Kr. 2, 8.
§. 14.

**) Socho war eine Stadt in Juda. Jos. 15, 35,
und 1 Sam. 17, 1. Heber, dessen in den Büchern
der Chronik gedacht wird, bauete Socho wieder auf
1. Chron. 4, 18., und sein Geschlecht ließ sich da=
selbst nieder. Der Abt Calmet unter dem Artikel
Socho.

geringsten Vortheil von seinen Bemühungen zu erwarten, dienen. Saddok, der an einer so uneigennützigen Lehre keinen Geschmack fand, erklärte dieselbe auf eine solche Art, die der Absicht seines Lehrers völlig entgegen war; denn er machte daraus den Schluß, daß nach diesem Leben weder eine Belohnung des Guten zu hoffen, noch eine Bestrafung des Bösen zu fürchten sey, woraus er denn weiter schloß, daß mithin die Seele eben sowol, als der Leib unterginge. Er fand Beyfall, und hieraus entstand die Sekte der Sadducäer. Joseph, der jüdische Geschichtschreiber bemerket, daß sie meistens aus vornehmen Leuten bestanden. Alle, die sich zu derselben bekannten, waren abgesagte Feinde der Pharisäer. Sie verwarfen die alten mündlichen Ueberlieferungen, auf die jene so viel hielten, und verachteten die Erklärungen und Einschränkungen, die dieselben bey dem Gesetze machten. Sie hielten sich bloß an den Buchstaben, und behaupteten, man sey nur jenes zu beobachten schuldig, was aufgeschrieben sey. Sie leugneten das Daseyn der Geister und Engel. Das Schicksal, welches die Pharisäer glaubten, verlachten sie, als ein Wort ohne Bedeutung. Alles, was dem Menschen Gutes oder Böses wiederfahre, sagten sie, sey eine Folge von der freyen Wahl seines Willens, wornach er Gutes oder Böses gethan habe. Sie lehreten ferner, daß, gleichwie Gott nichts Böses thun könne, so könne er auch nichts für etwas Böses erkennen. Der Mensch sey also ein unumschränkter Herr seiner Handlungen, und hiemit leugneten sie die göttliche Vorsehung. Sie waren übrigens in Bestrafung der Laster

sehr

ſehr ſtrenge, und ſie würden darinn öfters zu weit ge=
gangen ſeyn, wenn ſie ſich hierinn nicht nach den Pha=
riſäern, die ihnen an der Zahl weit überlegen wa=
ren, hätten richten müſſen *).

§. 44.

Die dritte Sekte unter den Juden machten die
Eſſäer aus, die ſonſt auch Eſſener genannt werden.
Ihr Urſprung iſt unbekannt. Sollten ſie, wie manche
dafür halten, diejenigen ſeyn, die in dem erſten Buche
der Machabäer h) unter dem Namen Aſſidäer vor=
kommen, ſo dürften ſie zuverläßig die älteſte Sekte
unter den Juden ausmachen. Nach der Beſchrei=
bung, die Joſephus von den Eſſäern machet i),
waren ſie Leute, die gegen einander eine ungemeine
Liebe trugen, und in großer Einigkeit lebten. Kein
Laſter verabſcheueten ſie mehr, als die Wolluſt, und
keine Tugend ſchätzten ſie höher, als die Zucht und
Enthaltſamkeit. Sie verheiratheten ſich nicht, allein
ſie nahmen anderer Leute Kinder auf, und brachten
ihnen ſehr bald ihre Art zu denken, und zu handeln,
bey. Der Reichthum ſtand bey ihnen in großer Ver=
achtung. Keiner unter ihnen beſaß etwas Eigenthüm=
liches, und alle Güter waren unter ihnen gemein, ſo,
daß keiner ärmer oder reicher war, als der andere.
Und dies war eins von ihren Hauptgeſetzen. Den

Ge=

---

*) Von dieſer Sekte können die unter dem vorhergehen=
den Abſchnitt genannten Schriftſteller, die davon meh=
rere Nachrichten ertheilen, nachgeleſen werden.

h) 1 Machab. 2, 42. 7, 13.

i) Joſ. vom jüd. Kr. 2, 8. §. 2-4.

Gebrauch des Balsams und wohlriechender Oele hielten sie für sündhaft, und sie mußten sich, wie von einer der größten Beflecungen reinigen, sobald sie nur etwas davon, auch wieder ihren Willen berühret hatten. Aus ihrem ganzen äußerlichen Betragen leuchtete eine große Strenge hervor, doch vermieden sie alle Unsauberkeit, und ihre Kleider waren immer sehr weiß. Ueber ihre gemeinschaftlichen Güter hatten sie gewisse Personen gesetzt, die dieselben verwalteten, und einem jeden dasjenige gaben, was er benöthiget war. Sie wohneten nicht beysammen in einer Stadt, sondern hatten in allen Städten hin und wieder ihre besondern Häuser, in welche sie die Reisenden von ihrer Sekte mit vieler Liebe aufnahmen, und was sie hatten, denselben mittheileten. Sie trugen daher auf ihren Reisen keine Lebensmittel bey sich, sondern nur ein Schwert, sich damit im Fall der Noth gegen die Räuber zu vertheidigen.

§. 45.

Ihre Kleidung war sehr demüthig, und sie änderten ihre Kleider und Schuhe nicht eher, bis sie ganz abgetragen, und vom langwierigen Gebrauche zerrissen waren. Kaufen und Verkaufen war bey ihnen ein ganz unbekanntes Ding. Sie wußten von keiner andern Art zu handeln, als vom Tausche, wobey der eine gab, was er überflüßig hatte, und dafür erhielt, was er brauchte. Konnte einer nichts dargegen geben, so durfte er doch ohne Scheu das Nöthige begehren, und er erhielts. Sie beflissen sich insgemein einer grossen Gottesfurcht und eines erbaulichen Lebens=

benwandels.   Vor der Sonne Aufgang hielten sie
ein strenges Stillschweigen, und verrichteten gewisse
von ihren Vorfahren empfangene Gebete, mit welchen
sie Gott anfleheten, daß er die Sonne möchte aufge=
hen lassen.   Sie verfügten sich hierauf an die Arbeit,
die ihnen von ihrem Vorgesetzten angewiesen wurde,
und blieben bis um die fünfte Stunde, oder nach unster
Art zu zählen, bis um die eilfte Stunde über dersel=
ben.   Nach dieser Arbeit kamen sie alle zusammen,
und badeten sich mit einem Leintuche bedeckt, in kaltem
Wasser.   Aus dem Bade gingen sie in das Haus,
darinn sie speiseten, in welches aber keiner, der nicht
von ihrer Sekte war, kommen durfte.

§. 46.

Ihre Speisezimmer hielten sie, wie einen Tempel.
Nachdem man sich in größter Stille niedergesetzt hatte,
bekam ein jeder von dem Becker ein Brod, von dem
Koche aber eine Schüssel mit Mus.   Keiner durfte
etwas von Speise eher zu sich nehmen, bis der dazu
bestellte Priester sie gesegnet, und alle ihr Gebet ver=
richtet hatten.   Nach dem Tische sprachen sie gleicher
Gestalt die Danksagung, und priesen Gott, von dem
die Speise und Nahrung herkömmt.   Hierauf legten
sie ihr weißes Kleid, welches sie vor dem Essen ange=
leget hatten, ab, und gingen wieder zu ihrer gewöhn=
lichen Arbeit, die sie bis auf den Abend fortsetzten.
Sie versammleten sich sodenn nochmals in dem Spei=
sesaale, aßen auf die Weise, wie zu Mittage, und
ließen auch ihre Gäste, wenn sie welche hatten, mit
sich essen, wobey es aber sehr stille zuging.   Ohne Er=

E   laub=

laubniß des Obern durfte keiner etwas unternehmen, hievon waren jedoch die Werke der Barmherzigkeit ausgenommen; denn diese konnten sie nach ihrem Gefallen ausüben. Waren es aber Verwandte, gegen die sie sich wohlthätig zeigen wollten, so mußten sie zuvor ihren Obersten um seine Einwilligung bitten. Vor dem Zorne hüteten sie sich auf alle Weise. Glauben und Treue hielten sie auf das genaueste, und was sie versprachen, war bey ihnen eben so unverbrüchlich, als wenn sie es mit einem Eide betheuert hätten. Vor dem Schwören aber hatten sie einen eben so grossen Abscheu, als vor dem Meineide selbst. Die Schriften der Alten lasen sie sehr fleißig, und hiedurch gelangten sie zu einer grossen Kenntniß der Kräuter, Wurzeln, Steine und anderer Dinge, deren sie sich nachher zum Besten der Kranken, gegen die sie eine ungemeine Sorgfalt trugen, bedieneten.

§. 47.

Der Eintritt in ihre Gesellschaft ward nicht jedermann verstattet. Wenn einer in ihre Gesellschaft aufgenommen zu werden verlangte, so bekam er nicht gleich die Zusage, sondern er mußte sich zuvor ein ganzes Jahr in der Lebensart, die sie führeten, üben. Unterdessen bekam er eine Hacke, ein Schurztuch zum Baden, und ein weißes Kleid. War das Jahr verflossen, und sie hatten befunden, daß er keusch und mäßig sey, so gestatteten sie ihm mehrere Gemeinschaft mit den Brüdern; besonders erlaubten sie ihm, sich mit andern des Bades zu bedienen, überall ward er aber noch nicht zugelassen. Er mußte hierauf noch

Der Essäer Probejahre.

zwey

zwey Probejahre ausstehen, nach deren Verlauf er end=
lich in ihre Gesellschaft aufgenommen wurde, wenn
er diese Zeit über eine grosse Unschuld in seinen Sit=
ten hatte merken lassen.   Doch ehe er die gemeine
Speise genoß, mußte er sich durch die entsetzlichsten Eid=
schwüre verbindlich machen, Gott vor allen Dingen zu
dienen, die Pflichten gegen jedermann zu beobachten,
niemand weder durch sich selbst, noch durch anderer Leute
Anstiften zu schaden, alle boshafte und ungerechte
Menschen zu verabscheuen, die Frommen aber zu be=
schützen, treu gegen alle, besonders gegen die Obrig=
keit zu seyn, und im Fall, daß er selbst zur Stelle
eines Obern sollte erhoben werden, seine Macht zur
Unterdrückung der Untergebenen nicht zu mißbrauchen,
weder in der Kleidung, noch in andern Sachen sich
etwas über die andern anzumaßen, sondern die Wahr=
heit zu lieben, die Lügner gründlich zu überweisen,
seine Hände vom Diebstahle und von ungerechtem
Gewinn rein und unbefleckt zu bewahren, die Ge=
heimnisse der Sekte den Brüdern nicht zu verhehlen,
den Fremden aber nichts davon zu entdecken, wenn
er auch gleich deshalb sterben müßte.   Wenn einer nun
dieses Eid abgeleget hatte, so versprachen ihm die an=
dern: Niemand etwas anders zu lehren, als sie ihn
lehreten, ihn auf keine Weise zu bestehlen, und ihre
Bücher mit eben so grosser Sorgfalt, als die Namen
der Engel zu bewahren.   Geschah es, daß einer sich
gröblich verging, so ward er aus der Gemeine versto=
ßen, und gemeiniglich mußte er eines elenden Todes
sterben; denn da er vermöge seines Eides von keinem
Fremden Speise nehmen durfte, so ward er genöthi=

E 2   get

J. C. get, gleich dem Viehe Gras zu fressen, bis er endlich vor Hunger verschmachtete. Zuweilen gesch h es doch, daß die Brüder einen solchen wieder aufnahmen; allein er mußte zuvor grosse Merkmale der Reue von sich gegeben haben.

§. 48.

Von den Nachtsversammlungen und andern Gebräuchen der Essäer.

Ehe sie etwas von großer Wichtigkeit unternahmen, hielten sie eine Versammlung, wobey nicht weniger, als hundert Personen erschinen. Was diese nun beschlossen, das mußte unverbrüchlich beobachtet werden. Nächst Gott schätzten sie niemand höher, als ihren Gesetzgeber, und wer diesen lästerte, der mußte ganz gewiß sterben. Den Alten begegneten sie mit ungemeiner Achtung. Keiner durfte vor ihnen, oder neben ihrer Seite ausspeyen. Den Sabbath feyerten sie unter allen Juden am strengsten. Sie zündeten an diesem Tage nicht nur kein Feuer an, die nöthigen Speisen dabey zuzubereiten, sondern sie getraueten sich auch nicht einmal eine Sache von ihrem Orte zu bewegen, oder sich der natürlichen Nothdurft zu entledigen. Nach angefangener Probe wurden sie in vier Klassen eingetheilet. Die Jüngern wurden allezeit geringer geachtet, als die Aeltern. Ja wenn die Aeltern einen Jüngern berührten, pflegten sie sich sogleich zu waschen, nicht anders, als wenn sie durch Anrührung eines Fremden wären verunreiniget worden. Sie lebten insgemein sehr lange, und viele aus ihnen erreichten ein Alter von hundert Jahren, woran vermuthlich ihre einfache Kost und grosse Mäßigkeit Schuld war. Im Unglücke und in Wieder

wär

J. C.

wärtigkeiten erzeigten sie eine außerordentliche Geduld. Die Schmerzen übertrugen sie mit einer ungläubli= chen Standhaftigkeit, und wenn sie mit Ehren ster= ben konnten, so hielten sie einen solchen Tod für bes= ser, als das Leben. Ihre Unerschrockenheit ließ sich besonders in dem Kriege, den die Juden mit den Rö= mern führten, verspüren. Denn damals wurden ihre Glieder zerstoßen: sie wurden mit Feuer und andern Martern gepeiniget, um von ihnen Läster= worte gegen ihren Gesetzgeber zu erzwingen, oder sie zu nöthigen, von denen bey ihnen verbotenen Speisen zu essen. Doch alle diese Martern waren umsonst. Sie litten sie, ohne zu weinen, oder um Gnade zu bitten. Ja sie lachten noch in den größten Qualen, trieben ihr Gespötte mit denen, die sie ihnen anthaten, und starben endlich in der gewissen Hoffnung, ewig zu leben.

§. 49.

Was ihre Glaubensmeinungen betrift, so behaupte= ten sie, daß die Seelen unsterblich seyn, daß dieselben aus den feinsten Theilchen der Luft beständen, und we= gen der ihnen anhangenden Gelüsten in die Körper der Menschen, als in Gefängnisse eingesperret würden. Wenn sie aber von den fleischlichen Banden, als von einer langwierigen Dienstbarkeit befreyet würden, so flögen sie mit der größten Geschwindigkeit an den Ort wieder zurück, woher sie gekommen wären, und ge= nössen daselbst eine unbeschreibliche Freude. Sie glaubten nemlich, die Seelen der Frommen schweb= ten jenseits des Meeres, wo ihnen allerley Freude und Wollust zubereitet sey, wo sie weder Regen, Schnee

Glaubens= meinun= gen der Esäer.

E 3 noch)

J. C. noch Hitze empfänden, und beständig von einem sanf-
ten Westwinde, der von dem Meere käme, lieblich
angewehet und erfrischet würden. Dagegen glaubten
sie von den Seelen der Gottlosen, daß sie an sehr
ungestümen, rauhen und kalten Orten wohneten, da
nichts, denn Jammer, Leid, Weheklagen und eine
unaufhörliche Marter zu finden sey. Viele unter
den Essäern hatten, wie Josephus sagt, die Gabe
der Weissagung, welches er ihrem fleißigen Lesen der
heiligen Bücher, und ihren verschiedenen Reinigungen
zuschrieb.

§. 50.

Eine an-
dere Gat-
tung der
Essäer.
Es war noch eine andere Gattung der Essäer, die
sich zwar im Essen, Trinken und allen andern Dingen
den vorigen gleichförmig hielten, in Betreff des Ehe-
standes aber, sich von denselben unterschieden. Denn sie
sagten, diejenigen, die sich der ehelichen Beywohnung
enthielten, thäten dem menschlichen Geschlechte grossen
Abbruch, und wenn jedermann ihrer Meinung bey-
fallen wollte, so müßte dasselbe täglich abnehmen, und
in kurzer Zeit völlig aufhören. Diese Essäer hatten
aber im Brauche, daß sie nicht eher zur Heirath schritten, bis sie die Person, die sie ehelichen wollten, drey
Jahre zuvor wohl geprüfet hatten, und genugsam
versichert waren, daß sie von einer dauerhaften Gesundheit sey, und gesunde Kinder gebären könne. Sobald sie merkten, daß die Frau schwanger sey, so
pflogen sie weiter keinen ehelichen Umgang mit ihr,
wodurch sie zu verstehen geben wollten, daß sie nicht
um fleischlicher Wollust, sondern allein um der Kin-
derzucht willen, in den Ehestand sich einließen.

§. 51.

§. 51.

J. C.

So eifrig übrigens die Essäer in dem Dienste Beschluß. Gottes waren, so gingen sie doch nicht selbst in den Tempel nach Jerusalem, sondern schickten nur zu gewissen Zeiten ihre Opfer dahin [k]). Die Ursache davon war, weil ihnen die andern Juden den Eingang in den Tempel nicht gestatteten, in Betracht, daß sie ihre Reinigungen für heiliger hielten, als jene waren, die in demselben geschahen. Sie sahen sich also genöthiget, ihren Gottesdienst an besondern Orten zuhalten. Sie waren im übrigen sehr ehrliche Leute, und beschäftigten sich hauptsächlich mit dem Feldbaue. Ihre Gerechtigkeit war bewundernswürdig, und hierinn übertrafen sie die Griechen und alle andere Völker. Sie bestand hauptsächlich darinn, daß sie mit besonderm Fleiße all jenes vermieden, was ihnen an der Gemeinschaft der Güter hinderlich seyn konnte, so, daß der Reichste, der in die Gesellschaft trat, nicht mehr genoß, als der Aermste unter allen. Ihre Anzahl belief sich ohngefär auf vier tausend. Sie nahmen keine Weiber, und hielten keine Sklaven; denn dieses hielten sie für eine sehr unbillige Sache, jenes aber für eine Gelegenheit zu allerley Unruhen und Zerstreuungen. Solchergestalt lebten sie für sich allein, und dienete je einer dem andern mit ungemeiner Liebe. Die Einnahme ihrer Einkünfte und Erdgewächse überließen sie denjenigen von ihren Priestern, die sie für die treusten hielten. Und diese mußten auch zugleich für den Tisch besorgt seyn. Alle beobach=

E 4

k) Jos. jüb. Alterth. 18, 1. §. 5.

J. C. obachteten einerley Lebensart, und hierinn kamen sie
viel mit jenen überein, die bey den Daciern Plister
genannt wurden.

§. 52.

Nachrich-
ten von
den Gali-
läern.

Die vierte Sekte machten, wie wir schon gesagt
haben, die Galiläer aus [1]).   Sie kamen, nach des
Josephus Berichte, vollkommen mit den Pharisäern überein, nur in diesem unterschieden sie sich von
ihnen, daß sie vorgaben, der Mensch sey niemand,
als Gott allein für seinen Herrn und König zu erkennen
schuldig, welchen Satz sie auch mit einer solchen Hartnäckigkeit behaupteten, daß sie nebst ihren Anverwandten,
und denen, die sie am meisten liebten, lieber die entsetzlichsten Martern ausstanden, als daß sie irgend einem
Menschen den Namen eines Königs beygelegt hätten.
Was für üble Folgen dieser Lehrsatz nach sich gezogen,
haben wir schon oben angezeiget, da wir von dem Ursprunge dieser Sekte handelten.   Hier müssen wir nur
dieses noch bemerken, daß diese Galiläer eben diejenigen waren, die sich nach dem Tode ihres Stifters
den Namen Zeloten oder Eiferer beylegten, und
unter diesem schönen Namen die entsetzlichsten Grau-
samkeiten ausübten, wie die Fortsetzung dieser Geschichte zeigen wird.

§. 53.

Die Sa-
mariter
verunrei-

.Während den Unruhen, die kaum benannte Sekte
in Judäa anrichtete, geschah es auch, daß die Sa-
mari=

1) Jos. jüd. Alterth. 18, 1. §. 6.

mariter *) ihren alten Haß gegen die Juden von
neuem an den Tag legten, und ganz Jerusalem in
eine außerordentliche Bestürzung setzten m).   Die
Sache trug sich also zu: Als die Juden eben das Fest
der süßen Brode, welches sie Pascha **) nannten,

E 5   feyer=

*) Die Samariter hatten einen Glauben, der aus den
    wahren Lehrsätzen der Juden, und aus den Irthü=
    mern und Fabeln der Heiden zusammengesetzt war.
    Sie wurden daher auf das äußerste von den Juden
    verabscheuet.   Sie verhielten sich aber eben so gegen
    die Juden, und unterließen keine Gelegenheit, ihren
    Haß gegen dieselben an den Tag zu legen.   Ihr Land
    gränzte gegen Süden und Westen an Judäa, gegen
    Norden an Galiläa, und gegen Osten an den Jordan.

m) Jos. jüd. Alterth. 18, 2. §. 2.

**) Das Pascha oder Osterfest war zum Andenken des
    Ausganges aus Egypten, und der Gnade verordnet,
    die der Herr seinem Volke durch die Verschonung sei=
    ner Erstgeburt erwies, als er in Egypten ausging,
    und alle Erstgeburten der Egypter tödtete. Man feyer=
    te es den vierzehnten oder funfzehnten Tag des ersten
    Monates im Kirchenjahre, oder nach dem Anfange
    des bürgerlichen Jahres zu rechnen, im siebenten Mo=
    nat.   Das Fest fieng am vierzehnten des Nachmit=
    tags an; der eigentliche Feyertag aber war der funf=
    zehnte des Nisan.   Es währete sieben Tage.   Doch
    wurden nur der erste und letzte Tag feyerlich began=
    gen.   Dieses Fest war wegen der Garbe der ersten
    Gerste vor andern merkwürdig; diese ward als die
    Erstlinge der Gerstenerndte, die sich gleich nach dem
    Feste anfangen sollte, mit Gepränge in dem Tempel
    dargestellet.   Die sieben Feyertage aß man nichts,
    als ungesäuert Brod, und den Abend, da sich das

                                    Fest

J.C. feyerten, und die Priester ihrer Gewohnheit nach um Mitternacht die Pforte des Tempels öffneten, schlichen sich einige von den Samaritern heimlicher Weise in denselben hinein, und streueten in den bedeckten Gängen, und an allen Orten, wo sie nur hinkommen konnten, Todtenbeine hin und wieder aus, so, daß die Priester, als ihnen der anbrechende Tag diese Verunreinigung entdeckte, sich genöthiget sahen, das Fest zu unterbrechen. Josephus, der diese Begebenheit erzählet, berichtet uns nicht, auf was Weise die Priester den Tempel wieder gereiniget haben, und wie die

unter=

Fest anfieng, ward in jeder Familie, oder in jeder Versammlung von zehn oder funfzehn Personen ein jährlich Lamm oder Ziege mit bittern Kräutern gegessen. Dieses Opfer war von einer besondern Art. Es ward davon nichts als das Blut unten an dem Altare dargebracht. Es durfte nicht anders, als gebraten gegessen, ihm auch kein Bein gebrochen, und das Mark nicht heraus genommen werden. Diesem Feste waren viele Opfer eigen, wie solches aus dem vierten Buche Mosis 28, 19 und folg. zu ersehen ist. Das Osterfest war mit allen dazu gehörigen Ceremonien bey Strafe aus dem Volke vertilget zu werden, anbefohlen. Wurden einige Privatpersonen dadurch, daß sie unrein oder abwesend oder auf der Reise begriffen waren, verhindert, das Osterfest am vierzehnten Tag des ersten Monden zu feyern, so ward ihnen erlaubt, es am vierzehnten Tag des andern Monden zu thun; inzwischen enthielten sie sich dennoch zur Zeit des ersten Osterfestes des gesäuerten Brods, an welchem Orte, und in welchem Zustande sie sich auch befinden mochten. Der Abt Calmet unter den Artikeln Feste und Gesetz.

unterbrochene Feyerlichkeit wieder sey erneuert worden.
Er merket nur dieses an, daß dieser Zufall die Prie=
ster vorsichtiger gemacht habe, und daß sie größern
Fleiß angewandt hätten, dergleichen Dinge in Zukunft
zu verhüten.

§. 54.

Die Feyerlichkeit blieb nicht lange unterbrochen.
Jesus, der damals zwölf Jahre alt war [n]), wohnete
demselben, und vermuthlich zum erstenmale bey. Jo=
seph und Maria, die ihn nach Jerusalem gebracht
hatten, machten sich nach geendigtem Feste auf den
Weg, nach Nazareth zurückzukehren. Das heilige
Kind blieb aber in Jerusalem, ohne daß es die El=
tern bemerkten. In der Vermuthung, daß es sich
unter ihren Reisegefährten befände, reiseten sie unbe=
sorgt den ganzen Tag fort. Des Abends suchten sie
unter ihren Anverwandten und Bekannten, da sie es
aber zu ihrer größten Bestürzung unter denselben nicht
fanden, kehrten sie traurig nach Jerusalem zurück,
solches daselbst zu suchen. Hier fanden sies endlich
den dritten Tag, nachdem sie es verloren hatten, in
dem Tempel, wo es mitten unter den Lehrern saß, die
es samt allen Gegenwärtigen durch seine, sein Alter
weit übersteigende Fragen und Antworten in Erstau=
nen setzte. Ein so reizender Anblick konnte für die
bedrangten Eltern nicht anders, als höchst erfreulich
seyn. Gleichwol konnte sich seine Mutter nicht ent=
halten, ihrem jetzt wiedergefundenen Kinde nach ge=
endigtem Unterrichte mit einer ehrerbietigen Art den

Jesus kömt nach Jerusa-lem in den Tempel.

13.

Schmerz

n) Luk. 2, 42-52.

J.C.
13.

Schmerz zu erkennen zu geben, den seine Entfernung ihrem Mutterherzen verursachet hatte. Mein Sohn, sagte sie zu ihm, warum hast du uns das gethan? Siehe, dein Vater und ich haben dich mit Schmerzen gesuchet. Das heilige Kind beantwortete diese Frage mit solchen Worten, die nicht sogleich von ihnen verstanden wurden. Warum, sprach es, habt ihr mich gesucht? Wußtet ihr nicht, daß ich in dem seyn mußte, was meines Vaters ist? Hierauf kehrten die Eltern mit dem Kinde freudig nach Nazareth in ihre Wohnung zurück, wo es fortfuhr, ihnen unterthänig zu seyn. Seine Mutter behielt indessen alles wohl in ihrem Herzen, und Jesus nahm zu an Weisheit *), Alter und Gnade bey Gott und bey den Menschen.

§. 55.

Politischer Zustand von Judäa.

Nicht lange nach diesem Feste kehrte Koponius nach Rom zurück, und Markus Ambivius folgte ihm in der Statthalterschaft von Judäa °). Fast um die nemliche Zeit starb die mehr erwehnte Salome, des Herodes Schwester, und vermachte der Kaiserinn Livia, die Josephus Julia nennt, des Augustus Gemahlinn, die Stadt Jamnia nebst der dazu gehörigen Landschaft, imgleichen Phasaelis und Archelais, an welchem letztern Orte die vortrefflichsten Palmenbäume wuchsen. Dem Markus Ambivius folgte

16.

nach

*) Je mehr Jesus wuchs, destomehr ließen sich die wunderbaren Wirkungen der Weisheit und der Gnade, womit er erfüllet war, blicken. Anmerkung des Abts Messanguy.

°) Jos. jüd. Alterth. 18, 2. §. 2.

nach kurzer Zeit Annius Rufus. Im folgenden
Jahre den neunzehnten August starb Augustus zu
Nola in Kampanien im sieben und siebzigsten Jahre
seines Alters, nachdem er theils mit dem Antonius,
theils allein das römische Reich sieben und funfzig
Jahre, sechs Monate, und zween Tage beherrschet
hatte. Ihm folgte Tiberius, sein Stiefsohn. Nachdem dieser auf den kaiserlichen Thron gelanget war,
rief er den Rufus aus Judäa zurück, und sandte
dahin den Valerius Gratus, der diese Statthalterschaft eilf Jahre behielt. Ohngefär fünf Jahre nach
seiner Ankunft in Judäa, nahm er dem Ananus
oder Annas das Hohepriesterthum, welches derselbe
von dem Cyrenius erhalten hatte, und setzte den
Ismael, des Fabius Sohn, an seine Stelle. Doch
es dauerte nicht lange, so verstieß er auch diesen wieder von seiner Würde, und beehrte damit den Eleazar, des erstgenannten Annas Sohn. Eleazar behielt sie nicht länger, als ein Jahr; denn Gratus
nahm sie ihm wieder, und ertheilte sie dem Simon,
Kamiths Sohne. Aber auch dieser hatte derselben
nicht länger, als ein Jahr vorgestanden, so mußte
er sie dem Josephus, mit dem Zunamen Kaiphas
überlassen, der ein Schwiegersohn des Annas war,
den Gratus zuerst abgesetzet hatte.

J. C.
17.

17.
oder
18.

27.

§. 56.

Herodes Antipas, und Philippus, die Söhne
des Herodes, welche die Ungnade des Kaisers Augustus bey Verbannung ihres Bruders, des Archelaus, nicht mit betroffen hatte, verwalteten inzwischen

Fortse-
tzung.

J. C. schen ihre Tetrarchien *) ganz ruhig, und befestigtet sich in denselben immer mehr und mehr ᴘ). Antipas erbauete die Stadt Sephoris, die des Varus Sohn nicht lange zuvor in einen Steinhaufen verwandelt hatte, umgab sie mit einer Mauer, und machte sie zu einer der beßten Festungen des galiläischen Landes. Er befestigte auch die vormals sogenannte Stadt Bethháramphta, und nannte sie der Kaiserinn Livia zu Ehren Livias. Da Antipas die Kunst verstand, sich auch bey dem Kaiser Tiberius in Gnaden zu setzen, so erbauete er am westlichen Ufer des Sees Genezareth, nicht weit von Emmaus, darinn sich ein warmes Bad befand, eine schöne Stadt, der er aus Schmeicheley gegen den Kaiser den Namen Tiberias **) gab. Er bevölkerte

*) Eine Tetrarchie bedeutet eigentlich den vierten Theil eines Königreiches oder einer Provinz. Diejenigen, die einen solchen Theil beherrschten, wurden Tetrarchen genannt. Mehrere Nachrichten hievon sind in des Abts Calmet biblisch. Wörterb. unter dem Artikel Tetrarche zu finden.

ᴘ) Jos. jüd. Alterth. 18, 2. §. 3. vom jüd. Kr. 2, 9. §. 1.

**) Die Stadt Tiberias war von Hippos dreyßig Feldweges †), sechzig von Gadara, hundert und zwanzig von Scythopolis und dreyßig von Tarichäa entfernt. Sie lag an dem westlichen Ufer des Sees Genezareth, welcher sonst auch das Meer von Tiberias

†) Ein Feldwegs oder ein Stadium ist ein Stück Weges von hundert und fünf und zwanzig Schritten. Zwey und dreyßig Stadien gehen auf eine deutsche Meile, die Meile zu vier tausend Schritten gerechnet.

kerte diese neu erbaute Stadt theils mit Galiläern, **J. C.**
theils mit Fremden, ja sogar mit Leuten von der nie=
drigsten Herkunft, von denen man nicht einmal wußte,
ob sie nicht von Sklavenstande wären. Er erzeigte
sich auch gegen die Einwohner derselben ungemein
wohlthätig, und sie ward wegen ihrer vortheilhaften
Lage gar bald sehr ansehnlich, und die Hauptstadt von
ganz Galiläa. Dem ungeachtet konnte er es doch
kaum dahin bringen, daß Juden ohne Zwang sich da=
selbst niederließen; denn weil an dem Orte, worauf
Tiberias erbauet war, viele Gräber und Todtenkör=
per sich befanden, und ein Jude, wenn er über die=
selben ging, sieben Tage unrein war, so konnten sich
nur wenige entschließen, daselbst zu verbleiben. Phi=
lippus folgte dem Beyspiele seines Bruders. Er er=

wei=

rias genannt wird, und zwar an der südlichen Spitze
desselben. Sie soll vor Alters die Namen Cinnereth,
Chammath, oder Emath Raccath oder Rechath
geführt haben. Allein Reland thut zur Genüge dar,
daß dies Vorgeben sehr zweifelhaft sey, und sich bloß
darauf gründe, daß das Meer von Cinnereth nach
der Zeit das Meer von Tiberias genannt worden;
welcher Umstand aber noch lange nicht beweiset, daß
Cinnereth und Tiberias eben dieselbe Stadt anzeig=
ten. Ueber dieses bemerket Reland, daß sich die mit=
tägliche Gränze des Stammes Naphtali allererst zu
Kapernaum angefangen, welches weiter gegen Mit=
ternacht, als Tiberias lag. Da aber gleichwol Cin=
nereth, Samath und Rakath zu dem Stamme
Naphtali gehöreten; so konnte keine von diesen Städ=
ten Tiberias seyn, als welches unstreitig an der mit=
täglichen Spitze des Sees von Tiberias zu suchen ist.
Der Abt Calmet unter dem Artikel Tiberias.

J. C. weiterte und verschönerte die am Fuße des Berges Pandus bey den Quellen des Jordan gelegene Stadt Paneas, und legte ihr zu Ehren des Kaisers den Namen Cäsarea bey. Er zierte und vergrößerte auch Bethsaida, einen jenseits des Jordans an dem See Tiberias, nicht weit von dem Orte, wo der Jordan in den See fiel, gelegenen Flecken, machte ihn zu einer Stadt, und nannte sie ebenfalls Julias, aus Ehrfurcht gegen die Julia, des Kaisers Tiberius Mutter.

§. 57.

Die Juden werden aus Rom vertrieben.

Im sechsten Jahre des Tiberius Regierung befahl derselbe, daß alle Juden Rom verlassen sollten, wenn sie nicht in einer gewissen Zeit ihrer Religion absagen würden q). Die Gelegenheit dazu war diese: Ein gewisser Jude, der, um der Strafe seiner Lasterthaten zu entgehen, sein Vaterland verlassen hatte, kam nach Rom, und gab sich daselbst für einen Lehrer des Gesetzes aus. Nachdem er mit drey andern seines gleichen Freundschaft gemacht, so überredete er eine vornehme Römerinn, Namens Fulvia, die den jüdischen Glauben angenommen, und sich seiner Lehre anvertrauet hatte, daß sie sich entschloß ein kostbares Geschenk von Gold und Purpur in den Tempel nach Jerusalem zu schicken. Sie stellete dasselbe auch wirklich diesen vier Juden zu, die sich angeboten, dieses Opfer an seinen bestimmten Ort zu übersenden. Allein

q) Jos. jüd. Alterth. 18, 3. §. 5. Tacitus in seinen Jahrbüchern B. 2, 87. Suetonius im Leben des Tiberius 36.

Allein sie hatten es kaum erhalten, so theilten sie es, wie gleich im Anfange ihre Absicht war, unter einander. Fulvia erfuhr diesen Betrug. Sie beklagte sich darüber bey dem Saturnin, ihrem Gemahle, der dieses dem Kaiser, bey dem er in grossen Gnaden stand, hinterbrachte. Tiberius ward durch diese Nachricht dergestalt gegen die Juden aufgebracht, daß er den Befehl gab, daß alle Juden Rom, oder wie Tacitus sagt, Italien verlassen sollten *). Der Rath las vier tausend unter ihnen aus, machte sie zu Soldaten, und schickte sie nach Sardinien, den dortigen Räubereyen Einhalt zu thun. Die übrigen, die zur bestimmten Zeit ihre Religion nicht verließen, mußten sich an andere Orte begeben.

§. 58.

Nachdem Valerius Gratus Judäa eilf Jahre verwaltet hatte, berief ihn Tiberius nach Rom, und schickte den Pontius Pilatus in diese Provinz, ihr als Statthalter vorzustehen ꝛ). Dieser Pilatus war

Pilatus wird Statthalter von Judäa. 27. oder 28.

---

*) Philo schreibt in seiner Gesandtschaft an den Kajus diese Verfolgung den heimlichen Ränken des Sejanus zu, welcher sich, wie er spricht, bey seinen bösen Absichten vor der Treue der Juden fürchtete. Es ist solches auch nicht unwahrscheinlich, zum wenigsten ist so viel gewiß, daß Tiberius, nachdem er den Sejanus im Jahre Christi ein und dreyßig hatte hinrichten laffen, den Statthaltern den Befehl zugeschickt habe, in den Gesetzen und Gebräuchen der Juden nichts zu ändern, und mit ihnen selbst gelinde umzugehen.

ꝛ) Jos. jüd. Alterth. 18, 3. §. 1. vom jüd. Kr. 2, 9. §. 2-3.

J. C. war ein Mann, der vom Geitze ganz beherrschet wurde, der das Recht an die Meistbietenden verkaufte,
und seine Regierung durch Räubereyen, Mordthaten
und die größten Ungerechtigkeiten bezeichnete. Kaum
war er in Judäa angekommen, so hatte schon die
Ruhe, die während der Statthalterschaft des Gratus daselbst herrschte, ein Ende, und seine heftige Gemüthsart erweckte solche Unruhen, die sich nicht eher,
als mit der gänzlichen Zerstörung der Stadt Jerusalem und des Tempels endigten. Bisher hatte sich
noch kein Statthalter von Judäa unterstanden, die
römischen Fahnen, die des Kaisers Bildniß führten,
nach Jerusalem zu bringen, indem sie wohl wußten,
wie sehr die Juden alle Gemählde und Bilder, als
Dinge, die sie dem Gesetze zuwieder hielten, verab-
scheueten. Pilatus war der erste, der es that. Denn
als er seine Soldaten von Cäsarea nach Jerusalem
schickte, daselbst zu überwintern, so befahl er ihnen,
die Fahnen mit dahin zu nehmen; und damit ihnen
die Juden in Ausführung seiner Absicht nicht hinderlich seyn möchten, so mußten sie dieselben bedecken,
und bey der Nacht in die Stadt einrücken. Dies Unternehmen ward jedoch des andern Tages bald bekannt,
und ganz Jerusalem gerieth darüber in Bewegung.
Die Juden eileten sogleich in großen Haufen, nicht
nur aus der Stadt, sondern auch vom Lande nach
Cäsarea, wo sich Pilatus aufhielt, und beschworen
ihn, die Bildnisse wieder hinwegzunehmen. Allein
sie fanden kein Gehör. Sie setzten ihre Bitte fünf
Tage und fünf Nächte unaufhörlich fort. Den sechsten Tag ließ er seinen Richterstuhl in dem Rennplatz

aufstellen, und berief die Juden dahin, als ob er ih=
nen daselbst eine Antwort ertheilen wollte.   Er hatte
aber zuvor seinen Soldaten befohlen, sich in der Nähe
zu halten, und auf ein gegebenes Zeichen die Juden
alle zu umringen.   Die Juden erschienen vor ihm,
und wiederholten ihre Bitte.   Auf einmal sahen sie
sich von allen Seiten mit Soldaten umgeben, die ih=
nen den Tod droheten, wofern sie nicht von ihrem Ge=
such abstehen, und sich nach Hause begeben würden.
Doch die für ihr Gesetz eifernden Juden bezeigten hier=
über so wenig Furcht, daß sie sich zur Erde nieder=
warfen, und ihre Hälse den Schwertern mit der Ver=
sicherung darreichten, daß sie lieber alle sterben, als
zugeben wollten, daß ihr Gesetz entheiliget würde.
Diese Unerschrockenheit setzte den Statthalter in Er=
staunen.   Er stand von seiner Unbeweglichkeit ab, und
gab sogleich Befehl, die Fahnen von Jerusalem ab=
zuholen, und sie wieder nach Cäsarea zu bringen.

§. 59.

Doch es dauerte eben nicht lange, so gab Pila= Fortse=
tung.
tus den Juden von neuem Anlaß mit seinem Betra=
gen unzufrieden zu seyn. Er kam nemlich auf den Ge=
danken in dem königlichen Pallaste zu Jerusalem gül=
dene Schilde, die er dem Kaiser weihete, aufhängen
zu lassen ᶳ).   Ob nun gleich diese Schilde ganz glatt,
und ohne Bild waren, und nur eine Aufschrift, welche
anzeigte, daß sie dem Kaiser gewidmet wären, hatten,
so glaubten die Juden dennoch, daß dieses eine Sache,
die dem Gesetze Gottes zuwieder sey.   Die Obrigkeit

F 2   zu

ᶳ) Philo in legatione ad Cajum.

J. C. zu Jerusalem von den Söhnen des Herodes geführt, begab sich daher zu dem Pilatus, und sie insgesamt baten ihn auf das inständigste doch nichts zu thun, das ihrem Gesetze entgegen wäre. Pilatus verachtete ihre Bitte. Allein sie ließen sich hiedurch nicht schrecken. Sie wiederholten sie, und riethen ihm endlich die Sache nicht zu weit zu treiben, damit nicht etwa das Volk auf die letzt zu einem Aufruhre gereizet würde. Sie baten ihn zugleich, wenn er irgend Befehle von dem Kaiser hätte, ihm solche Schilde zu weihen, so möchte er sie ihnen nur vorzeigen, da sie denn unverzüglich eine Gesandtschaft abschicken wollten, bey demselben um die Abänderung dieser Befehle anzuhalten. Hier wußte Pilatus nicht, wozu er sich entschließen sollte; denn auf der einen Seite fürchtete er nichts mehr, als eine solche Gesandtschaft, indem er besorgte, daß dieselbe zugleich seine Ungerechtigkeiten und sein grausames Verfahren entdecken möchte. Auf der andern Seite wollte er aber nicht gern einem Volke, welches er haßete, nachgeben, und ein Werk unterbrechen, welches er dem Kaiser zu Ehren angefangen hatte, weil man ihm solches als ein Verbrechen ausdeuten könnte. Als ihn die Juden in dieser Verwirrung sahen, verließen sie ihn, und schickten bald darauf ein Schreiben an den Kaiser, worinn sie demselben ihre Angelegenheit auf eine sehr rührende und ehrerbietungsvolle Art vortrugen. Es that auch die gewünschte Wirkung. Tiberius schrieb noch den nemlichen Tag, da er das Schreiben erhalten hatte, an den Pilatus, und gab ihm nicht nur sein Mißwollen wegen seines Unternehmens zu verstehen, sondern

befahl

befahl ihm auch die Schilde von Jerusalem wegzu=
schaffen. Pilatus gehorchte, und ließ sie nach Cä=
sarea bringen.

§. 60.

Hiemit hatten aber die Plagen, die Pilatus den
Juden anthat, noch kein Ende. Er hatte bey sich be=
schlossen, Jerusalem reichlicher mit Wasser zu ver=
sehen '). Dieses zu bewerkstelligen, wollte er das
hiezu nöthige Wasser aus einer ohngefär zwey hundert
Stadien *) von der Stadt entfernten Gegend hinein=
leiten, und die dabey auflaufenden Unkosten aus dem
Tempelschatze bestreiten. Die Juden wurden durch
dieses letztere sehr aufgebracht, und als derselbe nach
Jerusalem kam, umgaben sie seinen Richtstuhl,
und fiengen an, dagegen zu schreyen. Viele, die
sich hiemit nicht begnügten, brachen zugleich in die em=
pfindlichsten Schimpfworte gegen ihn aus. Pilatus,
der sichs schon zum voraus vorgestellet hatte, was ge=
schehen würde, hatte seinen Soldaten befohlen, sich
mit starken Prügeln zu versehen, und in jüdischer Klei=
dung sich unter das Volk zu mischen, nach erhaltenem
Zeichen aber auf die Juden zuzuschlagen. Nachdem
Pilatus die Juden, wiewol vergebens, ermahnet
hatte, sich zu entfernen, so gab er endlich den Sol=
daten das verabredete Zeichen, worauf dieselben der=
gestalt, sowol auf die Schuldigen als Unschuldigen, zu=
schlugen, daß nicht nur viele von ihnen verwundet,
sondern auch getödtet wurden. Die übrigen nahmen

F 3   die

Weite=
re Fortse=
zung.

---

t) Jos. jüd. Alterth. 18, 3. §. 2. vom jüd. Kr. 2, 9. §. 4.
*) Etwas über sechs deutsche Meilen.

J. C.　die Flucht.　Das Gedränge war aber dabey so groß, daß auch noch viele auf derselben das Leben verloren. Man weiß nicht, was für einen Ausgang diese Sache endlich genommen. Es ist auch unbekannt, in was für Jahren diese drey Begebenheiten sich ereignet. Wir haben sie aber gleich hintereinander setzen wollen, damit wir nicht genöthiget würden, die evangelische Geschichte zu unterbrechen, zu deren Erzählung wir uns jetzt wieder wenden.

§. 61.

Johannes, der Täufer fängt sein Lehramt an.

Im funfzehnten Jahre *) des Kaisers Tiberius Regierung, als Pontius Pilatus Landpfleger in Judäa; Herodes Vierfürst **) in Galiläa; sein Bruder Philippus Vierfürst in Jduräa, und in der Landschaft Trachonitis; Lysanias ***) Vierfürst

*) Der Anfang des Tiberius Regierung muß hier von der Zeit an berechnet werden, da ihn Augustus zum Mitregenten angenommen hat.

**) Ein Vierfürst war derjenige, der den vierten Theil eines Staates, einer Provinz, oder eines Königreiches, mit völliger Oberherrschaft besaß, ohne jedoch den königlichen Titel zu führen. Der Abt Calmet unter dem Artikel Tetrarche.

***) Es ist nicht bekannt, wer dieser Lysanias eigentlich gewesen. Vermuthlich war er ein Sohn oder Enkel desjenigen Lysanias, den Markus Antonius, wie Josephus in dem funfzehnten Buche seiner Alterthümer, im fünften Kapitel erzählet, auf Anstiften der Kleopatra hatte umbringen lassen. Abilene, wovon Lysanias Vierfürst war, war eine kleine Landschaft in Cölesyrien, zwischen dem Libanus und Anti-

fürst in Abilene; Annas *) und Kaiphas aber Hohepriester waren, redete der Herr zu dem Johannes, des Zacharias Sohne, der sich in der Wüste aufhielt ᵘ), und befahl ihm den Ort seines Aufenthaltes zu verlassen, sich an den Fluß Jordan **)

F 4   zu

Antilibanus. Die Hauptstadt darinn war Abila. Sie lag den Städten Damaskus und Paneas gegen Mitternacht, der Stadt Heliopolis aber gegen Mittag. Man kann hievon des Abts Calmet biblisches Wörterbuch unter den Artikeln Lysanias und Abilene nachsehen.

*) Annas oder Ananus war um diese Zeit nur dem Titel nach Hoherpriester, indem ihn Valerius Gratus während seiner Statthalterschaft, wie wir in dem fünf und funfzigsten Abschnitte erzählet haben, seines Amtes entsetzet hatte. Es scheint jedoch, daß er an den öffentlichen Angelegenheiten, wie Johannes auftrat, grossen Antheil genommen habe. Vielleicht begleitete er damals die Stelle eines Nasi oder obersten Richters bey dem grossen Rathe, den die Juden Sanhedrin nannten.

ᵘ) Luk. 3, 1-4. Matth. 3, 1-6. Mark. 1, 1-6.

**) Dieser in der heiligen Geschichte so berühmte Fluß heißet heut zu Tage Scheriab. Er ist der grösseste unter allen Flüssen des gelobten Landes; vielleicht ist er auch der einzige, der mit Recht ein Fluß genennet werden kann. Wegen seines Ursprunges findet sich unter den Erdbeschreibern einige Streitigkeit. Die gemeinste Meinung ist, daß er seinen Ursprung aus zwo Quellen unten am Berge Libanus habe, deren eine Jor, die andere Dan genennet wird; daß diese beyden Quellen nahe bey der Stadt Dan, die nicht weit von Paneas, oder Cäsarea Philippi, die Philippus

lippus

J. C.   zu begeben, und daselbst die Buße zu predigen.   Johannes, der von seiner zarten Kindheit an, bis hieher,

lippus der Vierfürst gebauet, ihr Waffer und ihre
Namen vereinigen, und den Fluß ausmachen, der
Jordan heißet.   Reland leitet diesen Namen von einem Wort her, das soviel heißet, als herabsteigen
oder laufen.   Andere sagen, daß er von zwey Worten herkomme, deren eines einen Fluß, das andere
die Stadt Dan bedeute.   Josephus hat sich vom
Ursprunge des Jordans folgendergestalt ganz kurz
erkläret: Man hat geglaubet, daß Paneas eigentlich die Quelle desselben sey.   Allein er verbirgt sich
nur daselbst unter der Erde; sein wahrer Ursprung ist ein auf der rechten Seite von Trachonitis gelegener See, der Siola heißet, wegen seiner runden Figur, und lieget hundert und zwanzig Stadien von Cásarea.   Der Jordan, der bey
Paneas durch den Zusammenfluß zweener kleiner
Flüsse zu einem ansehnlichen Strom wird, nimmt bey
gedachter Stadt verschiedene Wege, scheidet Trachonitis von Obergaliläa, beströmet verschiedene Städte
in der Provinz Seleucia, und machet zwischen Cásarea und dem galiläischen Meer eine See, die dreysig
Stadien lang ist, und Meron oder Somachonitis
genennet wird.   Von dar lenket er sich gegen Morgen,
und indem er durch verschiedene einfließende Quellen
verstärket worden, so gehet er bey Chorazin und Capernaum vorbey.   Hierauf breitet er sich bis ans
galiläische Meer, oder besser zu sagen, der Strom
bekömmt ein weiteres Bette, und macht denjenigen
See aus, der bald das Meer Tiberias, bald der
See Genezareth, bald das galiläische Meer genennet wird, und nach der Beschreibung Plinii sechs-
zehnmal hundert tausend Schritte lang, und sechs
tau-

her, sein Leben in äußerster Strenge zugebracht hatte, J. C.
dessen Speise nur in Heuschrecken *) und wildem Ho=

F 5   nige

tausend breit ist. Indem der Jordan aus diesem See
ausfließet; so nimmt er verschiedene Wege, und wird
zwo Meilen unterhalb demselben durch den Fluß, oder,
wie ihn Moses nennet, durch den Bach Jabok ver=
stärket, und empfängt den Namen, der grosse Jor=
dan; denn alsdenn scheidet er Peräa von Samaria,
und das jüdische Land von dem moabitischen. Er
zertheilet auch dasjenige Thal, das sich von Geneza=
reth bis ans todte Meer erstrecket, woselbst er unzäh=
lige Krümmen hat, daß Plinius schreibet, er fließe
recht gezwungen in das todte Meer hinein. Dieses
todte Meer durchstreichet er, und verlieret sich, wie
Adrichomius meldet, in einem benachbarten Schlund,
oder, wie Pausanias meinet, selbst in den Morästen
des See Asphaltites. Die Länge des Jordan be=
trägt ohngefär hundert Meilen (vermuthlich franzö=
sische), und die Breite ist fast durchgängig sechzig
Schritte. Herr Saurin in seinen biblischen Betrach=
tungen Seite 981 nach der deutschen Uebersetzung.

*) Man hat nicht Ursache zu glauben, daß durch die
Heuschrecken, von welchen der heilige Evangelist re=
det, etwas anders, als wirkliche Heuschrecken ver=
standen würden. Obgleich die Thiere, welche fliegen
und auf vier Füßen gehen, 3. Mos. 11, 20. verboten
werden, so werden doch die Heuschrecken Vers 22.
ausdrücklich davon ausgenommen. Hieraus ist nun
deutlich zu schließen, daß diese Thiere den Juden zur
Speise gedienet haben. Die Alten, sagt der Abt Cal=
met in seinem biblischen Wörterbuche, versichern ganz
glaubwürdig, daß die Heuschrecken in Afrika, in
Syrien, Persien und fast in ganz Asien eine ge=
wöhnliche Speise waren. Ja, es gab ganze Völker,
wel=

J. C.   nige *) bestand, und der mit nichts anders, als einem rauhen Kleide von Kamelhaaren, welches er mit einem ledernen Gürtel zugegürtet, bedecket war, befolgte sogleich den göttlichen Befehl, und begab sich an den Jordan, wo er anfieng, allen denjenigen, die zu ihm kamen, die Buße zu predigen, und ihnen

die

welche man Acridophagi oder Heuschreckenfresser nannte, weil dieses ihre vornehmste Kost war. Viele neue Scribenten bezeugen, daß solches noch heut zu Tage in Afrika und den morgenländischen Gegenden gar nichts seltsames sey. Clenard erzählet in einem Briefe, den er von Feß im Jahre 1541 geschrieben hat, er habe ganze Wagen voll Heuschrecken in diese Stadt bringen gesehen, welche die Einwohner zur Speise gekauft hätten. Airsten berichtet in seinen Anmerkungen über den Evangelisten Matthäus, wie ihm sein arabischer Lehrmeister erzählet, daß er zum öftern dergleichen Thiere an dem Jordan gesehen habe; sie sähen, wie die unsrigen aus, nur daß sie größer wären; man reiße ihnen die Flügel und Beine aus, und hänge sie alsdenn am Halse auf, bis sie warm würden, und zu gähren anfiengen, worauf man sich ihrer, als einer sehr wohlschmeckenden Speise bedienete. Ein gewisser Ordensbruder, der durch Egypten gereiset, will selbst Heuschrecken gegessen haben, und versichert, daß man sich jährlich vier Monate hindurch auf dem Lande damit ernähre. Man kann dabey die Ausleger über den Evangelisten Matthäus Cap. 3, 4. und den Bochart de animal. sacr. P. 2. lib. 4 nachsehen.

*) Wildes Honig ist nichts anders, als solches Honig, welches von den wild herumschwärmenden Bienen in Felsenritzen oder in holen Bäumen zusammengetragen wird.

die Ankunft des Messias, auf den sie so lange ge=
wartet hatten, bekannt zu machen. Die Strenge sei=
nes Lebens, die Neuigkeit seiner Lehre, und die aus
seinem Angesichte hervorschimmernde Heiligkeit zog täg=
lich eine große Menge Juden herbey, davon sehr viele,
bey Anhörung seiner Predigten, dergestalt von Reue
durchdrungen wurden, daß sie ihre Sünden bekann=
ten, und sich von ihm im Jordane taufen ließen.

§. 62.

Nachdem Johannes sein Amt einige Zeit fort=
gesetzet hatte, kam Jesus von Nazareth an den
Jordan, sich von ihm taufen zu lassen *w)*. Sobald
Johannes ihn sah, erkannte er gleich, von einem
himmlischen Lichte erleuchtet, daß dieser eben derjenige
sey, dessen Ankunft er dem Volke bekannt gemacht
hätte. Er weigerte sich also, ihn zu taufen. Ich,
sprach er mit Erstaunen zu Jesu, ich sollte von dir
getaufet werden, und du kömmst zu mir? Laß
es jetzt geschehen, antwortete Jesus, denn also
geziemet es sich, daß wir alle Gerechtigkeit er=
füllen. Johannes wiedersprach nun nicht weiter.
Sie begaben sich in den Fluß, und Johannes taufte
seinen Herrn. Sobald dieses geschehen, stieg Jesus
aus dem Wasser, und betete. In dem Augenblicke
öffneten sich die Himmel. Der heilige Geist kam in
Gestalt einer Taube über ihn herab, und eine Stimme
ließ sich hören, die sprach: Du bist mein geliebter
Sohn an dir hab' ich ein Wohlgefallen. Als

die=

w) Matth. 3, 13-17. Mark. 1, 9-11. Luk. 3,
21-23.

Marginalia: J. C. — Jesus wird vom Johannes getaufet. — 30.

J.C.
30.

Jesus
wird vom
heiligen
Geiste in
die Wüste
geführt.

dieses geschah, war Jesus ohngefär dreyßig Jahre
alt.

§. 63.

Jesus kam mit dem heiligen Geiste erfüllt vom
Jordan zurück, und ward durch ihn in die Wüste *)
geführt x). Er blieb in derselben von aller mensch=
lichen Gesellschaft entfernt, und von wilden Thieren
umgeben, vierzig Tage und vierzig Nächte ohne das
geringste von Speise oder Trank zu sich zu nehmen.
Als aber diese Zahl von Tagen erfüllet war, hungerte
es ihn. Und damals geschah es, daß der Versucher,
stolz auf seine vielfältigen über die Menschen erhalte=
nen Siege, zu ihm trat, ihm etliche Steine anbot,
und zu ihm sprach: Bist du Gottes Sohn, so
sag, daß diese Steine Brod werden. Jesus
antwortete ihm: Es steht geschrieben: Der
Mensch lebet nicht allein vom Brode, sondern
von einem jeglichen Worte, das aus dem
Mun=

*) Die gemeine Meinung, daß die Wüste von Jericho
oder von Quarantania, welche zwischen Jerusalem
und Jericho befindlich ist, und durch welche die Land=
straße zwischen beyden Städten gehet, die Wüste sey,
darinn der Herr Jesus versucht worden, ist, wegen
dieser ihrer Lage, ganz glaubwürdig. Sie ist von
Jerusalem fünf Stunden entfernt. Maundrel,
Nau, Arvieux und Tompson mahlen diese ber=
gichte, steinigte, rauhe und unfruchtbare Gegend, als
die traurigste und fürchterlichste Wildniß ab. Herr
Oberkonsistorialrath Büsching in seinen vorläufigen
Abhandlungen zu den vier Evangelisten.

x) Matth. 4, 1-11. Mark. 1, 12-13. Luk. 4,
1-13.

Munde Gottes gehet. Auf dieses führte ihn der
Teufel nach Jerusalem, und stellte ihn auf die Zinne
des Tempels. Hier verlangte er von ihm, daß er
sich, wenn er Gottes Sohn wäre, von derselben hin-
abstürzen sollte, weil ja geschrieben stände: Er hat
dich seinen Engeln befohlen, und sie werden
dich auf den Händen tragen, damit du nicht
etwa deinen Fuß an einen Stein stößest. Jesus
wies ihn ab, und sprach: Es stehet auch geschrieben:
Du sollst Gott deinen Herrn nicht versuchen.
Da nun der Teufel merkte, daß er auch mit diesem
nichts ausrichten könne, so nahm er Jesum mit sich
auf einen sehr hohen Berg, und zeigte ihm alle Reiche
der Welt, und ihre Herrlichkeit in einem Augenblicke,
mit dem Versprechen, daß er ihm dieses alles geben
wolle, wenn er niederfallen, und ihn anbeten würde.
Weiche Satan, erwiederte jetzt Jesus mit einer
heiligen Entrüstung; denn es stehet geschrieben:
Du sollst den Herrn deinen Gott anbeten, und
ihm alleine dienen. Kaum hatte Jesus diese Worte
geendiget, so floh der Versucher mit Schande, und
machte den Engeln Platz, die sogleich hinzutraten,
und ihm dieneten.

§. 64.

Johannes hatte inzwischen die Gegend, wo er zu taufen angefangen, verlassen, und hatte sich jenseits des Jordans weiter gegen Mitternacht nach Bethabara *)
bege=

*) In der lateinischen Uebersetzung des Evangelisten Jo-
hannes wird Bethania statt Bethabara gelesen.
Aber die wahre Lesart ist Bethabara, wie Origenes,

J. C.
30.

zum Jo-
hannes,
ihn zu fra-
gen, wer er
sey.

begeben ᵞ). Während der Zeit, als er daselbst, sowol mit Predigen, als mit Taufen unermüdet fortfuhr, fertigte das Sanhedrin *), zu Jeru- salem Abgeordnete an ihn ab, ihn zu fragen, wer er sey. Da diese zu ihm kamen, und ihn, wer er wäre, fragten, so antwortete er offenherzig: Ich bin

nes, Chrysostomus und Epiphanius bemerken. Man hält Bethabara, welches im Hebräischen ein Haus des Durchganges bedeutet, für denjenigen Ort, wo die Israeliten unter dem Josua über den Jordan gingen, und wo ordentlicher Weise eine Furth durch diesen Fluß war. Der Abt Calmet in seinem biblischen Wörterbuche unter dem Artikel Be- thabara.

y) Joh. 1, 19-28.

*) Sanhedrin oder Sanhedria, ist ein verfälschtes Wort, welches von dem griechischen Synedrion her- kömmt, das eine Versammlung bedeutet, derglei- chen die Parlamente, und die höchsten Gerichtshöfe sind, wo sich viele Richter und Räthe zu Entschei- dung wichtiger Sachen versammlen. Die Juden nen- nen Sanhedrin, oder Beth-din; Haus des Ge- richts, eine Gesellschaft von siebenzig Rathsherrn, die sich in einem Saale des Tempels zu Jerusalem versammleten, und daselbst die wichtigsten Sachen des Volks entschieden. Das Haupt dieser Versammlung hieß Nasi, oder Fürst; der nächste nach ihm, der seine Stelle vertrat, hieß Ab-beth-din, der Vater des Hauses des Gerichts; und der dritte Chacam, das ist der Weise. Die übrigen hießen Aelteste, oder Rathsherrn. Der Saal, wo sie zusammen kamen, war länglichtrund. Die eine Hälfte desselben war in- nerhalb des Tempels, die andere ausserhalb desselben: das

bin nicht Christus.   Wer bist du denn? fragten
sie ihn weiter: Bist du Elias? Er sprach: Ich
bin es nicht.   Sie fragten ihn hierauf, ob er ein

J. C.

30.

Pro=

das ist, ein halber Cirkel von dem Saale befand sich
in der Ringmauer des Tempels.   Weil es nun, wie
sie sagen, nicht erlaubt war, sich im Tempel niederzusetzen, so war dies der Ort, wo die Partheyen
stunden.   Die andere Hälfte, oder der andere halbe
Cirkel von dem Saale befand sich außerhalb der heiligen Stätte; und daselbst saßen die Richter.   Der
Nasi, oder Fürst saß am Ende des Saals auf einem
Throne, und hatte den Ab - beth - din zu seiner Rechten, und den Chacam zu seiner Linken.   Die übrigen
Rathsherrn hatten zu beyden Seiten ihre Sitze nach
einander.   Dieser Saal hieß Liscath - haggazith,
der mit Steinen gepflasterte Saal, und einige glauben, daß es eben dieser Saal sey, welcher beym Johannes Lithostrotos, Steinpflaster genennet wird.
Sie setzen, wiewol ohne alle Wahrscheinlichkeit voraus, Pilatus habe sich aus Gefälligkeit gegen die
Juden in das Sanhedrin begeben, um ihre Anklagen gegen den Heiland zu vernehmen, weil sie nicht
in das Prätorium gehen wollen, damit sie nicht
unrein werden möchten. — Das große Sanhedrin
hatte eine unumschränkte Gewalt.   Diese Versammlung entschied lauter wichtige Sachen, die durch den
Weg der Appellation von den Untergerichten an sie
gelangeten. — Die allgemeine Angelegenheiten des
Volks wurden auch vor das Sanhedrin gebracht.
Diese Versammlung allein hatte das Recht zum Tode
zu verurtheilen, und dies Urtheil durfte nirgends anders, als in dem Saale, welcher Lischath - haggazith hieß, gesprochen werden.   Der Abt Calmet in
seinem biblischen Wörterbuche unter dem Artikel San-

hedrin,

J.C.
30.

Prophet sey. Er erwiederte: Nein. Als sie endlich in ihn drangen, ihnen zu sagen, wer er denn sey,
damit sie denen, von welchen sie geschickt worden, eine
Antwort zurückbringen könnten, so sprach er: Ich
bin eine Stimme des Rufenden in der Wüste:
Machet richtig den Weg des Herrn, wie der Prophet Isaias gesaget hat. Die Gesandten, welche
Pharisäer waren, sprachen hierauf zu ihm: Warum
täufst du denn, so du nicht Christus bist, noch
Elias, noch ein Prophet? Ich taufe, versetzte
Johannes, mit Wasser: aber er ist mitten unter euch gestanden, den ihr nicht kennet. Der
ists, der nach mir kommen wird, welcher vor
mir gewesen ist: und ich bin nicht werth, daß
ich seine Schuhriemen auflöse.

§. 65.

hedrin, woselbst man auch noch mehrere Nachrichten
von dem Sanhedrin finden wird.

Ob das Sanhedrin das Recht über Leben und
Tod verloren, als Judäa in eine römische Provinz
verwandelt worden, ist eine Frage, die von vielen be-
jahet und von vielen verneint wird. Beyde Theile
führen zur Unterstützung ihrer Meinungen wichtige
Gründe an. Die meisten, unter welchen sich auch
der gelehrte Abt Calmet befindet, halten dafür, daß
die Juden, als Jesus sein Lehramt angetreten, wirklich die Gewalt nicht mehr gehabt hätten, jemand
hinzurichten. Sie gründen sich hauptsächlich auf die
Stelle Joh. 18, 31. wo die Juden zu dem Pilatus
sprachen: Es ist uns nicht erlaubt jemand zu tödten. Wir folgen dieser Meinung.

§. 65.

Des andern Tages sah Johannes Jesum zu sich kommen. Sobald er ihn erblickte, rief er freudig aus: Sehet das Lamm Gottes: sehet den, welcher der Welt Sünde hinwegnimmt [z]). Dieser ist es von dem ich gesagt habe: Es kömmt ein Mann nach mir, der vor mir gewesen ist: Denn er war ehender, als ich. Ich kannte ihn nicht, damit er aber in Israel offenbar würde, bin ich gekommen, mit Wasser zu taufen. Ich habe, fuhr Johannes in seinem Zeugnisse fort, ich habe gesehen, daß der Geist vom Himmel herabfuhr, wie eine Taube, und blieb auf ihm. Und ich kannte ihn nicht: aber der mich gesandt hat, mit Wasser zu taufen, der sprach zu mir: Ueber welchen du sehen wirst den Geist herabfahren, und auf ihm bleiben; der ist es, der mit dem heiligen Geiste taufet. Und ich habe es gesehen, und habe gezeuget, daß dieser der Sohn Gottes ist.

Des Johannes Zeugniß von Jesu.

§. 66.

Am folgenden Tage, als Jesus sich wieder in dieser Gegend einfand, und Johannes ihn sah, rief er von neuem: Sehet das Lamm Gottes [a]). Kaum hatte Andreas sein Jünger, und noch ein anderer Jünger, welches vermuthlich der Johannes, der diese Begebenheit aufgezeichnet, war, diese Worte gehört, so verließen sie ihren vorigen Lehrmeister, und

Andreas und Johannes folgen Jesu nach.

folg-

z) Joh. 1, 29-43.

a) Joh. 1, 35-43.

G

J. C. 30.

folgten Jesu nach. Jesus wandte sich um, und als er sah, daß sie ihm nachfolgten, fragte er sie auf eine sehr einnehmende Art, wen sie suchten. Sie sprachen: Rabbi, (das ist verdollmetschet Meister), wo wohnest du? Kommet und sehets, gab er ihnen zur Antwort. Sie gingen also mit ihm, und sahen seine Herberge, und weil es schon um die zehnte Stunde, oder nach unserer Art zu zählen, des Nachmittags um vier Uhr war, so blieben sie diesen Tag bey ihm. Noch an dem nemlichen Abend traf Andreas seinen Bruder, den Simon an. Freudig sagte er zu ihm: Wir haben den Messias gefunden; (welches verdollmetschet ist, der Gesalbte). Er führte ihn hierauf zu Jesu. Jesus sah ihn an, und sprach: Du bist Simon, Jonas Sohn; du sollst Cephas heißen. (Das wird verdollmetschet Petrus, oder Fels).

§. 67.

Jesus beruft den Philippus.

Als Jesus den Tag darauf wieder in Galiläa gehen wollte, traf er den Philippus an, und sprach zu ihm: Folge mir nach b). Philippus, der von Bethsaida war, woher auch Andreas und Petrus waren, that es ohne Anstand; und da er bald darauf den Nathanael *) fand, den wir mit vielen andern

für

b) Joh. 1, 43. 51.

*) Viele haben den Nathanael und Bartholomäus für eine Person gehalten. Man gründet diese Muthmaßung 1. darauf, daß der Ruf des Bartholomäus nirgends gemeldet werde, dafern nicht Nathanael darunter zu verstehen sey; 2. daß die Evangelisten, welche des Bartholomäus gedenken, nichts von dem

Natha-

für den Bartholomäus halten, so sagte er zu ihm: Wir haben den gefunden, von welchem Moses in dem Gesetze, und die Propheten geschrieben haben, Jesum, den Sohn Josephs von Nazareth. Nathanael erwiederte: Kann auch wohl von Nazareth was Gutes kommen? Philippus antwortete: Komm und sihe es. Er folgte. Jesus sah den Nathanael zu sich kommen, und sagte zu den Umstehenden: Sehet einen wahren Israeliten in dem kein Betrug ist. Woher kennest du mich? fragte Nathanael. Ehe dich, gab Jesus zur Antwort, ehe dich Philippus rief, da du unter dem Feigenbaum warest, habe ich dich gesehen. Rabbi, sagte Nathanael mit Erstaunen, du bist Gottes Sohn, du bist der König von Israel. Du glaubest, sprach Jesus, weil ich dir gesagt habe, daß ich dich unter dem Feigenbaume gesehen, du wirst aber noch größere Dinge, als dieses, sehen. Warlich,

G 2   war-

Nathanael erwähnen, und daß der heilige Johannes, welcher von dem Nathanael redet, nichts von dem Bartholomäus anführe; 3. daß der Name Bartholomäus kein Geschlechtsname sey, sondern nur einen Sohn des Ptolemäus bedeute, und daß er außer demselben auch den Namen Nathanael habe führen können; 4. daß der heilige Johannes den Nathanael in die Zahl der Apostel zu setzen scheine, wenn er schreibt, als Petrus, Thomas, Nathanael, die beyden Söhne Zebedäi, und zween andere Jünger fischen gegangen wären, so habe sich Jesus ihnen offenbaret. Der Abt Calmet unter dem Artikel Bartholomäus.

J. E.
3a.

warlich sag' ich euch, setzte er noch hinzu, ihr werdet den Himmel offen sehen, und die Engel Gottes hinauf und herabfahren auf des Menschen Sohn.

§. 68.

Jesus thut zu Kana sein erstes Wunder.

Den dritten Tag nach seiner Abreise von Bethabara erschien Jesus mit Maria *) und seinen Jüngern bey einer Hochzeit zu Kana **) in Galiläa,

wozu

*) Da weder hier noch in der Folge des heiligen Joseph von den Evangelisten gedacht wird, so ist zu vermuthen, daß er um diese Zeit nicht mehr gelebt habe.

**) Kana mit dem Zunamen in Galiläa zur Unterscheidung von einem andern Orte, der in Phönicien oder Syrophönicien lag, ist ein Ort, dessen allein Johannes Kap. 2, 1. 11. 4, 46. 21, 2. gedenket, und den Josephus einen Flecken nennet. Man kann seine Lage nicht mit völliger Gewißheit bestimmen. Korte ritte von Nazareth gegen Osten nach dem Ort, welcher für dieses Kana gehalten wird, auf einem Hügel lieget, und jetzt ein mäßiges Dorf ist, in drittehalb Stunden. Pocok bestimmet die Entfernung des Dorfs Kana von Nazareth ungefär eben so, sagt aber, er sey vom letzten Ort nach dem ersten nordwärts gegangen. Nau sagt, Kana sey von Nazareth anderthalb französische Meilen entfernt. Diese drey Berichte stimmen wohl mit einander überein; allein, wie weit war Kana von Kapernaum? Aus Joh. 1, 12. 4, 46. 47. ist wahrscheinlich, daß beyde Oerter nicht weit von einander entfernt gewesen sind. Bachiene setzt sie ungefär 7 Stundenwegs von einander. Dem sey wie ihm wolle, so erhellet aus den ange-

wozu sie geladen waren ᶜ).   Hier that er sein erstes
Wunder, indem er auf die Vorstellung seiner Mutter,
daß es an Wein fehle, das Wasser, so sechs grosse
steinerne Krüge in sich enthielten, in einen vortreffli=
chen Wein verwandelte.   Nachdem er sich eine kurze
Zeit an diesem Orte aufgehalten hatte, begab er sich
mit ihr, mit seinen Brüdern *) und mit seinen Jün=
gern nach Kapharnaum **), wo sie ebenfalls nicht
lange blieben, wegen des herannahenden Osterfestes,
bey welchem Jesus mit seinen Jüngern erscheinen
wollte.   Und dies waren die ersten Ostern, die er
nach seiner Taufe feyerte.

G 3   §. 69.

angeführten Stellen, daß Kana höher gelegen habe,
als Kapernaum, daher die Reise von jenem Orte
nach diesem daselbst eine Hinabreise genennet wird.
Der Herr Oberkonsistorialrath Büsching in seinen
vorläufigen Abhandlungen zu den vier Evangelisten.

c) Joh. 2, 1-13.

*) Durch Brüder werden hier und an vielen andern
Orten die nächsten Anverwandten von Jesu ver=
standen.

**) Capernaum, oder Capher-Naum, diese in dem
Evangelio so berühmte Stadt lag gegen Morgen, am
Ufer des Sees Genezareth.   Heut zu Tage weiß man
ihre Lage nicht genau genug; allein nach dem Evan=
gelio scheinet es, daß sie nicht weit von Bethsaida
entfernt war.   Sie stand noch im siebenten und ach=
ten Jahrhunderte, wie man aus den Reisen des
Adamnanus und heil. Vilibalds siehet.   Adamna=
nus saget, sie erstreckete sich vom Abend gegen Mor=
gen, und hätte gegen Mitternacht ein Gebirge, und
gegen Mittag den See Tiberias.   Der Abt Calmet
unter dem Arttikel Capernaum.

§. 69.

J. C.

30.
Jesus
reiniget
den Vor=
hof des
Tempels
von der
Entheili=
gung der
Käufer
und Ver=
käufer.

Als Jesus in Jerusalem ankam, begab er sich in den Tempel, wo er in dem äußersten Vorhofe desselben Leute fand, die Ochsen, Schafe und Tauben verkauften, und das Geld verwechselten d). Der Eifer für das Haus seines Vaters trieb ihn an, diese Entheiligung abzustellen. Er machte daher eine Geißel von Stricken, und trieb sie alle mit den Schafen und Ochsen zum Tempel hinaus; verstreuete den Wechslern das Geld, und stieß ihre Tische um. Zu denen aber, die Tauben verkauften, sprach er: Traget dieses fort, und machet das Haus meines Vaters nicht zu einem Kaufhause. Hier errinnerten sich seine Jünger dessen, was geschrieben steht: Der Eifer für dein Haus hat mich verzehrt e). Die Juden aber, die sich durch diese Handlung sehr beleidiget hielten, und deshalb nicht wenig aufgebracht waren, forderten ein Zeichen von ihm, hiedurch zu beweisen, daß er so verfahren dürfe, wie er wirklich gethan habe. Jesus, der die Beschaffenheit ihrer Herzen einsah, antwortete ihnen auf ihren Antrag nur mit diesen Worten: Brechet diesen Tempel ab, er redete hier von dem Tempel seines Leibes, so will ich ihn in dreyen Tagen wieder aufrichten. Die Juden verstanden nicht, was Jesus durch diese Worte sagen wollte, indem sie glaubten, er rede von dem materialischen Tempel, indessen waren doch viele, die in Ansehung der Wunder, welche er während des Osterfestes that, an ihn glaubten.

§. 70.

d) Joh. 2, 14 - 23.
e) Ps. 68, 10.

§. 70.

Unter denjenigen, die damals an Jesum glaubten, befand sich auch ein gewisser Pharisäer und vornehmes Mitglied des hohen Raths zu Jerusalem, Nikodemus genannt, der den richtigen Schluß machte, daß derjenige, der solche Wunder, wie Jesus, wirke, von Gott gesandt seyn müsse f). In diesen Gedanken begab er sich des Nachts zu Jesu. Jesus, der gekommen war, die Irrenden auf den rechten Weg zu bringen, und seine heiligen Absichten erkannte, empfieng ihn mit Freuden, und unterredete sich mit ihm sogleich über die grosse und wichtige Wahrheit der geistlichen Wiedergeburt, ohne welche es dem Menschen, wie er sich ausdrückte, unmöglich sey, in das Reich Gottes einzugehen. Er eröffnete ihm hierauf, daß er das Licht der Welt, und der Sohn Gottes sey, er offenbarte ihm sein zukünftiges Leiden, und versicherte ihn, daß alle, die an ihn glaubten, nicht würden verloren gehen, sondern das ewige Leben haben. So schwer es dem Nikodemus fiel, die Lehren zu fassen, die Jesus ihm vortrug, so gab er doch endlich derselben Beyfall, und ward von dieser Zeit an sein Jünger.

§. 71.

Bald hierauf verließ Jesus Jerusalem g). Er kehrete aber nicht gleich wieder nach Galiläa zurück, sondern begab sich nach dem Jordan, wo er durch seine Jünger diejenigen taufen ließ, die seine Lehre an-

G 4   nah-

Marginal notes:

J. C.

30.

Nikodemus kömt des Nachts zu Jesu, und wird sein Jünger.

Jesus läßt durch seine Jünger taufen.

---

f) Joh. 3, 1-21. 7, 49.
g) Joh. 3, 22-30.

J. C.
~~~~
30.

nahmen ʰ).   Die große Anzahl Menschen, die hier von allen Orten zusammen kam Jesum zu hören, und nachher die Taufe empfieng, erregte Eifersucht bey den Jüngern des Johannes, der damals noch nicht in das Gefängniß geworfen war, sondern in einer kleinen Entfernung von Jesu zu Enon *), nahe bey Salim, wo vieles Wasser war, taufte.   Sie unterließen auch nicht ihre Unruhe ihrem heiligen Lehrmeister zu entdecken.   Johannes, der über das eine ungemeine Freude empfand, was seine Jünger betrübte, verwies ihnen ihren unzeitigen Eifer für seine Ehre; indem er zu ihnen sprach: Ein Mensch kann nichts empfangen, es werde ihm denn vom Himmel gegeben.   Ihr selbst gebet mir Zeugniß, daß ich gesagt habe: Ich bin nicht Christus, sondern ich bin vor ihm hergesandt. Wer die Braut hat, fuhr er fort, der ist der Bräutigam; der Freund aber des Bräutigams, der da stehet, und ihm zuhöret, erfreuet sich herzlich über die Stimme des Bräutigams.   Diese meine Freude ist nun erfüllt.   Er muß wachsen; ich aber muß abnehmen.

§. 72.

Johannes wird ins Gefängniß geworfen.

Nicht lange hierauf erfolgte die Gefangennehmung dieses heiligen Mannes.   Die Veranlassung dazu war
die=

h) Joh. 4, 2.

*) Die Lage von Enon, Ennon oder Aennon ist schwer zu bestimmen, indem die Erdbeschreiber darüber nicht einig sind.   Doch erhellet aus dem 26. Vers, daß Enon nicht jenseits, sondern disseits des Jordans gelegen habe.

diese: Herodes Antipas hatte die Herodias *),
die Gemahlinn des Philippus **), seines Bruders,
G 5

da

*) Diese Herodias war eine Tochter des Aristobulus,
eines Sohnes Herodis des Grossen, folglich eine
nahe Blutsverwandte sowol von dem Philippus ihrem ersten, als von dem Antipas ihrem zweyten Gemahl.   Antipas verliebte sich in sie, als er nach
Rom reisete, und unterweges bey seinem Bruder, dem
Philippus einkehrete.   Er entdeckte ihr sein Vorhaben, und versprach ihr, sich mit ihr zu vermählen,
wenn er von Rom zurückkommen würde.   Sie willigte in seinen Antrag, doch mit der Bedingniß, daß
er seine erste Gemahlinn, die Tochter des Aretas,
Königs von Arabien verstoßen sollte.   Antipas versprach es, und setzte seine Reise nach Rom fort.   Inzwischen bekam die arabische Prinzessinn von der Untreue ihres Gemahls Nachricht.   Ohne sich etwas
merken zu lassen, bat sie ihn, als er auf seiner Rück-
reise begriffen war, daß er sie nach Machäron, welches zwischen seinem und ihres Vaters Gebiete lag,
möchte bringen lassen.   Antipas, der von ihrem Vorhaben nichts wußte, thats.   Allein sie war kaum zu
Machäron angelanget, so eilte sie gleich nach Arabien zu ihrem Vater, ihm von der Untreue ihres Gemahls Nachricht zu geben.   Aretas ward hierüber auf
das äußerste aufgebracht, und da bald hierauf zwischen ihm und seinem Schwiegersohne ein Streit wegen ihrer Gränzen in Gamala entstand, so kam es
endlich zu einem Kriege.   Antipas zog dabey den
Kürzern, und sein Kriegsheer ward gänzlich geschlagen. Jos. jüd. Alterth. 18, 5. §. 1.

**) Dieser Philippus darf nicht mit seinem Bruder
Philippus dem Vierfürsten vermenget werden. Philippus, von dem wir reden, und der auch Herodes
genannt

J. C.
30,

da dieser noch lebte, zur Ehe genommen ¹). Diese Blutschande verursachte ein grosses Aergerniß im ganzen Lande. Johannes vom Eifer für die Ehre seines Gottes ganz belebt, ermahnte den Tetrarchen wegen seiner Gottlosigkeit, und sagte es ihm ins Gesicht, daß es nicht erlaubt sey, das Weib seines Bruders zu haben. Antipas empfand diese Freymüthigkeit, und nahm sie so übel auf, daß er endlich den Befehl gab, den heiligen Mann gefangen zu nehmen, und ihn in das Schloß Machäron *) zu setzen

genannt wird, war ein Sohn Herodes des Grossen, und der Mariamne, einer Tochter des Hohenpriesters Simon. Herodes hatte ihn nach dem Tode seiner zween Söhne des Alexander und des Aristobulus, und nach entdeckter Zusammenverschwörung des Antipater in seinem Testamente zum Erben des Königreichs verordnet. Als er aber erfuhr, daß Mariamne, die Mutter des Herodes Philippus an dieser Zusammenverschwörung Theil gehabt, löschete er den Herodes in seinem Testamente aus, und setzte den Archelaus an seine Stelle. Man kann hievon des Abts Calmet biblisches Wörterbuch unter dem Artikel Herodes nachsehen.

i) Luk. 3, 19-20. Mark. 6, 17-18. Matth. 14, 3-5.

*) Das Schloß Machäron lag jenseits des Jordans im Stamme Ruben, nordostwärts vom See Asphaltites, zwo oder drey Meilen (vermuthlich französische) vom Jordan, nicht weit von dem Einflusse dieses Stroms in das todte Meer. Dieses Schloß war von den Asmonäern befestiget worden. Gabinlus schleifte es. Aristobulus befestigte es von neuem. Herodes der Grosse machte es noch weit fester, als

es

ten k); wobey er jedoch seinen Jüngern erlaubte, ihn in seinem Gefängnisse zu besuchen.

§. 73.

Als Jesus die Nachricht erhielt, daß Johannes sey ins Gefängniß geleget worden, und zugleich inne ward, daß die Pharisäer erfahren hätten, daß er mehr Jünger mache und taufe, als Johannes, wiewol er nicht selbst taufte, sondern seine Jünger, so verließ er das jüdische Land, und begab sich wieder nach Galiläa l). Er mußte durch Samaria reisen m). Auf dieser Reise kam er zu einer samaritanischen Stadt, Sichar *) genannt, welche bey dem Erbgute lag,

es vorher gewesen war. Der Abt Calmet unter dem Artikel Macheronte.

k) Jos. jüd. Alterth. 18, 5. §. 2.

l) Matth. 4, 12. Mark. 1, 14. Joh. 4, 1.

m) Joh. 4, 3-26.

*) Die Stadt Sichem oder Schechem, ist eine der ältesten in Palästina. Sie liegt in einem engen Thal, zwischen den Bergen Grizzim und Ebal, am Fuße des ersten 1. Richt. 9, 7. welcher ihr gegen Süden, hingegen der Ebal gegen Norden liegt, etwa dreyzehn Stundenwegs von Jerusalem, an der gewöhnlichen Landstraße, welche von Jerusalem nach Galiläa führete. Wegen ihrer Lage zwischen Bergen und Hügeln, hat sie viele Brunnen. Zu den Zeiten des Herrn Jesu wurde sie von den Juden Sichar genennet. Joh. 4, 5. Sonst hieß sie, wo nicht schon zur Zeit Christi, doch bald nach derselbigen Neapolis (Neustadt) oder Flavia Neapolis, und noch heutiges Tages wird sie von den Arabern Nabolus oder Naplusa, von den hier wohnenden Samaritern

J. C.
30.

Jesus entweichet nach Galiläa und belehret die Samariterinn.

J. C.
30.

lag, das Jakob, nachdem er es von den Kindern Hemor um hundert junge Schafe erkaufet, seinem Sohne Joseph gegeben hatte [n]). Ermüdet setzte er sich auf den Brunnen, der Jakobs Brunnen hieß, und schickte seine Jünger in die Stadt, einige Speise zu kaufen. Es war eben Mittag. Während ihrer Abwe-

tern aber nach alter Weise Sichem genennet. Sie ist noch jetzt ein zwar kleiner, aber volkreicher Ort, und die hier noch wohnenden Samariter haben einen kleinen Tempel. Der Boden ist fruchtbar, und rund um die Stadt her, wachsen Olivenbäume in grosser Menge. Am Ende des engen Thals, darinnen die Stadt stehet, wo es sich in ein gerdumiges Feld öfnet, ist ein in einem Felsen ausgehauener, und mit einem steinernen Gewölbe überbaueter Brunnen, welcher nach Maundrels von Thompson wiederholten Beschreibung, 105 Fuß tief ist, 9 Fuß im Durchmesser, und über 2 Klafter Wasser hat, und den man den Jakobsbrunnen nennet. Es scheint, daß er noch eben derjenige sey, dessen Joh. 4, 5. Erwähnung geschiehet, und die Stadt hat sich vermuthlich vor Alters, da sie viel grösser gewesen, bis hieher erstrecket, wie die von Maundrel wahrgenommene Reste von Mauerwerk anzeiget: sie ist auch jetzt nur 500 Schritte von diesem Brunnen entfernt, wie Arvieux meldet, doch schätzt Cotwyk die Entfernung auf 1000 Schritte, und Maundrel auf eine kleine halbe Stundewegs. Man ersiehet aber auch aus Joh. 4, 7. 8, 28. daß der Brunnen außerhalb der Stadt, oder vor einem Thore derselben, gewesen sey. Der Herr Oberkonsistorialrath Büsching in seinen vorläufigen Abhandlungen zu den vier Evangelisten.

n) Jos. 24, 32.

Abwesenheit kam eine Samariterinn *), Wasser aus diesem Brunnen zu schöpfen; zu dieser sprach Jesus:

Gieb

J. C.
30.

*) Die Griechen nennen diese Samariterinn Photine, und ertheilen uns kürzlich diese Nachricht von ihr: Nachdem Photina von Jesu oder von dem heiligen Petrus war bekehret worden; denn diese Urkunden gedenken zugleich dieses Apostels; so unterwies sie ihre ganze Familie, welche aus ihren zween Söhnen, dem Joseph und Victor, und ihren Schwestern, der Anatolina, Photo, Photis, Parasceve und Cyriaca bestund. Photina begab sich unter der Regierung des Kaisers Nero nach Africa, und bekehrte die ganze Stadt Carthago zum christlichen Glauben. Victor, der Sohn der Samariterinn, wurde einer von den Feldherrn des Kaisers, und führte sein Heer wieder gewisse Völker, Avares genannt, an. Allein die Spanier sagen, er sey wieder die Aufrührer zu Braga in Spanien geschickt worden, und Statthalter in der Stadt Itálica gewesen. Victor erhielt Befehl von dem Nero, daß er alle Christen in der ihm anvertrauten Landschaft hinrichten sollte. Als nun der Feldherr über die Kriegsvölker erfuhr, daß Victor ebenfalls von dem heiligen Petrus getauft worden, that er ihm deswegen nachdrückliche Vorstellungen; er richtete aber damit nichts aus. Gott schlug darauf diesen Feldherrn, und beraubte ihn der Sprache. Nach dreyen Tagen aber erleuchtete ihn der Herr, und gab ihm seine Sprache wieder. Da rief er aus: Es ist nur ein einiger Gott, der Gott der Christen. Alsobald unterrichtete ihn Victor und taufete ihn. Sobald Nero davon Nachricht erhielt, daß so viel Personen in Africa durch die Predigten der Photina, und in Spanien durch die Standhaftigkeit ihres Sohns des Victor zum christ-

lichen

J. C.
30.

Gieb mir zu trinken. Die Samariterinn antwortete mit Verwunderung: Wie kömmts, daß
du, der du ein Jude bist, von mir einer Samariterinn einen Trunk begehrest? Die Juden
wollen ja keine Gemeinschaft mit den Samaritern haben? Wenn du, erwiederte Jesus, wenn
du erkänntest die Gabe Gottes, und wer der
ist, der zu dir spricht: Gieb mir zu trinken;
                                                     viel=

lichen Glauben bekehret würden, befahl er die ganze
Familie der Photina zu ihm nach Rom zu bringen.
Unterwegs erschien ihnen Jesus, und stärkete sie.
Photina stellete ihre beyden Schwestern, Photo und
Photis dem Kaiser dar. Nero ließ sie auf die Folter
werfen; hernach sandte er seine leibliche Tochter Are-
thusa, die mit Perlen und Edelsteinen gezieret war, zu
ihnen, um sie auf andere Gedanken zu bringen. Als
Photina sie von ferne erblickte, rief sie ihr entgegen:
Du Braut des Herrn sey willkommen. Die Prin-
zeßinn antwortete ihr: Meine Frau, die Herrlichkeit Jesu, sey mit dir. Sie bekehrte sich hierauf,
nebst hundert Jungfrauen, die in ihrem Gefolge waren, und Photina taufete sie alsobald. Nero wurde
hierüber auf das äußerste erbittert, und wollte sie alle
mit Gifte hinrichten lassen. Als aber der Zauberer
Lampadius, welcher das Gift zubereitet hatte, sah,
daß es keine Wirkung that, wurde er ein Christ.
Man brauchte alle nur ersinnliche Martern, um sie
von ihrem Glauben abfällig zu machen. Allein da
alles umsonst war, erwürgte man sie. Man darf
diese Erzählung nur lesen, so merket man gleich, daß
es eine Fabel ist. Und wir würden uns nur vergeblich bemühen, wenn wir uns dabey aufhalten, und
ihren Ungrund zeigen wollten. Der Abt Calmet unter den Artikeln Photine und Samaritanerinn.

vielleicht hättest du ihn gebeten, und er hätte
dir lebendiges Wasser gegeben. Herr, sprach
das Weib, du hast ja nichts, damit du schöpfen
könntest, und der Brunnen ist tief: woher
hast du denn das lebendige Wasser? Bist du
grösser, als unser Vater Jakob, der uns die=
sen Brunnen gegeben hat: und er hat selbst
daraus getrunken, und seine Kinder, und sein
Vieh? Wer von diesem Wasser trinket, ver=
setzte Jesus, den wird wieder dürsten: Wer
aber von dem Wasser trinken wird, das ich
ihm geben werde, den wird in Ewigkeit nicht
dürsten; sondern das Wasser, das ich ihm ge=
ben werde, das wird in ihm ein Brunnen
des Wassers werden, das in das ewige Le=
ben springet. Herr, sprach auf dieses das Weib
zu Jesu, gieb mir dieses Wasser, auf daß
mich nicht dürste, und ich nicht herkommen
müsse zu schöpfen. Geh hin, sagte Jesus zu
ihr, rufe deinen Mann, und komm her. Ich
habe keinen Mann, erwiederte das Weib. Je=
sus antwortete ihr: Du hast recht gesagt, ich habe
keinen Mann: Fünf Männer hast du gehabt,
und den du nun hast, der ist nicht dein Mann;
Da hast du die Wahrheit gesagt. Das Weib
erstaunte und sprach: Herr ich sehe, daß du ein
Prophet bist. Sie deutete hierauf mit der Hand
auf den nächst Sichar gelegenen Berg Garizim *),

und

***

*). Der Berg Garizim oder Grisim war ungemein
fruchtbar. Gott hatte befohlen die Hebräer sollten
sich,

J. C.
30.

und fuhr also fort: Unsere Väter haben auf diesem Berge angebetet, und ihr saget, zu Jerusalem sey die Stätte, da man anbeten solle. Weib, glaube mir, sprach Jesus zu ihr, es kömmt die Zeit, daß ihr weder auf diesem Berge, noch zu Jerusalem den Vater anbeten werdet. Ihr wisset nicht, was ihr anbetet: wir aber wissen, was wir anbeten; denn das Heil kömmt von den Juden. Aber es kömmt die Zeit, und ist schon jetzt, da die wahren Anbeter den Vater im Geiste und in der Wahrheit anbeten werden: Denn der Vater suchet auch solche, die ihn anbeten. Gott ist ein Geist, und die ihn anbe-

sich, nachdem sie über den Jordan gegangen, auf die Berge Ebal und Grisim begeben. 5. Mos. 11, 29. 27, 12. Die zwölf Stämme sollten sich also eintheilen, daß sechs Stämme auf dem Berge Grisim, die sechs übrigen aber auf dem Berge Ebal stünden. Jene sollten denjenigen den Segen verheißen, die dem Gesetze des Herrn nachleben würden; diese sollten den Uebertretern des Gesetzes den Fluch verkündigen. Sobald Josua das Volk Israel durch den Jordan geführet, säumete er nicht, dem Befehle des Herrn nachzuleben. Jos. 8, 33. Er begab sich mit dem ganzen Volke auf den Berg Ebal; bauete dem Herrn einen Altar, und opferte Brandopfer auf demselben. Hierauf theilete er das Volk, wie der Herr befohlen. Er stellete die eine Hälfte des Volks auf den Berg Grisim, und die andere auf den Berg Ebal. Er ließ ihnen den von Mose vorgeschriebenen Segen und Fluch aussprechen. Man sehe des Abts Calmet bibl. Wörterb. unter dem Artikel Garizim, wo man mehrere Nachrichten von diesem Berge finden wird.

anbeten, die müssen ihn im Geiste und in der
Wahrheit anbeten. Ich weiß, versetzte hierauf
das Weib, daß der Messias kömmt, der Chri=
stus heißet; wenn derselbe kommen wird, so
wird er uns alles verkündigen. Ich bins,
sprach Jesus, der ich mit dir rede.

J. C.
30.

§. 74.

Eben damals kamen seine Jünger aus der Stadt
wieder zurück, und geriethen in eine nicht geringe Ver=
wunderung, als sie sahen, daß ihr heiliger Lehrer mit
diesem Weibe redete °). Es unterstand sich jedoch
keiner zu sagen: Was fragst du? oder was redest
du mit ihr? sondern sie baten ihn nur, daß er von
der Speise, die sie mitgebracht hatten, nehmen möchte.
Allein Jesus sprach zu ihnen: Ich habe eine Speise
zu essen, davon ihr nicht wisset. Diese Frage
kam ihnen sehr seltsam vor. Sie fragten daher ein=
ander: Hat ihm denn jemand zu essen gebracht?
Jesus, der dieses hörete, sagte darauf: Meine
Speise ist, daß ich den Willen desjenigen thue,
der mich gesandt hat, und vollende sein Werk.
Sobald das Weib von Jesu vernommen hatte, daß
er der Messias sey, ließ sie den Krug stehen, lief
in die Stadt und rief: Kommet und sehet einen
Menschen, der mir alles gesagt hat, was ich
gethan habe: ob er nicht Christus sey? Die
Einwohner von Sichar eileten, auf diese Einladung,
Jesu entgegen, und baten ihn, in ihrer Stadt ein=
zukehren. Er that es, und seine Gegenwart verur=
sachte,

Jesus
begiebt
sich auf
Einladung
der Ein=
wohner
nach Si=
char.

°) Joh. 4, 27·42.

H

J. C.
30.

sachte, daß noch viele andere an ihn glaubten, die hierauf zu dem Weibe sprachen: Wir glauben nun nicht um deiner Rede willen; denn wir habens selbst gehört, und wissen, daß dieser wahrhaftig der Weltheiland sey.

§. 75.

Jesus macht den Sohn eines königlichen Beamtens gesund.

Nach einem Aufenthalte von zween Tagen verließ Jesus die Stadt Sichar, und setzte seinen Weg nach Galiläa fort [p]). Die Galiläer nahmen ihn bey seiner Ankunft mit Freuden auf, weil sie selbst Augenzeugen von den Wundern gewesen waren, die er an dem Osterfeste zu Jerusalem gethan hatte. Als er sich eben zu Kana, wo er das Wasser in Wein verwandelt hatte, aufhielt, kam ein königlicher Beamte[*]) zu ihm, der ihn bat, daß er sich doch unverzüglich nach Kapharnaum begeben möchte, seinen Sohn gesund zu machen, der daselbst schon wirklich mit dem Tode ringe. Jesus sagte zu ihm: Wenn ihr nicht Zeichen und Wunder sehet, so glaubet ihr nicht. Der Beamte verlor durch diesen Verweis den Muth nicht. Er wiederholte seine Bitte, und sprach mit kläglicher Stimme: Herr, komm hinab, ehedenn mein Sohn stirbt. Der liebvolle Heiland wollte nun den betrübten Vater nicht länger ungetröstet lassen, und sagte daher zu ihm: Geh hin, dein Sohn lebet. Der Hofbediente glaub-

p) Joh. 4, 43 · 53.

*) Von dem Herodes. Obgleich dieser Herr nur ein Vierfürst oder Tetrarch war, so ward ihm doch gemeiniglich der Titel eines Königs gegeben.

glaubte diesen Worten, und eilte freudig nach Kapharnaum zurück. Unterweges begegneten ihm seine Knechte, welche ihm frölich entgegen riefen: Dein Sohn lebet. Er fragte sie sogleich, um welche Stunde es besser mit ihm geworden sey? Gestern um die siebente Stunde *), antworteten sie, verließ ihn das Fieber. Hier erkannte der Vater, daß es eben in der Stunde geschehen, in welcher Jesus zu ihm gesagt hatte: Dein Sohn lebet. Dies Wunder rührte ihn dergestalt, daß er mit seinem ganzen Hause glaubte.

§. 76.

Jesus reisete hierauf von einer Stadt zur andern, predigte in allen Synagogen, wo er hinkam, und jedermann, der ihn hörete, pries ihn q). Nur in Nazareth, seiner Vaterstadt, mußte er das Gegentheil erfahren. Als er dahin kam, ging er, seinem Gebrauche nach, am nächsten Sabbath in die Synagoge **), hörte anfänglich mit an, was vorgelesen

H 2   ward,

J. C.
30.

Jesus
lehret zu
Nazareth, wo
ihn seine
Zuhörer
von einem
Felsen
stürzen
wollen.

*) Des Nachmittags um Ein Uhr nach unserer Art zu zählen.

q) Luk. 4, 15-31.

**) Eine Synagoge war ein öffentliches Gebäude, welches entweder innerhalb oder außerhalb der Stadt, und gemeiniglich an einem erhabenen Orte lag. Denn die Juden sind der Meinung, eine Synagoge müßte über alle andere Gebäude, oder Privathäuser hervorragen, und sie würden sie gewiß allezeit so anlegen, wenn solches die Obrigkeit, unter welcher sie stehen, stets verstattete. Meistentheils sind die Synagogen zum Unterschiede der Proseuchen, die gemeiniglich
auf

ward, stand aber nach diesem auf, und wollte selbst
etwas vorlesen. Man reichte ihm das Buch des Propheten

auf dem Felde, und offen sind, mit einem Dache bedeckt. Mitten in derselben ist ein Pult, von welchem
man das Buch, oder die Rolle des Gesetzes ablieset,
und dahin sich derjenige stellet, der zu dem Volke reden will. Zuhinterst auf der Seite gegen Morgen,
und der Thüre gegen über, die allezeit, soviel möglich, gegen Abend seyn muß, stehet der Schrank, darinnen das Buch oder die Rolle des Gesetzes, in ein
kostbar gesticktes Tuch eingewickelt, aufbehalten wird.
Die Weiber sind von den Männern abgesondert, und
haben einen etwas erhabenen Stand, der mit Git-
tern verwahret ist, so, daß sie alles sehen und hören
können, ohne daß man sie sehen kann. Jede Synagoge hat einen oder mehrere Vorsteher und Bedien-
ten, deren ebenfalls, nach Beschaffenheit der Oerter
mehr oder weniger sind. Einer davon, den sie Cha-
zan nennen, ordnet und stimmet die Gebete an. Ein
anderer, welcher Sciamas, oder Diener heißt, hat
die Schlüssel in seiner Verwahrung, und ist gleichsam der Küster. Der Fürst der Synagoge, welcher
bey den Evangelisten Markus 5, 36. Archisynago-
gus, und der Engel der Synagoge, oder der Weise,
im hebräischen Chacham, genannt wird, hat in den
Versammlungen, und bey den gerichtlichen Untersu-
chungen den Vorsitz, die bisweilen in den Synagogen wieder diejenigen vorgenommen werden, die irgend ein Aergerniß gegeben, oder sonst auf eine grobe
Art wieder das Gesetz gesündiget haben. Er hat
das Recht, die Schuldigen zu der gebührenden Strafe
zu verurtheilen, welche darinn bestehet, daß sie neun
und dreysig Streiche mit der Geißel bekommen. Eben
derselbe ersuchet diejenigen in der Synagoge, aufzutreten,

pheten Isaias, welches in einem zusammengerollten
Pergament bestand. Er wickelte es auf, und fand
J. C.

30.

$\mathfrak{H}$ 3   folgen=

treten, und zu reden, die er dazu für tüchtig erken=
net. Er erzeiget auch diese Ehre den Fremden, wenn
sie die gehörige Geschicklichkeit dazu haben. Also re=
dete unser Heiland öfters in dergleichen Versammlun=
gen; und als Paulus zu Antiochien in Pisidien
war, ersuchten ihn die Vorsteher, aufzutreten, und
zu ihrer Erbauung ein Wort zu reden. — Wegen
Erbauung der Synagogen geben die jüdischen Lehrer
diese allgemeine Regel: Wo zehn Batelnim sind,
muß eine Synagoge gebauet werden. Man ist
aber über die Bedeutung des Worts Batelnim nicht
einig. Buxtorf hat geglaubt, es wären Personen,
die besoldet würden, um dem Gottesdienste ordentlich
beyzuwohnen, damit allezeit wenigstens zehn Perso=
nen dabey zugegen seyn möchten. Lightfoot hat
sich eingebildet, es wären Diener der Synagoge. Al=
lein am wahrscheinlichsten werden völlig erwachsene
Personen darunter verstanden, die ihr eigener Herr
waren, und dem Gottesdienste an allen Versamm=
lungstagen, deren wöchentlich ohne den Sabbath we=
nigstens zween waren, beständig beywohnen konnten.
Solcher Personen mußten jedesmal wenigstens zehn zu=
gegen seyn; und wo dieses nicht war, konnte der
Gottesdienst nicht gehalten werden. Die drey Tage
der Versammlung sind der Montag, der Donnerstag
und der Sonnabend, die Fasttage und Festtage un=
gerechnet. An diesen Tagen gehen die Juden drey=
mal in die Synagoge, des Morgens, Mittags
und Abends, und verrichten ihr Gebet darinn. An
den übrigen Tagen beten sie zwar auch täglich drey=
mal, aber nur zu Hause vor sich selbst. Der Abt
Calmet in seinem bibl. Wörterb, unter dem Artikel
Syna=

J. C.
30.

folgende Stelle, die er mit lauter Stimme herab las: Der Geist des Herrn ist über mir, deswegen hat er mich gesalbet, und gesandt, den Armen das Evangelium zu verkündigen, und zu heilen, die eines zerknirschten Herzens sind, den Gefangenen die Erledigung, den Blinden das Gesicht anzukündigen, und die Unterdrückten frey zu lassen, und das angenehme Jahr des Herrn *), und den Tag der Wiedervergeltung zu predigen. Er setzte sich, nachdem er das Buch zusammengerollet, und dem Diener der Synagoge, dem die Verwahrung desselben oblag, zurückgegeben hatte, nieder, und deutete die abgelesenen Worte mit einer so anmüthigen Art auf sich selbst, daß seine Zuhörer in Erstaunen geriethen, und ihm Beyfall gaben. Doch diese Verwunderung verwandelte sich bald in Wut; denn als sie sich an seiner vermeinten niedrigen Herkunft stießen, und Jesus sie wegen ihres Unglaubens bestrafte, so empfanden sie diesen Verweis so sehr, daß sie rasend über ihn herfielen, und ihn auf die Spitze des Bergs, an dem ihre Stadt lag, schleppten, in der Absicht, ihn von derselben herabzustürzen. Allein ihr gottloses Vorhaben ward vereitelt. Jesus ging mitten durch sie fort, und begab sich nach Rapharnaum, welches eine Meerstadt war,

Synagoge, an welchem Orte man auch mehrere Nachrichten von den Synagogen finden wird.

*) Durch das angenehme Jahr wird die Zeit der Gnaden, die durch das Jubeljahr vorbedeutet war, verstanden. Von dem Jubeljahre kann der obige Schriftsteller nachgelesen werden.

war, an den Gränzen Zabulon und Nephthalim, **J. C.**
die er sich zu seinem gewöhnlichen Wohnorte wähle-　**30.**
te r), damit erfüllet würde, was durch den Propheten Isaias gesagt ist: Das Land Zabulon, und
das Land Nephthalim, am Wege des Meers,
jenseits des Jordans, im heidnischen Galiläa;
Das Volk, das in der Finsterniß saß, hat ein
großes Licht gesehen, und denen, die im Lande
und Schatten des Todes saßen, ist ein Licht
aufgegangen s). Damals fieng Jesus an zu predigen, und zu sagen: Thut Buße; denn das
Himmelreich ist herbey gekommen.

§. 77.

Als Jesus eines Tages außerhalb dieser Stadt an
dem galiläischen Meere, welches auch das Meer
Tiberias, oder der See Genezareth genannt ward,
hinging, sah er den Simon Petrus und dessen Bruder, Andreas, die beyde Fischer waren, ihre Netze
ins Meer werfen t). Jesus, der sie zu einem viel
edlern Gegenstande bestimmet hatte, sprach zu ihnen:
Folget mir nach, ich will euch zu Menschen
Fischern machen *). Sogleich verließen sie ihre
Netze, und folgten ihm nach. Er war kaum ein wenig weiter gegangen, so erblickte er zween andere Brüder, nemlich den Jakobus, den Sohn des Zebe-

(Marginalie:) Jesus beruft den Petrus, Andreas, Jakobus und Johannes.

H 4　　　　　　däus

r) Matth. 4, 13-17.
s) Isa. 9, 1-2.
t) Mark. 1, 16-28. Matth. 4, 18-22.
*) Es scheint, daß diese Jünger sich von Jesu auf einige
　Zeit, mit seiner Erlaubniß entfernet gehabt hatten.

J. C. 30.

däus, und den Johannes, seinen Bruder, welche mit dem Zebedäus in einem Schiffe waren, und ihre Netze flicketen. Er rief sie. Sie gehorchten ihm in dem Augenblicke, ließen ihren Vater und die Tage-löhner in dem Schiffe, und folgten ihm nach. Jesus führete sie mit sich nach Rapharnaum. Am näch-sten Sabbath begab er sich in die dasige Synagoge, und lehrete darinn mit einem solchen Nachdruck, daß sich jedermann darüber verwunderte; denn sein Vor-trag war hinreißend, und ganz anders, als der Pha-risäer Vortrag beschaffen u). Eben damals befand sich ein Mensch mit einem unreinen Geiste in der Sy-nagoge. Dieser fieng an zu schreyen: Halt! Was haben wir mit dir zu schaffen, Jesus von Na-zareth? Bist du gekommen, uns zu verder-ben? Ich weiß, wer du bist, der Heilige Got-tes. Jesus befahl ihm zu schweigen *) und auszu-fahren. Sogleich warf der unreine Geist diesen elen-den Menschen mitten unter die Versammlung, zog seine Glieder auf eine schreckliche Art zusammen, und fuhr, ohne ihm zu schaden, mit einem lauten Ge-schreye aus. Alle, die dies sahen, verwunderten sich dermaßen, daß sie einander ganz bestürzt fragten: Was ist das? Was ist das für eine neue Lehre?

Er

u) Luk. 4, 31-37.

*) Jesus Christus will, daß man ihn für das, was er ist, erkenne, nicht aus dem Zeugnisse des Lügen-geistes, sondern aus jenem seiner eigenen Werke, welche das Zeugniß sind, welches ihm sein himmli-scher Vater selbst giebt. Anmerkung des Abts Mes-sanguy über diese Stelle.

Er gebietet den unreinen Geistern mit Gewalt, und sie gehorchen ihm. Hierauf verbreitete sich in kurzem der Ruf von Jesu durch das ganze galiläische Land.

J. C.
30.

§. 78.

Aus der Synagoge ging Jesus mit dem Jakobus und mit dem Johannes gerade in des Simon und Andreas Haus *). Hier fand er Simons Schwiegermutter an einem heftigen Fieber zu Bette liegen. Seine Jünger baten ihn, ihr zu helfen. Er erhörte ihre Bitte. Er trat zu der Kranken, nahm sie bey der Hand, richtete sie in die Höhe, und befahl dem Fieber, zu weichen. Zur Stunde verließ sie das Fieber. Sie stand unverzüglich auf, und dienete ihnen. Sobald die Sonne untergegangen, und der Sabbath vorüber war, kamen alle, die Kranke hatten, und brachten sie zu Jesu. Er legte auf einen jeglichen die Hände, und machte sie gesund. Auf daß erfüllet würde, was durch den Propheten Isaias gesagt ist, da er spricht: Er hat unsere Schwachheiten auf sich genommen, und unsere Krankheiten hat er getragen x). Es fuhren auch auf seinen Befehl von vielen die Teufel aus, die schrien und sprachen: Du bist Christus, der Sohn Gottes. Allein er bedrohete sie, und ließ sie nicht reden; denn sie wußten †), daß er Christus war.

Jesus befreyet Simons Schwiegermutter vom Fieber.

H 5 §. 79.

w) Mark. 1, 29-34. Luk. 4, 38-41. Matth. 8, 14-17.

x) Jsa. 53, 4.

†) Die verdammten Geister wußten, daß er der verheißene

§. 79.

J. C.

30.
Jesus
durchreiset
Galiläa
und thut
grosse
Wunder.

Auf folgenden Tage stand Jesus sehr früh auf, verließ Kapharnaum, ging an eine wüste Stätte, und betete daselbst y). Simon folgte ihm mit den andern Jüngern nach. Als sie ihn gefunden, sprachen sie zu ihm: Jedermann suchet dich. Jesus antwortete ihnen: Lasset uns in die nächstgelegenen Marktflecken und Städte gehen, daß ich auch da predige; denn zu dem Ende bin ich gekommen. Das Volk, welches ihn mit grosser Begierde suchte, kam inzwischen auch herbey, und wollte nicht gestatten, daß er sich wegbegeben sollte. Allein er ließ sich nicht aufhalten, sondern sagte zu demselben: Ich muß auch andern Städten das Evangelium vom Reiche Gottes predigen; denn darum bin ich gesandt. Hierauf durchging er das ganze galiläische Land, lehrte in den Synagogen, und predigte das Evangelium vom Reiche. Er heilete auch alle Krankheiten, und alle Schwach-

ßene Meßias oder Christus war, von welchem ihr Reich auf Erden sollte zerstöret werden. Sie konnten dieses erkennen, erstlich aus seiner verwunderlichen und übermenschlichen Heiligkeit; zweytens aus den immerwährenden und erstaunlichen Wunderwerken, unter welchen auch die vollkommneste Gewalt über sie, die Teufel, war; drittens aus der augenscheinlichen Erfüllung der Prophezeyungen, welche in ihm allein aufs genaueste zusammen trafen. Anmerkung des Herrn Pr. Weitenauer.

y) Mark. 1, 35-39. Luk. 4, 42-44. Matth. 4, 23-25.

Schwachheiten unter dem Volke, so, daß sich sein
Ruhm durch ganz Syrien verbreitete, und man alle
Kranke zu ihm brachte, die mit mancherley Krankhei=
ten und Quaalen behaftet waren, Besessene, Monds=
süchtige, und Gichtbrüchige, und er machte sie ge=
sund. Und es folgte ihm eine grosse Menge Volks
nach aus Galiläa, aus den zehn Städten *), von
Jerusalem, aus dem jüdischen Lande, und aus der
Gegend jenseits des Jordans.

J. L.

30.

§. 80.

Nachdem Jesus diese Reise geendiget hatte, be=
gab er sich wieder nach Kapharnaum zurück. Ei=
nes Tages, als er ausserhalb der Stadt an dem See
Genezareth stand, drang das Volk, das Wort Got=
tes zu hören, so häufig auf ihn zu, daß er sich genö=
thiget sah, sein Standort zu verändern ²). Es hiel=
ten eben zwey Schiffe an dem Ufer, von welchen die
Fischer ausgetreten waren, ihre Netze zu waschen. Er
trat in eins derselben, welches dem Simon Petrus
zugehörete, und bat ihn, damit ein wenig vom Lande
zu fahren. In einer kleinen Entfernung, wo jeder=
mann

Wun=
derbarer
Fischzug.

*) Diese zehn Städte lagen theils dießseits, theils jen=
seits des Jordans, und machten ein gewisses Gebiete
aus, welches Dekapolis genannt ward. Ihre Na=
men werden gemeiniglich also angegeben: Scytho=
polis, Philadelphia, Rapham oder Raphanäa,
Gadara, Hippos, Dion, Pella, Gerasa, Ca=
natha, Damas. Man kann hievon Relands Pa=
laestinam sacram §. 198. und 205. nachlesen.

z) Luk 5, 1-11.

mann am Gestade ihn sehen und hören konnte, setzte
er sich nieder, und lehrete von da aus das nach seiner
Lehre so begierige Volk. Als er zu lehren aufgehöret
hatte, sagte er zum Simon: fahre auf die Höhe,
und werfet eure Netze aus, daß ihr einen Zug
thut. Meister, antwortete Simon, wir haben
die ganze Nacht gearbeitet, und nichts gefangen: Aber auf dein Wort will ich das Netz
auswerfen. Kaum hatte er dieses mit Beyhülfe
seiner Gesellen gethan, so beschlossen sie eine solche
Menge Fische, daß das Netz, als sie es zu sich ziehen
wollten, zerriß. Dies nöthigte sie, denen, die im
andern Schiffe waren, zu winken, daß sie ihnen zu
Hülfe kommen möchten. Sie kamen, und fülleten
beyde Schiffe so voll, daß sie fast versunken wären.
Als Simon Petrus dies sah, warf er sich mit Schrecken Jesu zu Füßen, und sprach zu ihm: Herr, geh
von mir hinweg; denn ich bin ein sündiger
Mensch. Jacobus und Johannes, die Söhne
des Zebedäus, wie auch die andern, die sich in ihrer
Gesellschaft befanden, geriethen ebenfalls über dieses
Wunder in eine ungemeine Bestürzung. Jesus sprach
aber zu dem Simon: Fürchte dich nicht, von
nun an wirst du Menschen fangen. Hierauf
führten sie die Schiffe ans Land, verließen alles, und
folgten ihm nach.

§. 81.

Als Jesus sich hernach in einer gewissen Stadt*),
welches vermuthlich Kapharnaum war, befand, näherte

*) Vermuthlich an einem von Menschen unbewohnten
Orte;

herte sich ihm ein ausfätziger Mensch, der vor ihm auf
sein Angesicht niederfiel, und ihn um die Befreyung
von seinem Uebel bat.   Herr, sagte er mit gros=
sem Glauben, so du willst, kannst du mich
reinigen a).   Jesus, dessen Herz zum Erbarmen
immer bereit ist, streckte seine Hand gegen ihn aus,
berührte ihn damit, und sprach: Ich will: Sey
gereiniget.   Sogleich verschwand der Aussaß an sei=
nem ganzen Leibe, und er war vollkommen rein.   Je=
sus entließ ihn mit diesen Worten: Siehe zu, daß
du es niemand sagest; sondern geh hin, zeige
dich dem Priester, und opfere für deine Reini=
gung, wie Moses befohlen hat, ihnen zum
Zeugnisse *).   Doch der vom Aussaße befreyte

J. C.
30.

mach=

Orte; denn das Gesetz schloß die Aussätzigen von dem
Umgange mit andern Menschen völlig aus. 3. Mos.
13, 46.

a) Luk. 5, 12-16. Mark. 1, 40-45.

*) Wenn ein Aussätziger wieder gesund ward, so
fand er sich an dem Stadtthore ein, und der Prie=
ster untersuchte, ob derselbe wirklich von dem Aus=
saße rein wäre. Hierauf ging ein solcher Mensch in
den Tempel, nahm zwey reine Vögel, machte einen
Büschel von Cedern und Isop, und band solchen mit
einem scharlachrothen wüllenen Bande zusammen, so=
denn wurde ein irdenes Gefäß mit Wasser angefüllet,
und einer von diesen lebendigen Vögeln an den itzt=
gedachten Büschel angebunden. Den andern Vogel
mußte der geheilte Aussätzige tödten, und dessen Blut
in das mit Wasser angefüllte Gefäß laufen lassen. Als=
denn nahm der Priester den Büschel mit dem leben=
digen Vogel, tauchte beydes in das Wasser, so mit

des

J. C. 30.

machte das Wunder, das Jesus an ihm gethan hatte, aller Orten kund, so, daß derselbe wegen des großen Zulaufs des Volks, welches ihn zu hören, und von seinen Krankheiten geheilet zu werden, herbeyeilete, nicht mehr öffentlich in die Stadt gehen konnte, sondern außerhalb derselben an wüsten Orten blieb; wohin man doch auch von allen Orten her zu ihm kam.

§. 82.

Jesus heilet einen Gichtbrüchigen.

Nach etlichen Tagen begab sich Jesus wieder nach Kapharnaum b). Kaum hatte man gehört, daß er zu Hause sey, so eilete gleich eine solche Volksmenge nach seiner Wohnung, daß der Platz, der sich vor derselben befand, zu klein war, dieselbe zu fassen. Unter andern Kranken, die dahin gebracht wurden, befand sich auch ein gichtbrüchiger Mensch, welcher dergestalt elend war, daß vier Männer ihn auf einem Bette tragen mußten. Das Gedränge des Volks war so groß, daß sie sich Jesu durch den gemeinen Weg nicht nähern konnten. Sie stiegen daher auf das Dach des Hauses, in dem sich Jesus aufhielt, und nachdem sie eine Oeffnung in dasselbe gemacht hatten, ließen sie den Kranken durch dieselbe mit dem

Bet=

des geschlachteten Vogels Blute gefärbet war, und besprengete damit den Aussätzigen; worauf man den lebendigen Vogel fliegen ließ, und der nunmehr gesunde und gereinigte Mensch durfte sodenn wieder in die Gesellschaft anderer gesunden Menschen kommen, und an den gottesdienstlichen Verrichtungen mit Theil nehmen. Der Abt Calmet in seinem biblischen Wörterbuche unter dem Artikel Aussätzig.

b) Mark. 2, 1-12. Luk. 5, 17-26. Matth. 9, 2-8.

Bette an Seilen hinab, und legten ihn dergestalt zu seinen heiligen Füßen nieder *). Als Jesus ihren grossen Glauben sah, sprach er zu dem Gichtbrüchigen: Sey getrost, mein Sohn, deine Sünden sind dir vergeben. Eben damals befanden sich viele Pharisäer und Schriftgelehrten bey Jesu, die aus allen Flecken des galiläischen und jüdischen Landes, wie auch aus Jerusalem selbst gekommen waren, ihn zu hören. Da diese nun höreten, daß Jesus zu dem Gichtbrüchigen sagte: Sey getrost, mein Sohn; deine Sünden sind dir vergeben, so dachten sie bey sich: Wie redet dieser also? Er lästert Gott. Wer als Gott allein kann die Sünden vergeben? Jesus, der in dem Augenblicke durch seine Weisheit ihre Gedanken erkannte, machte diese Leute

gar

*) Man muß sich hier die Bauart der morgenländischen Häuser vorstellen, die oben ganz platt, und gemeiniglich von gleicher Höhe waren, so, daß man bisweilen ganze Straßen lang über die Dächer hingehen konnte. In der Mitte des Daches, welches auf göttlichen Befehl 5. Mos. 22, 8. mit einem Geländer umgeben seyn mußte, befand sich mehrentheils, wie aus dem vierten Buche der Könige 1, 2-3. abzunehmen ist, eine Oefnung, die durch eine Art von Fallthüre verschlossen werden konnte. Von dem Dache stieg man gemeiniglich auf einer Treppe herab, die von außen an dem Hause angebracht war. Die vier Männer stiegen also von außen, entweder auf einer solchen Stiege, oder von einem benachbarten Hause auf das Dach des gedachten Hauses, und ließen den Kranken, durch die in dem Dache befindliche Oefnung auf den Saal hinab, in welchem sich Jesus mit den Pharisäern und Schriftgelehrten befand.

J. C.
30.

gar bald zu schanden. Warum, sprach er zu ihnen, gedenket ihr solches in euren Herzen? Was ist leichter, zu dem Gichtbrüchigen zu sagen: Dir sind deine Sünden vergeben; oder zu sagen: Steh auf, nimm dein Bette, und wandele? Damit ihr aber wisset, daß des Menschen Sohn Macht hat, die Sünden auf Erden zu vergeben, sprach er zu dem Gichtbrüchigen, indem er sich zu ihm wandte: Ich sage dir, steh auf, nimm dein Bette, und geh nach Hause. Kaum hatte Jesus dieses gesagt, so stand der Kranke frisch und gesund auf, nahm das Bette, darauf er gelegen hatte, in Gegenwart aller auf seine Schultern, ging damit in sein Haus, und pries Gott für diese wunderbare Hülfe. Alle, die dies sahen, wurden von einem heiligen Schrecken überfallen. Sie verherrlichten Gott, und ganz entzückt sprachen sie: So was haben wir noch nie gesehen.

§. 83.

Nachdem Jesus dies Wunder verrichtet hatte, begab er sich hinaus vor die Stadt, wo er das ihm häufig nachfolgende Volk lehrete c). Im Vorbengehen saß er einen jüdischen Zöllner *), Namens Levi,

Matthäus wird von Jesu berufen.

der

c) Mark. 2, 13-20. Luk. 5, 27-35. Matth. 9, 9-15.

*) Zöllner waren die Einnehmer oder Pachter derjenigen Abgaben, die die Juden den Römern von gewissen Sachen entrichten mußten. Es gab zwo Arten derselben, nemlich Oberpachter und Unterpachter. Die erstern pachteten die Zölle von ganzen Provinzen, und dieses waren gemeiniglich vornehme Römer, wie aus

der

der sich auch Matthäus nannte, *) und ein Sohn des   J. C.
                        Alphäus
                                                          30,

der Rede des Cicero für den Plaucius abzunehmen
ist. Die letztern aber wurden von diesen angestellet,
die Zölle in den Provinzen einzunehmen. Da die
Juden solche Abgaben für eine Art von Sklaverey
hielten, und die Einnehmer derselben öfters die größten Ungerechtigkeiten begingen, so wurden diese von
jenen aufs äußerste verabscheuet, besonders, wenn sie
selbst Juden waren, wie solches sich bisweilen zutrug.
Beyspiele hievon sind Matthäus und Zachäus.

*) Einige Schriftsteller der alten Zeit, als Clemens
   von Alexandrien l. 4. Strom. und Origenes l. 1.
   contra Cels, ingleichen einige von den Neuern, als
   Grotius ad Matth 9., halten den Matthäus, und
   den Levi, den Sohn des Alphäus, der bey dem
   Markus und Lukas vorkömmt, für zwo unterschiedene Personen. Die Gründe dieser Muthmaßung
   sind folgende: 1. In den Büchern des neuen Testaments wird der Apostel Matthäus nirgends Levi,
   oder Levi Matthäus genennet. 2. Heracleon, auf
   den Clemens von Alexandrien sich berufet, redet
   von dem Matthäus und Levi, als von zwo verschiedenen Personen, wogegen auch Clemens nichts erinnert, und folglich die Sache als richtig anzunehmen scheinet. 3. Origenes sagt in seiner Schrift
   wieder den Celsus, Levi, der Zöllner, der Jesu
   nachfolgte, wäre niemals unter die Apostel gezählet
   worden, außer nur in einigen Exemplarien der
   evangelischen Geschichte des Markus. In der That
   lesen auch einige Exemplarien von diesem Evangelio,
   und unter andern eine alte Handschrift zu Campridge
   Mar. 2, 14. Jesus sahe Jacobum den Sohn Al-
   phäi; andere, er sahe Matthäum den Zöllner,
   anstatt Levi den Zöllner, wie man in der Vulgata,
   in den meisten griechischen Handschriften, und in al-

   J   len

Alphäus war *), am Zolle sitzen. Zu diesem sprach er:
Fol-

len abgedruckten Bibeln lieset. Grotius hält also
dafür, Levi hätte vielleicht die Oberaufsicht über den
Zoll gehabt, Matthäus aber wäre nur einer von seinen ihm zugeordneten Einnehmern gewesen; das Gastmahl, dem Jesus beygewohnet, wäre auch nicht in
dem Hause des Matthäus, sondern in des Levi
Hause angestellet worden. Sollten aber wohl diese
angeführten Gründe hinlänglich genug seyn, eine Meinung, die so alt ist, die auf so festem Grunde steht,
die von der ganzen Kirche mit allgemeinem Beyfalle
angenommen worden, über den Haufen zu werfen?
Sollten die besondere Meinung des Heracleon, der
Zweifel des Origenes, das Stillschweigen des Clemens, der den Heracleon nicht wiederleget hat, die
Lesart einiger Handschriften, sollte dieses die Ueber-
einstimmung aller andern sowol gedruckten, als ge-
schriebenen Exemplarien, aller andern Kirchenväter
und bewährten Schriftsteller, die von den Zeiten der
Apostel an, bis auf die gegenwärtigen gelebt haben,
überwiegen? Man setze noch darzu, daß Origenes
selbst, in der Vorrede zu seiner Auslegung über den
Brief an die Römer, und in einem Fragment, welches in der sogenannten Kette der Ausleger über den
heiligen Matthäus angeführet wird, die gemeine
Meinung bekräftiget hat. Die Herrn Cotelier Not.
in Constitut. Apostol. l. 8. c. 22. und Dodwels
Disser. 1. ad Iren. glauben, daß der Levi, den der
Heracleon von dem Matthäus unterscheidet, nicht
Levi der Zöllner, sondern Lebbäus, oder der Apostel Thaddäus gewesen sey. Der Abt Calmet in seinem biblischen Wörterbuche unter dem Artikel Matthäus.

*) Dieser Alphäus muß von dem Alphäus, dem Va-

Folge mir nach. Sogleich stand derselbe auf, verließ alles, und folgete ihm nach. Bald hierauf lud er Jesum zu einem grossen Gastmahle ein, welches er, um sich für einen so gnädigen Beruf dankbar zu erzeigen, ihm zu Ehren zurichten ließ. Jesus erschien mit seinen Jüngern, und setzte sich mit ihnen nebst vielen Zöllnern und Sündern zu Tische. Die neidischen Pharisäer und Schriftgelehrten nahmen hieraus von neuem Gelegenheit, über ihn zu murren. Warum, sprachen sie zu seinen Jüngern, warum isset euer Meister mit den Zöllnern und Sündern? Jesus, der dieses hörete, beantwortete diese Frage selbst. Die Gesunden, sagte er, bedürfen des Arztes nicht, sondern die Kranken. Gehet also hin, und lernet was das sey: Ich will Barmherzigkeit und nicht Opfer. Denn ich bin nicht gekommen, die Gerechten, sondern die Sünder zur Buße zu rufen. Da sie nun hierauf nichts antworten konnten, so fragten sie ihn, warum seine Jünger nicht fasteten, da doch solches des Johannes Jünger, und die Jünger der Pharisäer thäten? Jesus antwortete ihnen: Können auch die Kinder des Bräutigams Leid tragen, so lange der Bräutigam bey ihnen ist? Es werden aber die Tage kommen, da der Bräutigam von ihnen wird genommen werden, und alsdenn werden sie fasten.

J 2 §. 84.

ter des Jacobus, der ein Bruder des Herrn genannt wird, wie man gemeiniglich dafür hält, unterschieden werden.

J. C.
30.

§. 84.

J. C.

31.

Zweytes
Osterfest,
so Jesus
nach seiner
Taufe fey-
ert.

Da um diese Zeit das Osterfest *) herbeynahete, so begab sich Jesus nach Jerusalem, demselben mit beyzuwohnen d). Es befand sich in dieser Stadt nicht weit von dem sogenannten Schafthore ein sehr berühm- ter Teich, Bethesda genannt, der mit fünf bedeck- ten Gängen umgeben war, unter welchen sich immer eine grosse Anzahl lahmer, blinder und anderer elen- den Menschen aufhielt, die auf die Bewegung des Wassers warteten, indem dasselbe zu gewissen Zeiten, wenn es nemlich von dem Engel des Herrn bewegt ward, die Kraft hatte, den Ersten, der nach solcher Bewegung in den Teich hinabkam, vollkommen ge- sund zu machen, mit was für einer Krankheit er auch nur immer behaftet seyn mochte. Hier erblickte Je- sus unter vielen andern einen Menschen, der schon acht und dreysig Jahre krank gelegen, ohne der Wohl- that dieses Wassers theilhaftig zu werden, indem es ihm allezeit an einer liebreichen Hand gebrach, die ihn zur gehörigen Zeit in dasselbe hinabgelassen hätte. Der liebvolle Heiland von diesem traurigen Anblicke ge- rührt, fragte ihn: Willst du gesund werden? Herr, antwortete der Kranke, ich habe keinen Menschen, der mich, wenn das Wasser be- wegt wird, in den Teich hinablasse: ehe ich denn komme, steiget ein anderer vor mir hinein.

*) Daß durch das Fest, von welchem der heilige Jo- hannes hier redet, das Osterfest müsse verstanden werden, ist die gemeinste Meinung.

d) Joh. 5, 1-9.

ein. Kaum hatte er auf solche Weise Jesu seine Noth geklagt, so sprach derselbe zu ihm: Steh auf, nimm dein Bette, und geh. In dem Augenblicke befand sich dieser Mensch vollkommen gesund. Er nahm sein Bette, und ging freudig fort.

J. C.

31.

Jesus heilet einen Menschen, der acht und dreysig Jahre krank war.

§. 85.

Dies Wunder trug sich an einem Sabbath zu e). Die Juden, die diesen Menschen sahen mit seinem Bette gehen, sagten daher zu ihm: Es ist Sabbath; es ist dir nicht erlaubt, dein Bette zu tragen. Allein er antwortete ihnen unerschrocken: Der mich gesund machte, der sprach zu mir: Nimm dein Bette, und geh. Als sie ihn hierauf fragten, wer der Mensch sey, der dieses zu ihm gesagt habe, so konnte er dieses ihnen nicht sagen, weil er Jesum, der sich indessen von dem Volke entfernet hatte, nicht kannte. Doch nicht lange darauf lernete er ihn kennen; denn als derselbe ihn im Tempel antraf, sagte er zu ihm: Siehe, du bist gesund geworden, sündige forthin nicht mehr, damit dir nicht etwas ärgers wiederfahre. Er ging also hin, und erzählete den Juden (vermuthlich aus den besten Absichten), daß es Jesus sey, der ihn gesund gemacht habe. Von dieser Zeit an verfolgten die Juden Jesum, als einen Uebertreter des Sabbaths, und suchten ihn zu tödten. Er antwortete ihnen aber: Mein Vater wirket bisher, und ich wirke auch. Diese Worte machten die Juden noch erbitterter, und sie trachteten ihm jetzt mehr, als vorhin, nach dem

J 3

Leben,

e) Joh. 5, 9. 18.

J.C.
31.

leben, weil er nicht nur den Sabbath follte gebrochen haben, sondern Gott auch seinen Vater nannte, und sich Gott gleich machte.

§. 86.

Jesus
vertheidi=
get seine
Jünger.

Nachdem Jesus seine Hoheit und seine Würde in einer langen Rede vertheidiget, und seinen Feinden ihren Unglauben und ihre Verstockung mit grossem Nachdrucke verwiesen hatte f), verließ er Jerusalem und wandte sich wieder nach Galiläa. Auf dieser Reise ging er an einem Sabbath *) mit seinen Jün=

f) Joh. 5, 18-47.

*) Der heilige Lukas nennet diesen Sabbath den zweyt. ersten Sabbath, Sabbathum secundo · primum 6, 1. Die Meinungen über diesen Ausdruck sind bey den Auslegern sehr getheilet. Einige haben ihn für den andern, andere für den letzten Tag der ungesäuerten Brode, und noch andere für den Pfingsttag gehalten. Der Ostertag war ihrer Meinung nach der erste, und der Pfingsttag der andere Sabbath. Viele haben geglaubet, unter dem ersten grossen Sabbath, sey der erste Sabbathtag des bürgerlichen Jahres, im Monate Tisri; und unter dem andern Sabbath, der erste des Kirchenjahres, im Monate Nisan zu verstehen. Allein Joseph Scaliger l. 6. de emend. tempor. dem hierinn die meisten der geschicktesten Schriftsteller Beyfall geben, ist der Meinung, daß dieses der erste Sabbath nach dem andern Tage der ungesäuerten Brode sey. Die ersten Juden zähleten ihre Sabbathe von Ostern bis Pfingsten auf diese Art: Der erste hieß Sabbathum secundo primum; das ist, der erste nach dem andern Tage der ungesäuerten Brode. Der andere hieß secundo secundum; das

Jüngern durch ein mit Gerste bestelltes Feld ᵍ). J. C.
Dies Getreide war damals schon reif *), und weil
seine Jünger sehr hungerig waren, rissen sie Aehren 31.
ab, zerrieben sie zwischen den Händen, und aßen die
Körner, ihren Hunger in etwas damit zu stillen.
Kaum bemerkten solches einige Pharisäer, so er=
mahnten sie ihn deshalb, und verlangten, daß er die=
ses seinen Jüngern, indem es eine offenbare Enthei=
ligung des Sabbaths sey, untersagen sollte.   Jesus
nahm sich aber seiner Jünger an.   Er rechtfertigte
ihre That mit dem Beyspiele des David, der zur
Zeit des Hohenpriesters Abjathar **) in einer ähn=

J 4   lichen

das ist, der andere Sabbathtag nach dem andern
Tage der ungesäuerten Brode.   Der dritte, secundo
tertium; das ist, der dritte Sabbathtag, nach dem
andern Tage der ungesäuerten Brode.   Und so zähl=
ten sie bis auf den secundo septimum; das ist, bis
auf den siebenten Sabbath, nach dem andern Tage der
ungesäuerten Brode.   Dieser siebente Sabbath ging
unmittelbar vor dem Pfingsttage her, welcher am funf=
zigsten Tage nach dem andern Tage der ungesäuerten
Brode gefeyert wurde.   Man sehe des Abts Calmet
biblisches Wörterbuch unter dem Artikel Sabbath.

g) Mark. 2, 23-28.   Luk. 6, 1-5.   Matth. 12, 1-8.

*) Daß die Gerste um diese Zeit schon reif gewesen, ist
   aus 3 Mos. 23, 9-16. zu ersehen, wo befohlen wird,
   daß die Israeliten am zweyten Tage des Osterfestes
   die Erstlinge ihrer Erndte in den Tempel bringen, auch
   von solchem zweyten Tage des Festes an, sieben Wo=
   chen bis aufs Pfingstfest zählen sollten.

**) Im ersten Buche der Könige, wo diese Geschichte er=
    zählet wird, wird der Hohepriester, zu welchem Da=
                                        vid

lichen Noth in das Haus Gottes ging, die heiligen
Schaubrode *) aß, und seiner Begleitung auch davon
zu essen gab, ob sie gleich niemand anders, als die
Priester essen durften.   Er berief sich ferner auf das
Beyspiel der Priester, die am Sabbathe im Tempel
Feuer anzündeten, schlachteten, die Haut abzogen,
und noch viele andere knechtische Handlungen darinn
vornahmen, ohne sich doch diesfalls einer Sünde schuldig zu machen.   Er sagte ihnen endlich frey heraus,
daß er mehr sey, als der Tempel.   Wenn ihr wüß-
tet, setzte er noch hinzu, was das sey: Ich will
Barm-

vid gekommen, Achimelech genannt. 21, 1.   Dieses
wiederspricht doch der Erzählung des Markus nicht;
denn Achimelech hat auch Abjathar, so wie sein
Sohn, der während der Regierung Davids und Salomons zugleich mit Zadok Hoherpriester gewesen
ist, nicht allein Abjathar, sondern auch Achimelech geheißen. 2 Kön. 8, 17. 1 Paralip. 18, 16.

*) So wurden diejenigen Brode genannt, die der Prie-
ster, welcher die Woche hatte, alle Sabbathtage auf
den güldenen Tisch legte, der in dem Heiligen vor
dem Herrn stand.   Sie waren viereckigt, oder hatten, wie die Rabbinen sagen, vier Gesichter, und
wurden mit Goldblättern bedeckt.   Es waren ihrer
zwölfe an der Zahl, um die zwölf Stämme Israels
anzuzeigen.   Sie waren ziemlich groß; denn es wurde
zu jedem zween Zehentheil Mehl genommen, welches
ungefär drey Weinnößel ausmacht.   Am Sabbathtage wurden allezeit frische und noch ganz warme
Brode vor den Herrn gebracht, und zugleich die alten von der vorigen Woche hinweggenommen, welche
niemand, als die Priester essen durfte.   Der Abt
Calmet unter dem Artikel Schaubrode.

Barmherzigkeit, und nicht Opfer: so würdet
ihr nie die Unschuldigen verdammet haben.
Des Menschen Sohn ist auch Herr über den
Sabbath.

§. 87.

An einem andern Sabbath begab sich Jesus in
die Synagoge zu Rapharnaum *), woselbst er nun
wieder angekommen war. Hier fand er einen Menschen, der eine verdorrte Hand hatte h). Die Pharisäer, deren Haß gegen Jesum täglich wuchs, rich-
teten sogleich ihre Augen auf ihn, zu sehen, ob er
diesen preßhaften Menschen am Sabbathe gesund machen würde, damit sie, im Fall er dieses thäte, Gelegenheit bekämen, ihn als einen Uebertreter des göttlichen Gesetzes anzuklagen, und soviel möglich seinen
grossen Ruhm bey jedermann zu verdunkeln. Jesus
erkannte ihre Gedanken. Er rief den Elenden, und
befahl ihm, sich in die Mitte zu stellen. Nachdem
solches geschehen war, fragte er seine Verfolger: Welches ist am Sabbathe erlaubt? Gutes oder
Böses zu thun? Das Leben zu erhalten oder
zu tödten? Allein sie schwiegen alle still. Jesus
sah sie daher wegen der Blindheit ihrer Herzen mit
Zorne und Mitleiden an, und sagte zu dem Menschen:
Strecke deine Hand her. Er gehorchte, und in

J 5   dem

---

*) Daß diese Begebenheit sich in der Synagoge zu Ka-
pharnaum ereignet habe, ist daraus abzunehmen,
weil wir Jesum gleich nach derselben wieder an dem
galiläischen Meere finden werden.

h) Luk. 6, 6-11. Mark. 3, 1-6. Matth. 12, 9-14.

J. C.
31.

dem Augenblicke ward sie vollkommen geheilet. Ein so überzeugendes Wunder machte die neidischen Pharisäer völlig zu schanden. Aber eben dieses brachte sie in eine solche Wut, daß sie den gottlosen Entschluß fasseten Jesum zu tödten, und deshalb mit den Herodianern *) einen Rath hielten, wie solches am füglichsten geschehen möchte.

§. 88.

Jesus heilet viele Kranke.

Jesus, der ihre bösen Absichten erkannte, verließ Kapharnaum, und begab sich mit seinen Jüngern an das galiläische Meer, wohin ihm viele Menschen aus Galiläa, aus Judäa, von Jerusalem, aus Idumäa, und von jener Seite des Jordans, desgleichen aus den Gegenden von Tyrus und Sidon folgten, weil sie von seinen außerordentlichen Thaten gehöret hatten i), und selbst auch zum Theile schon Augenzeugen davon gewesen waren. Der Zulauf war damals wieder so groß, daß Jesus endlich seinen Jüngern befahl, ein kleines Schiff herbeyzuführen, damit er

*) Die Meinungen der Geschichtschreiber sind in Ansehung der Herodianer sehr verschieden. Viele, sowol von den Alten, als von den Neuern haben dafür gehalten, daß die Herodianer eine besondere Sekte unter den Juden ausgemacht hätten. Doch da weder Joseph, noch Philo bey Erwähnung der jüdischen Sekten, dieser Leute gedenken, so ist es sehr wahrscheinlich, daß sie nichts anders, als eine Art politischer Leute gewesen, die sich in die Zeiten zu schicken gewußt, und die Herrschaft des Herodes und der Römer wieder diejenigen vertheidiget haben, die für die Freyheit ihrer Nation eingenommen waren.

i) Mark. 3, 7-12. Matth. 12, 15-21.

J. C.

31.

er in dasselbe steigen könne, um nicht gedränget zu werden; denn weil er vielen zu ihrer Gesundheit half, so drang alles auf ihn zu, ihn anzurühren. Und wenn die unreinen Geister ihn sahen, fielen sie vor ihm nieder, und schrien: Du bist Gottes Sohn. Aber er befahl ihnen mit Bedrohungen, daß sie ihn nicht offenbar machen sollten; auf daß erfüllet würde, was durch den Propheten Jsaias gesagt ist, da er spricht: Siehe, das ist mein Knecht, den ich erwählet habe; mein Geliebter, an dem meine Seele ein Wohlgefallen hat: ich will auf ihn legen meinen Geist, und er soll den Heiden das Gericht verkündigen. Er wird nicht zanken noch schreyen, und man wird sein Geschrey auf den Gassen nicht hören. Das zerstoßene Rohr wird er nicht zerbrechen, und den rau= chenden Dacht wird er nicht auslöschen, bis daß er das Gericht zu dem Siege ausführe*); und die Heiden werden auf seinen Namen hoffen ᵏ).

§. 80.

*) Er wird weder Geschrey noch Gewalt brauchen, da= mit er den Sieg seines Gesetzes befördere, welches ein Gesetz der wahren Gerechtigkeit ist. Er wird im Gegentheile die Menschen, die er, wie ein schon halb zerbrochenes Rohr zerbrechen könnte, und welche durch ihre Laster einem stinkenden und überlästig=rauchenden Dachte gleichen; die wird er mit einer verwunderli= chen Geduld übertragen; ja ihnen noch Gutes thun. Durch diese Mildigkeit allein, ohne Gewalt, wird sein Gesetz dermaßen siegen, daß auch die Heiden auf ihn hoffen werden. Anmerkung des Herrn Salzmann Priesters und Seelsorgers des Bisthums Metz.

k) Jsa. 42, ⅓. 4.

J. C.

§. 89.

31.

Jesus
erwählet
seine zwölf
Apostel.

Nachdem Jesus alle Kranke, die sich unter dieser grossen Volksmenge befanden, gesund gemacht
hatte [1]), stieg er auf einen Berg, woselbst er die
ganze Nacht im Gebete zubrachte [m]). Bald nach Tages Anbruche rief er seine Jünger zu sich, und wählete zwölfe aus ihnen, die er Apostel, welches Wort
Boten oder Abgesandte bedeutet, nannte. Es waren aber solche folgende: Simon, dem er schon einige Zeit zuvor den Namen Petrus gegeben hatte [n]),
Jakobus, der Sohn des Zebedäus, und Johannes, Jakobs Bruder, denen er den Namen Boa-
nerges, das ist, Donnerskinder, beylegte. Andreas, der Bruder des Petrus, und Philippus,
Bartholomäus und Matthäus, der Zöllner, Thomas, sonst auch Didymus genannt, Jakobus,
der Sohn des Alphäus, Thaddäus, der auch Judas und Lebbäus hieß, und des Jakobus Bruder
war, Simon von Kana, mit dem Zunamen Zelotes, oder der Eiferer, und Judas Iskarioth, der
ihn nachher verrieth.

§. 90.

Jesus
hält die so-
genannte
Bergpre-
digt.

Nachdem diese Wahl geschehen war, verließ Jesus den Berg, und begab sich mit seinen Jüngern
auf ein flaches Feld, welches doch noch einen Theil
dieses Berges ausmachte [o]). Hier sah er sich gar
bald

l) Matth. 12, 15.
m) Mark. 3, 13-19. Luk. 6, 12-16. Matth. 10, 1-4.
n) Joh. 1, 42.
o) Luk. 6, 17-19.

bald von einer erstaunlichen Volksmenge umgeben, die, wie schon in dem acht und achtzigsten Abschnitte bemerket worden, theils aus Judäa und Jerusalem, theils aus den Gegenden von Tyrus und Sidon ihn zu hören, und von ihren Krankheiten befreyet zu werden, gekommen waren. Auch denen, die von unreinen Geistern geplaget wurden, half er. Alles drang sich zu, ihn anzurühren; denn es ging eine Kraft von ihm aus, die alle gesund machte. Damals geschah es auch, daß er die von dem heiligen Evangelisten Matthäus p) in ihrer vollen Länge aufgezeichnete Bergpredigt hielt, darinn er seinen Zuhörern die heilsamsten Lehren gab, und durch deren Befolgung seine neuerwählten Apostel die ganze Welt belehren sollten. Das Volk gerieth nach Endigung dieser Rede, die wegen ihrer Vortreflichkeit billig von allen Christen öfters sollte gelesen werden, in Erstaunen, indem sowol der Inhalt derselben, als der Nachdruck, mit dem Jesus seine Lehre vortrug, ganz anders beschaffen war, als die matte und kraftlose Lehrart der Schriftgelehrten und Pharisäer.

§. 91.

Jesus von seinen Zuhörern begleitet, verließ diesen Berg q), und wandte sich wieder gegen Kapharnaum. In einer gewissen Entfernung von dieser Stadt warf sich ihm ein Aussätziger zu Füßen, und redete ihn mit kläglicher Stimme also an: Herr, so du willst, kannst du mich reinigen. Der liebvolle

Jesus reiniget einen Aussätzigen.

p) Matth. 5. 6. 7. Luk. 6, 20-49.
q) Matth. 8, 1-4.

volle Heiland streckte seine Hand aus, rührte ihn an, und sprach: Ich will, sey gereiniget. In dem Augenblicke war der Elende von seinem Aussaze völlig befreyt. Jesus befahl ihm, dieses Wunder nicht bekannt zu machen, sondern sich dem Priester zu zeigen, und die Gabe zu opfern, die Moses befohlen hatte, ihnen zum Zeugnisse.

§. 92.

Jesus macht den Knecht eines Hauptmannes gesund.

Als Jesus wieder zu Rapharnaum eingetroffen war, schickte ein römischer Hauptmann die Aeltesten der Juden zu ihm, ihn zu bitten, daß er sich doch würdigen möchte, in sein Haus zu kommen, und seinen Knecht, den er sehr liebte, und der gefährlich krank lag, gesund zu machen ʳ). Als diese zu Jesu kamen, trugen sie ihm die Bitte des Hauptmannes vor, und baten ihn inständigst, in dieselbe zu willigen, mit dem Zusaze, daß er diese Gnade wohl verdiene, indem er das jüdische Volk liebe, und demselben auch die Synagoge erbauet habe. Jesus antwortete ihnen: Ich will kommen, und ihn gesund machen. Er ging hierauf mit ihnen nach dem Hause, in dem sich der Kranke befand. Nicht weit mehr davon entfernt, kamen ihm einige von des Hauptmanns Freunden entgegen, durch die derselbe ihm sagen ließ: Herr, bemühe dich nicht; denn ich bin nicht würdig, daß du unter mein Dach eingehest. Darum habe ich auch mich selbst nicht würdig geachtet, daß ich zu dir käme; sondern sprich nur ein Wort, so wird mein

Knecht

ʳ) Luk. 7, 1-10. Matth. 8, 5-13.

Knecht gesund. Denn ich bin auch ein Mensch, der Obrigkeit unterthan, und habe Soldaten unter mir; und ich spreche zu einem: Geh hin, so geht er hin; und zum andern: Komm her, so kömmt er; und zu meinem Knechte: Thue das, so thut ers. Jesus, als er dieses hörete, verwunderte sich sehr, wandte sich um, und sprach zu dem Volke, welches ihm nachfolgte: Warlich, ich sage euch, solchen Glauben habe ich in Israel nicht gefunden. Aber ich sage euch, daß viele werden kommen vom Aufgange und vom Niedergange der Sonne, und sitzen mit Abraham, Isaak und Jakob im Himmelreiche. Aber die Kinder des Reichs werden ausgestoßen in die äußerste Finsterniß, da wird sein Heulen und Zähnklappern. Er redete hierauf den Hauptmann, der inzwischen selbst gekommen war, also an: Geh hin, dir geschehe, wie du geglaubet hast. Zur Stunde ward der Knecht gesund. Die Abgeschickten waren selbst Augenzeugen von dieser wunderbaren Heilung; denn als sie nach Hause kamen, fanden sie, daß der krankgewesene Knecht frisch und gesund sey.

§. 93.

Von Kapharnaum wandte sich Jesus nach Naim *), wohin ihm seine Jünger und eine grosse Volks-

Jesus erwecket einen verstorbenen Jüngling zum Leben.

*) Naim, eine Stadt, lag eine Tagreise gegen Süden von Kapernaum, in der schönen Ebene Esdrelon, zwischen den Bergen Thabor und Hermon, jenem gegen Süden, und an der Nordseite auch am Fuß

Volksmenge folgete ᵍ). Als er sich eben dem Stadt= thore näherte, trug man einen Todten heraus, der der einzige Sohn einer armen Wittwe war, die von vielem Volke aus der Stadt begleitet wurde. Der Anblick dieser traurenden Mutter bewog Jesum zum Mitleiden. Er ging zu ihr, tröstete sie erst mit Wor= ten, nachher trat er näher zu der Bahre. Die Trä= ger mußten damit stille halten; er rührete sie an, und befahl dem Jünglinge aufzustehen. Der Verstorbene gehorchte in dem Augenblicke. Er richtete sich auf, fieng an zu reden, und Jesus stellte ihn frisch und gesund, seiner hierüber ganz entzückten Mutter zu. Alle, die dies sahen, wurden von einer ungemeinen Furcht eingenommen. Sie priesen Gott, und spra= chen: Es ist unter uns ein grosser Prophet auf= gestanden, und Gott hat sein Volk heimge= sucht. Dies von Jesu verrichtete Wunder ward gar bald im ganzen jüdischen Lande bekannt, und das Ge= rücht davon verbreitete sich auch in die umliegenden Landschaften.

§. 94.

Johan=
nes schi=
cket einige
Jünger zu
Jesu.

Die Jünger Johannis, die auch von diesem Wunder Nachricht erhielten, begaben sich zu ihrem Lehrmeister, und erzählten ihm, was sie gehöret hat= ten ᵗ). Johannes, der aus ihren Worten leicht

abneh=

Fuße des letztern. Sie ist heutiges Tages ein gerin= ges Dörflein. Der Herr Oberkonsistorialrath Bü= sching in seinen vorläufigen Abhandlungen zu den vier Evangelisten.

s) Luk. 7, 11 - 17.
t) Luk. 7, 18-34. Matth. 11, 2 - 19.

abnehmen konnte, daß sie noch immer zweifelten, ob
Jesus der verheißene Messias sey, und nichts mehr
wünschte, als sie von diesem Zweifel gänzlich befreyt
zu sehen, schickte zween von ihnen zu Jesu ab, ihn
selbst darum zu fragen, damit sie durch den Augen=
schein seiner Wunder, und durch seinen eigenen Un=
terricht von seiner göttlichen Sendung vollkommen
möchten überzeuget werden.   Sie gehorchten und ka=
men damals bey Jesu an, als er eben viele von ihren
Krankheiten und Plagen befreyete, die bösen Geister
austrieb, und vielen Blinden das Gesicht ertheilete.
Auf die Frage, die ihm die Jünger vorlegten, ant=
wortete er nichts anders, als daß er ihnen befahl,
wieder zurück zu kehren, und dem Johannes zu ver=
kündigen, daß die Blinden sähen, die Lahmen gingen,
die Aussätzigen würden rein, die Tauben höreten, die
Todten ständen auf, den Armen würde das Evange=
lium geprediget, und daß derjenige selig sey, der sich
an ihm nicht ärgere.   Als er sie hierauf entließ, fieng
er an, eine herrliche Lobrede von diesem grossen Manne,
als dem vortrefflichsten unter allen Propheten, zu
halten, wobey er nicht unterließ den gegenwärtigen
Pharisäern in harten Ausdrücken ihre Verstockung
und Bosheit zu verweisen, als welche weder dem Jo=
hannes, dessen Leben streng, weder ihm selbst, da
er auf eine viel leutseligere Art die Sünder zur Buße
zu rufen, gekommen wäre, hören wollten.

J. C.
31.

§. 95.

Während der Zeit, da Jesus sich zu Naim auf=
hielt, ward er von einem Pharisäer zu Tische gela=
den,

Jesus
vertheidi=
get die

K

J. C.
31.
bußfertige
Sünde-
rinn.

den ᵘ), bey welchem er auch erschien, weil er keine
Gelegenheit verabsäumen wollte, die Irrenden auf
den rechten Weg zu bringen.   Kaum hatte hievon eine
in der ganzen Stadt verschreyte Sünderinn Nachricht
erhalten, als sie sich sogleich, mit Verachtung alles
dessen, was die Leute zu ihrem Unternehmen sagen
würden, auch dahin begab. Sie näherte sich Jesu
in der demüthigsten Stellung: sie trat hinten zu seinen Füßen, sie wusch sie mit einer ganzen Fluth von
Thränen, und nachdem sie sie mit ihren Haarlocken ab-
getrocknet, und ihnen unzahlbare Küße gegeben hatte,
fieng sie an, dieselben mit einem köstlichen Balsam zu
salben. Simon, dies war der Name des Phari-
säers, ärgerte sich als er solches sah, und sprach bey
sich selbst: Wenn dieser ein Prophet wäre, so
wüßte er ja, wer und welch ein Weib das ist,
die ihn anrühret; denn sie ist eine Sünderinn.
Jesus, der seine Gedanken erkannte, sprach zu ihm:
Simon, ich habe dir etwas zu sagen. Rede,
Meister! antwortete der Pharisäer. Ein Wu-
cherer, fuhr Jesus fort, hatte zween Schuldner.
Der eine war ihm fünf hundert Denarien *)
schuldig, der andere aber funfzig. Als sie aber
nicht bezahlen konnten, schenkte er es beyden.
Sage an, welcher unter denen wird ihn am
meisten lieben? Simon antwortete: Der, halte
ich dafür, dem er am meisten geschenkt hat.

Du

u) Luk. 7, 36-50.

*) Ein Denar war ohngefär vier Kaisergroschen oder
drey meißnische Groschen.

Du haſt recht geurtheilet, erwiederte Jeſus. Er
wandte ſich ſodenn gegen das Weib, und ſagte zu dem
Simon: Sieheſt du dies Weib? Ich bin in
dein Haus gekommen, und du haſt mir kein
Waſſer zu meinen Füßen *) gegeben; dieſe aber
hat meine Füße mit Thränen genezet, und
mit den Haaren ihres Haupts getrocknet. Du
haſt mir keinen Kuß gegeben; dieſe aber, nachdem ſie hereingekommen iſt, hat nicht abgelaſ-
ſen, meine Füße zu küßen. Du haſt mein Haupt
nicht mit Oele geſalbet; dieſe aber hat meine
Füße mit Salben geſalbet. Darum ſage ich
dir: Ihr ſind viele Sünden vergeben; denn ſie
hat viel geliebet; welchem aber wenig vergeben wird, der liebet auch wenig. Er redete hierauf die bußfertige Sünderinn alſo an: Dir ſind
deine Sünden vergeben. Dieſe Worte machten
bey denen, die mit zu Tiſche ſaßen, groſſes Aufſehen.
Wer iſt dieſer, ſagten ſie bey ſich ſelbſt, der
auch die Sünden vergiebt? Allein Jeſus kehrete
ſich nicht an dieſes Murren, und entließ endlich die
Neubekehrte mit dieſen Worten: Dein Glaube hat
dir geholfen; geh hin im Frieden.

K 2 §. 96.

*) Es war bey den Juden der Gebrauch, daß ſie ihre
Gäſte bey ihrem Eintritte mit einem Kuſſe empfiengen,
ihnen Waſſer zum Füßewaſchen reichten, und ihre
Häupter mit wohlriechendem Oele ſalbten. Man
kann hievon die Abhandlung des Abts Calmet von
den Gaſtereyen der Juden nachleſen.

§. 96.

J. C.

31.

Viele
fromme
Weiber
begleiten
Jesum
auf seiner
Reise.

Nach dieser für alle Sünder so tröstlichen Begebenheit setzte Jesus seine Reise weiter fort w). Er
zog mit seinen zwölf Aposteln durch die Städte und
Marktflecken, predigte, und verkündigte allenthalben
das Evangelium vom Reiche Gottes. Auf dieser
Reise begleiteten ihn auch verschiedene Weiber, die er
von den bösen Geistern und Krankheiten befreyet
hatte; nemlich Maria, die Magdalena genannt
wird*), von welcher er sieben Teufel ausgetrieben hatte,
imgleichen Johanna, deren Mann Chusa als Haushofmeister bey dem Könige Herodes in Dien-
sten gestanden hatte, oder stand, ferner Susanna
nebst vielen andern, die ihm aus Liebe und Dankbarkeit mit ihren zeitlichen Mitteln an die Hand gingen,
und die Bedürfnisse an Speise, Trank, und andern Nothwendigkeiten für ihn und seine Jünger besorgten.

§. 97.

w) Luk. 8, 1-3.

*) Viele sind der Meinung, daß diese Maria Magda-
lena eben diejenige bekehrte Sünderinn sey, von welcher wir im vorigen Abschnitte geredet haben. Allein
es ist dieses eine so ungewisse Sache, daß der gelehrte
Abt Calmet nebst vielen andern, sie zu behaupten,
sich nicht getrauet. Maria hatte ihren Zunamen
Magdalena entweder von dem in Galiläa jenseits
des Jordans, nicht weit von Gamala gelegenen
Flecken Magdala, oder von Magdalos einer an dem
Berge Karmel dießseits des Jordans gelegenen Stadt.
Man sehe des Abts Calmet biblisches Wörterbuch
unter den Artikeln Magdalena, und Maria Magdalena.

§. 97.

J. C.

31.
Jesus
treibet den
Teufel von
einem Be-
seffenen
aus.

Nachdem Jesus diese Reise geendiget hatte, begab er sich wieder nach Kapharnaum ˣ). Kaum war
seine Ankunft bekannt geworden, so versammlete sich
das Volk gleich wieder in solcher Menge, daß er nicht
einmal mit seinen Aposteln essen konnte. Als solches
seine Verwandten erfuhren, eilten sie nach dem Orte,
wo Jesus das Volk unterrichtete, ihm Einhalt zu thun,
indem sie glaubten, daß er sowol wegen allzuvieler
Arbeit, als wegen Mangel nöthiger Speise in Gefahr sey, ohnmächtig zu werden *). Damals geschah es, daß er einen besessenen Menschen, den man
zu ihm gebracht hatte, und der zugleich blind und
stumm war, vom Teufel befreyete, so, daß er redete
und sah ʸ). Das über dies Wunder in Erstaunen
gesetzte Volk rief sogleich freudig aus: Ist dieser
nicht Davids Sohn **)? Ein so öffentliches und
allgemeines Bekenntniß brachte aber die von Jerusalem gekommenen Pharisäer dergestalt gegen Jesum auf, daß sie sprachen: Er hat den Beelzebub, und durch den Obersten der Teufel treibt
er die Teufel aus ᶻ). Jesus, dem solches nicht unbekannt war, rief sie zusammen, und redete zu ihnen
in Gleichnissen: Wie kann, sagte er zu ihnen, wie

K 3 kann

x) Mark. 3, 19-20.

*) Man sehe des Herrn Salzmann Anmerkung über
  Mark. 3, 21.

y) Matth. 12, 22.

**) Hiedurch verstanden die Juden den Messias.

ᶻ) Mark. 3, 21-29. Matth. 12, 23-32.

J. C.
31.

kann ein Teufel den andern austreiben? Ein jegliches Reich, welches wieder sich selbst zertrennet ist, das wird verwüstet; und eine jegliche Stadt oder Haus, so mit sich selbst zertrennet ist, mag nicht bestehen. Wenn denn ein Teufel den andern Teufel austreibt, so ist er wieder sich selbst zertheilet: wie mag denn sein Reich bestehen? Wenn ich aber die Teufel durch Beelzebub austreibe, durch wen treiben sie eure Kinder aus? Darum werden sie eure Richter seyn. Wenn ich aber die Teufel durch den Geist Gottes austreibe, so ist das Reich Gottes unter euch gekommen. Oder wie kann jemand in eines Starken Haus gehen, und ihm seinen Hausrath rauben; es sey denn, daß er zuvor den Starken binde, und alsdenn ihm sein Haus ausraube? Wer nicht mit mir ist, der ist wieder mich; und wer nicht mit mir sammlet, der zerstreuet. Darum sage ich euch: Alle Sünde und Lästerung wird dem Menschen vergeben; aber die Lästerung wieder den Geist *) wird nicht vergeben werden. Und wer etwas wieder des Menschen Sohn redet,

dem

---

*) Wieder den heiligen Geist lästern, heißt aus vorsetzlicher Bosheit und wieder den Augenschein die Werke, die der Geist Gottes selbst thut, dem Teufel zuschreiben. Keine Sünde ist zwar ganz und gar unnachläßlich; dieser Sünde Erlassung aber zu erlangen, ist etwas seltsames und etwas fast unmögliches: gemeiniglich wird sie mit der Verstockung und Unbuße bestrafet. Anmerkung des Herrn Abts Messanguy.

dem wird es vergeben werden; wer aber etwas wieder den heil'gen Geist redet, dem wird es weder in dieser noch in jener Welt vergeben werden. Sie sagten nemlich: Er hat einen unreinen Geist.

J. C.

31.

§. 98.

Als hierauf einige von den Schriftgelehrten und Pharisäern ein überzeugenderes Wunder seiner Sendung von ihm zu sehen verlangten [a]), so versicherte er sie, daß ihnen kein anderes Zeichen, als das Zeichen des Propheten Jonas werde gegeben werden; denn gleichwie dieser Prophet drey Tage und drey Nächte in dem Bauche des grossen Fisches gewesen, so werde auch des Menschen Sohn drey Tage und drey Nächte in dem Schooße der Erde seyn [*]). Er wandte sich sodenn zu seinen Zuhörern, und sprach: Die Männer von Ninive werden am Gerichte mit diesem Geschlechte auftreten, und werden es verdammen: denn sie thaten Buße auf des Jonas Predigt. Und siehe, hier ist mehr, denn Jonas. Die Königinn von Mittag wird am Gerichte mit diesem Geschlechte auftreten, und wird es verdammen: denn sie kam vom Ende der Erde, Salomons Weisheit zu hören. Und siehe, hier ist mehr, denn Salomon. Wenn,

Die Pharisäer fordern ein neues Zeichen.

K 4

fuhr

a) Matth. 12, 38-45.

*) Einen Theil des Freytags, den Sonnstag, und einen Theil des Sonntags; wie auch den zweyten Theil der Freytagsnacht, beyde Theile der Samstagsnacht, und den ersten Theil der Sonntagsnacht. Anmerkung des hochwürd. Herrn Salzmann.

J. C.
31.

fuhr er fort, wenn der unfaubere Geift von dem Menfchen ausgefahren ift, fo wandelt er durch dürre Stätten, fuchet Ruhe, und findet fie nicht. Alsdenn fpricht er: Ich will wieder in mein Haus, daraus ich gegangen bin, zurück- kehren. Und wenn er kömmt, fo findet er es leer, mit Befen gekehrt und gefchmücket. Dar- auf gehet er hin, und nimmt fieben andere Gei- fter zu fich, die ärger find, denn er felbft, und wenn fie hinein kommen, wohnen fie alda; und die letzten Dinge diefes Menfchen wer- den ärger, denn die erften. Alfo wird es auch diefem allerärgften Gefchlechte ergehen. Je- fus redete noch zu dem Volke, als ihm angezeiget ward, daß feine Mutter und feine Brüder draußen ftänden, und mit ihm zu reden verlangten b). Er fprach aber zu dem, der ihm diefe Nachricht brachte: Wer ift meine Mutter? und wer find meine Brüder? Er ftreckte fodenn feine Hand über feine Jünger aus, und fprach: Siehe, da ift meine Mutter, und meine Brüder. Denn wer den Willen meines Vaters im Himmel thut, der- felbe ift mein Bruder, Schwefter und Mutter.

§. 99.

Jefus trägt dem Volke ver- fchiedene Gleichniffe vor.

Noch an dem nemlichen Tage begab fich Jefus vor die Stadt hinaus an das Meer, wo er fich nieder- fetzte c). Die Menge des Volks, welches fich da- mals

b) Matth. 12, 46-50. Mark. 3, 31-35. Luk. 8, 19-21.

c) Matth. 13, 1-52. Mark. 4, 1-34. Luk. 8, 4-18.

mals bey ihm wieder versammlete, war so groß, daß
er sich bald genöthiget sah, in ein Schiff zu treten, und
von da aus zu dem Volke zu reden. Er trug demselben verschiedene Gleichnisse vor, nemlich von dem
Samen, der in viererley Gattungen der Erde gefallen. Von dem Sämanne, der lauter guten Samen
in seinen Acker gesäet, und nachher mit Mißvergnü-
gen hören mußte, daß das Unkraut auch mit dem
Weitzen aufgegangen sey. Von dem Senfkorne, welches, ob es gleich das kleinste unter allen Samen ist,
dennoch einen solchen Baum hervorbringet, daß die
Vögel der Luft unter seinem Schatten wohnen können.
Und von dem Sauerteige, den ein Weib nimmt, und
unter drey Scheffel Mehl menget, damit der ganze
Teig durchsäuert werde. Diese Gleichnisse trug Jesus dem Volke vor, ohne ihm die Bedeutung derselben zu erklären. Als er aber das Volk von sich ge-
lassen, und wieder nach Hause gekommen war, baten
ihn seine Jünger, daß er ihnen doch das Gleichniß
von dem Unkraute auf dem Acker erklären möchte.
Er willigte in ihre Bitte, und that es mit diesen
Worten: Des Menschen Sohn ist es, der den
guten Samen säet. Der Acker ist die Welt.
Der gute Same sind die Kinder des Reichs.
Das Unkraut sind die Kinder der Bosheit.
Der Feind, der es säet, ist der Teufel. Die
Erndte ist das Ende der Welt. Die Schnit-
ter sind die Engel. Gleichwie man nun das
Unkraut ausraufet, und mit Feuer verbren-
net; so wird es auch am Ende der Welt gehen.
Des Menschen Sohn wird seine Engel senden,

J. C.
31.

K 5   und

J.C.
31.

und sie werden sammlen aus seinem Reiche alle
Aergernisse, und die da unrecht thun. Und
werden sie in den Feuerofen werfen: da wird
seyn Heulen und Zähnklappern. Alsdenn wer=
den die Gerechten in dem Reiche ihres Vaters
wie die Sonne glänzen. Jesus fügte hierauf
den schon gegebenen Gleichnissen noch drey andere bey,
nemlich von dem Schatze, der in einem verborgenen
Acker liegt, zu dessen Erkaufung einer all das Sei=
nige verwendet. Von der Perl, um derentwillen ein
Kaufmann alles, was er hat, verkaufet, damit er
sie an sich bringen möchte. Und von dem Netze, wel=
ches ins Meer geworfen, allerley Fische sammlet, da=
von man die guten aufbehält, die andern aber hin=
wegwirft. Nachdem Jesus ihnen auch diese Gleich=
nisse erkläret hatte, so fragte er sie, ob sie dieses al=
les verstanden hätten? Sie antworteten: Ja, Herr.
Da sprach er: Darum ist ein jeglicher Schrift=
gelehrter, der da gelehrt ist zum Himmelreiche,
gleich einem Hausvater, der aus seiner Vor=
rathskammer Neues und Altes hervorträgt.

§. 100.

Jesus
stillet den
Sturm
auf dem
Meere.

Nachdem Jesus diese Gleichnisse vollendet, ver=
ließ er das Haus, in welchem er die drey letztern vor=
getragen hatte d), und begab sich noch an eben diesem
Tage, da es schon Abend war, vor die Stadt hin=
aus an das Meer, wo er zu seinen Jüngern sprach:
Lasset uns über den See fahren e). Die Jünger
befolg=

d) Matth. 13, 53.
e) Mark. 4, 35-41. Luk. 8, 22-26. Matth. 8, 23-27.

J. C.

31.

befolgten diesen Befehl, sobald sie das Volk, welches sich wieder in grosser Anzahl bey Jesu einfand, entlassen hatten, und stießen in Begleitung verschiedener andern Schiffe vom Lande. Anfangs ging diese Fahrt glücklich von statten. Allein nach einiger Zeit erhob sich ein heftiger Sturmwind, der die Wellen so häufig in das Schiff warf, daß es in Gefahr stand zu sinken. Dieser unvermuthete Zufall setzte die Jünger in die größte Bestürzung. Sie eilten endlich in das Hintertheil des Schiffes, wo Jesus auf einem Küssen schlief, weckten ihn auf, und schrien: Meister, fragst du nichts darnach, daß wir umkommen? Als Jesus sie beym Erwachen in einer solchen Bestürzung sah, befahl er dem Winde mit Bedrohung, und sprach zu dem Meere: Schweig stille, und verstumme. In dem Augenblicke legte sich der Wind, und eine grosse Stille erfolgte. Jesus verwies hierauf seinen Jüngern ihre Zaghaftigkeit und schwachen Glauben. Sie aber voll Furcht und Verwunderung sprachen zu einander: Wer ist doch der? denn Wind und Meer sind ihm gehorsam. Sie schifften fort, und kamen bald darauf in die Landschaft der Gerasener *), die Galiläa gegen über lieget.

§. 101.

*) Der griechische Text des Matthäus hat Gergesener, anstatt Gerasener, und einige griechische Exemplarien haben Gadarener, bey dem Lukas und Markus trifft man eben diese Lesart an. Origenes hält weder Gerasa, noch Gedara für die rechte Lesart. Und zwar deswegen, weil keine von diesen beyden nahe am Meere liegt, und auch keine so steile Höhen in der Nähe hat, wie bey derjenigen Stadt befind-

§. 101.

Kaum war Jesus ans Land gestiegen, so liefen ihm zween Besessene *) entgegen, die aus den Gräbern **) kamen, und so grimmig waren, daß sich niemand getrauete, da, wo sie sich aufhielten, vorüber zu gehen f). Sie schrien mit schrecklicher Stimme, und sprachen: Was haben wir mit dir, Jesu, du Sohn Gottes? Bist du hieher gekommen, uns vor der Zeit zu quälen? Sie baten ihn zugleich, sie doch nicht in den Abgrund der Hölle zu stürzen, sondern ihnen zu erlauben, daß sie in eine Heerde Schweine fahren dürften, die nicht weit davon an den Ver=

findlich waren, wo Jesus die zween Besessenen heilete. Er glaubt also, es werde in dieser Stelle die Stadt Gergesa gemeinet, welche an dem See Tiberias (galiläischen Meere) lag, und wo man noch zu seiner Zeit die steilen Felsen zeigete, von dannen sich die Schweine in den See herabstürzeten. Der Abt Calmet in seinem bibl. Wörterb. unter dem Artikel Gerasa. Man kann hievon auch die Erklärung des P. Kornelius a Lapide über Luk. 8, 26. nachlesen.

*) Der heilige Matthäus sagt, es seyen ihrer zween gewesen. Der heilige Markus und der heilige Lukas thun nur eines Einzigen Meldung. Es ist aber zu merken, daß diese nur von demjenigen Besessenen reden, der der wüthigste gewesen, und dessen Genesung das meiste Aufsehen gemacht hat.

**) Die Gräber waren im Morgenlande gemeiniglich in Felsen ausgehauene Hölen.

f) Matth. 8, 28-34. Mark. 5, 1-20. Luk. 8, 27-39.

Bergen weideten. Jesus erlaubte es ihnen. In dem Augenblicke warf sich die ganze Heerde, die ohngefär aus zwey tausend Schweinen bestand, auf einmal ins Meer, und die Besessenen fanden sich von ihren Feinden gänzlich befreyt. Als die Hirten dies Wunder sahen, liefen sie ganz bestürzt in die Stadt, und in die Dörfer, und erzähleten alles, was sie gesehen hatten. Sogleich eileten die Einwohner dieser Stadt und derselben Gegend zu Jesu, und baten ihn, weil sie noch mehr Schaden befürchteten, aus ihren Gränzen zu weichen. Er willigte in ihre Bitte. Da er nun wieder zu Schiffe ging, ersuchte ihn der eine Mensch, aus dem er eine große Menge Teufel getrieben hatte, daß er ihm erlauben möchte, bey ihm zu bleiben. Allein Jesus gestattete ihm solches nicht, sondern sprach zu ihm: Geh hin in dein Haus, und zu den Deinigen, und verkündige ihnen, wie grosse Wohlthat dir der Herr gethan, und sich deiner erbarmet hat. Er gehorchte, ging hin, und fieng an in dem Bezirke der zehn Städte die Geschichte seiner Befreyung zu erzählen, und das Lob seines Erretters aller Orten auszubreiten. Alle, die ihn höreten, geriethen darüber in eine ungemeine Verwunderung.

J. C.
31.

§. 102.

Als Jesus bey Kapharnaum wieder ans Land stieg, versammlete sich das Volk, welches sehr nach ihm verlanget hatte, in grossen Haufen um ihn herum g). Es kam auch ein Oberster der Synagoge,

Na=

Jesus hilft dem blutflüssigen Weibe.

g) Mark. 5, 21-34. Luk. 8, 40-48. Matth. 9, 18-22.

Namens Jairus, der fiel ihm zu Füßen, und bat ihn inständig, sich zu seiner in den Zügen liegenden Tochter zu begeben, und sie durch Auflegung seiner Hand gesund zu machen. Jesus, von dem grossen Zutrauen dieses Mannes gerührt, willigte in seine Bitte, und begab sich mit ihm nach seinem Hause. Sogleich ward er von ganzen Schaaren Menschen umgeben, die ihn dahin begleiten wollten. Unter diesen befand sich auch ein Weib, das seit zwölf Jahren mit dem Blutflusse behaftet war, und all das Ihrige den Aerzten, ohne doch die geringste Hülfe zu erhalten, zugewandt hatte. Sie besaß aber bey ihrer Armuth einen so grossen Glauben, daß sie nicht zweifelte, sie werde von ihrem Uebel gänzlich befreyet werden, wenn sie auch nur das Kleid von Jesu berühren könnte. Sie hatte wirklich das Glück, sich durch das Volk dringen zu können, und bis zu demselben zu gelangen. Kaum hatte sie den Saum desselben berührt, so empfand sie schon, daß ihr Leib von dieser Plage völlig befreyt sey. Jesus, der wohl wußte, was für ein Wunder durch ihn geschehen, kehrte sich sogleich zu dem Volke, und fragte, wer sein Kleid berühret habe. Allein niemand wollte solches gestehen. Petrus und die, die bey ihm waren, sagten endlich: Meister, das Volk dränget und drücket dich, und du sprichst: Wer hat mich angerühret? Jesus aber erwiederte: Es hat mich jemand angerühret; denn ich fühle, daß eine Kraft von mir ausgegangen ist. Und er sah sich nach der um, die solches gethan hatte. Als das Weib merkte, daß sie entdecket sey, trat sie ganz erschrocken und zitternd

her-

hervor, fiel ihrem Erretter zu Füßen, und bekannte
ihm, vor allem Volke, die ganze Sache.   Jesus er=
munterte sie, und sprach zu ihr: Sey getrost, meine
Tochter, dein Glaube hat dir geholfen; geh
hin im Frieden, und sey gesund von deiner
Plage.

§. 103.

Jesus redete noch, als Leute von dem Obersten
der Synagoge kamen, und zu demselben sprachen:
Deine Tochter ist gestorben, was bemühest du
weiter den Meister h)? Jesus, der dieses hörete,
tröstete ihn, indem er zu ihm sprach: Fürchte dich
nicht; glaube nur, so wird sie gesund werden.
Er befahl hierauf allen, zurück zu bleiben, und ließ
niemand mit sich gehen, als den Petrus, den Ja=
kobus und dessen Bruder, den Johannes. Als
sie in das Haus des Obersten der Synagoge kamen,
und Jesus die Trauermusik *), das Weinen der An=
verwandten, und das Schreyen der Klageweiber wahr=
nahm, sagte er im Hineingehen: Was bekümmert
ihr euch, und weinet? Das Mägdlein ist nicht
gestorben, sondern es schläft **).   Die Anwe=
senden

J. C.

31.

Jesus erwecket des Jai=rus Toch=ter vom Tode.

h) Mark. 5, 35-43. Luk. 8, 49-56. Matth. 9, 23-26.
*) Es war bey den Juden der Gebrauch, daß sie, wenn
   jemand von den Ihrigen starb, Spielleute und Kla=
   geweiber mietheten, wovon die erstern bey der Leiche
   eine Trauermusik machen, die andern aber bey der=
   selben weinen mußten. Man kann hievon nachsehen
   den Apparatum chronologicum P. Lamy fol. 177.
**) In Absehen auf mich; denn es ist mir eben so leicht,
   es aufzuwecken, als schliefe es. Anmerkung des hoch=
   würdigen Herrn Salzmann.

senden, die nicht verstanden, was Jesus mit diesen Worten sagen wollte, und nur gar zu wohl wußten, daß das Mägdlein gestorben sey, lacheten ihn mit dieser seiner Versicherung aus. Er trieb sie aber alle hinaus, und ging allein von dem Vater und Mutter, und von den benannten drey Jüngern begleitet in den Saal, darinn das todte Mägdlein lag. Er ergriff es bey der Hand, und sprach zu ihm: Talitha, Kumi; welcher syrische Ausdruck in unsere Sprache übersetzt, so viel bedeutet, als: Mägdlein, (ich sage dir,) steh auf. In dem Augenblicke stand das Kind, welches zwölf Jahre alt war, auf, und ging. Dies Wunder setzte die Eltern in Erstaunen. Jesus befahl ihnen aber, dem Kinde zu essen zu geben, und niemand das, was sich zugetragen hatte, zu erzählen. Doch dies Wunder blieb nicht verschwiegen, und der Ruf davon breitete sich sehr geschwinde im ganzen Lande aus.

§. 104.

Jesus
ertheilet
zween
Blinden
das Ge-
sicht.

Als Jesus aus diesem Hause ging, folgten ihm zween Blinde nach, und riefen: Erbarme dich unser, du Sohn Davids i). Jesus ging fort bis in seine Wohnung, ohne ihnen zu antworten. Als sie ihm aber auch dahin folgten, fragte er sie, ob sie glaubten, daß er ihnen helfen könne? Und da sie darauf antworteten: Ja Herr! so rührete er ihre Augen an, und sprach: Euch geschehe nach eurem Glauben. Sogleich wurden ihre Augen eröffnet. Jesus gebot ihnen, dieses Wunder nicht bekannt zu machen.

i) Matth. 9, 27-34.

machen.   Allein sie thaten das Gegentheil, und breiteten es im ganzen Lande aus.   Kaum waren diese
fortgegangen, so brachte man einen Menschen zu ihm,
der stumm und mit dem Teufel besessen war.   Er
trieb den Teufel aus, und der Stumme redete.   Das
Volk erstaunete, und sprach: Solches ist in Israel
noch nicht gesehen worden.   Die neidigen Pharisäer hingegen sprengeten noch immer aus, er treibe
die Teufel aus durch den Obersten der Teufel.

J. C.
31.

§. 105.

Jesus verließ hierauf Kapharnaum, und begab sich noch einmal nach Nazareth, wohin er auch
seine Jünger mitnahm k).   Am nächsten Sabbath
begab er sich in die dasige Synagoge, und predigte
darinn so rührend und überzeugend, daß viele mit
Verwunderung fragten: Woher kömmt dem dieses alles? Und was für eine Weisheit ist es,
die ihm gegeben ist, und solche Thaten, die
durch seine Hände geschehen? Ist er nicht der
Zimmermann *), der Makiä Sohn? und der
Bru-

Jesus erneuert seinen Besuch zu Nazareth.

k) Mark. 6, 1-6. Matth. 13, 54-58.

*) Aus diesen Worten ist abzunehmen, daß Jesus Chri-
stus vor dem Antritte seines Predigtamtes das Handwerk seines Pflegevaters getrieben habe. Worinn aber
dieses Handwerk bestanden, darüber ist man noch nicht
einig, indem der griechische Text die Sache so deutlich nicht ausdrücket. Einige geben den heiligen Joseph für einen Zimmermann, andere für einen Schlös-
ser, und noch andere für einen Mäurer aus. Ju-
stin, der Märtyrer, spricht, er habe Joche und Pflug-

ℓ   scha-

J.C.
31.

Bruder des Jakob, des Joseph, des Juda und des Simon? Sind nicht auch seine Schwestern hier bey uns? Doch da ihre Bewunderung mit einer gewissen Verachtung verbunden war, indem sie sich an seiner vermeintlichen niedrigen Herkunft stießen, so sprach Jesus zu ihnen: **Ein Prophet gilt nirgend weniger, als in seinem Vaterlande und daheim bey den Seinigen.** Er that auch wegen ihres Unglaubens daselbst kein scheinbares Wunder, sondern machte nur einige Kranke durch Auflegung seiner Hände gesund, und verließ sodenn diese undankbare Stadt, ohne sich jemals wieder in dieselbe zu begeben.

§. 106.

scharen verfertiget. In dem sehr alten apokryphischen Buche, von der Kindheit Jesu, wird eines Wunderwerks gedacht, welches der Heiland in der Werkstatt eines Zimmermannes verrichtet haben soll. Ambrosius saget, seine Beschäftigung sey gewesen, Bäume zu fällen, zuzurichten, und Häuser zu bauen. Aber in eben der Stelle redet er auch von seinem Schlössergeräthe und Werkzeugen. Als Libanius einen Christen spottweise fragete: Was Jesus mache? antwortete ihm derselbe: Einen Sarg für den Kaiser Julian. Und dies ist auch die Meinung, welche der Verfasser des unvollkommenen Werks über den Evangelisten Matthäus, der heilige Thomas, und viele von den neuern Auslegern hegen, daß nemlich Joseph ein Zimmermann gewesen sey. Man sehe hievon des Abts Calmet biblisches Wörterbuch unter dem Artikel Joseph, wo man von dieser Materie auch mehrere Nachrichten finden wird.

§. 106.

J. C.

31.
Jesus
sendet sei-
ne Apostel
aus.

Nachdem Jesus das undankbare Nazareth ver-
laßen hatte, durchwanderte er mit seinen Jüngern alle
Städte und Flecken dieser Landschaft, lehrete in den
Synagogen, predigte das Evangelium von dem Reiche, und heilete allerley Seuchen und Krankheiten
unter dem Volke [1]). Als er bey diesem Herumreisen
in dem Volke, welches ihn stäts in großen Haufen begleitete, das allgemeine Elend der Juden, die den
ohne Hirten zerstreueten Schafen glichen, betrachtete,
entschloß er sich, aus Mitleiden gegen sie, seine Apostel zwey und zwey in ihre Städte zu schicken, und
dadurch ihren Leibs = und Seelenangelegenheiten mit
mächtiger Hand abzuhelfen.   Damit er aber dieselben
zu einem so wichtigen Werke recht geschickt machen
möchte, so versah er sie mit vielen wunderthätigen
Gaben, die er ihnen mit eben jener Uneigennützigkeit
auszutheilen befahl, mit welcher er sie ihnen ertheilet
hatte.   Er verbot ihnen, Geld, Waffen und Lebensmittel, ja nicht einmal Kleider und Schuhe zur Ab-
wechselung mit sich zu nehmen.   Er gebot ihnen zu gleicher Zeit, nicht zu den Heiden, noch in die Städte der
Samariter zu gehen, sondern allein zu den Verlornen des Hauses Israel. Er sagte ihnen vor die Verfolgungen, die sie bey Verkündigung des Evangeliums
würden auszustehen haben, mit der Ermahnung, alsdenn die Klugheit der Schlange mit der Einfalt der
Taube zu vereinigen.   Er warnete sie vor der Furcht

der

[1]) Matth. 9, 35-36. 10, 1-28. Mark. 6, 7-13.
Luk. 9, 1-6.

der Menschen, wobey er ihnen sehr eindrückte, nicht bekümmert zu seyn, was sie den Königen und Land-pflegern, vor deren Richterstühle sie würden geschlep-pet werden, antworten sollten, sondern dem heiligen Geiste, der aus ihnen reden würde, solches völlig zu überlassen. Er schloß endlich seine Lehren damit, daß er sie ermahnete, alles Kreuz, so über sie kommen würde, geduldig zu übertragen, und sich nicht zu scheuen, ihr Leben zur Beschützung der Wahrheit, die sie vortrügen, unerschrocken aufzuopfern. Mit die-sem Unterrichte reiseten sie ab, predigten die Buße, trieben viele Teufel aus, salbeten viele Kranke mit Oele, und machten sie gesund.

§. 107.

Herodes läßt den heili-gen Jo-hannes enthaup-ten.

Um diese Zeit geschah es, daß Herodes Antipas den Johannes, den Täufer, hinrichten ließ, denn bis hieher war die gottlose Herodias mit allen ihren Schmeicheleyen nicht im Stande, den Tetrarchen zu bewegen, diesen heiligen Mann, gegen den er eine grosse Ehrfurcht trug, zu tödten. Endlich erhielt sie aber doch, was sie lange vergebens gesucht hatte. Die Gelegenheit dazu war dieses. Herodes gab an sei-nem Geburtstage seinen Hofherrn, Kriegsbedienten, und den Vornehmsten seines Stats ein herrliches Gast-mahl. m). Unter der Mahlzeit schickte die blutschän-derische Herodias ihre Tochter, die Salome, die sie mit ihrem ersten Gemahle, dem Philippus, ge-zeuget hatte, in das Speisezimmer, ihre Geschicklich-keit

m) Mark. 6, 19-29. Matth. 14, 6-12.

keit im Tanzen vor allen zu zeigen. Salome that
es auch wirklich mit solcher Kunst, und mit so vielem
Anstande, daß der vom Weine erhitzte König ihr in
allem zu willfahren versprach, wenn es auch gleich die
Hälfte seines Königreiches betreffen sollte. Auf diese
Versicherung eilete Salome zu ihrer Mutter, zu
vernehmen, was sie begehren solle. Unterrichtet von
ihr, kehrte sie gleich wieder zurück, nahm den Tetrarchen bey seinem Worte, und verlangte zur Stunde, daß er ihr das Haupt des Täufers auf einer
Schüssel möchte reichen lassen. Herodes erschrack
über dies unerwartete Begehren, und ward sehr betrübt. Doch wegen des Eides, womit er seine Verheißung beschworen hatte, und um derjenigen willen,
die mit ihm zu Tische saßen, wollte er ihr solches nicht
abschlagen. Er schickte daher gleich einen von seiner
Leibwache in das Gefängniß des Johannes mit dem
Befehle, ihn zu enthaupten, und das Haupt auf einer Schüssel mit zurück zu bringen. Dieser vollzog
das ihm Anbefohlene, und da er wieder zurück kam,
brachte er das abgeschlagene Haupt mit, und über-
reichte es der Salome *) in einer Schüssel. Sie

L 3   nahm

---

*) Nicephorus und Metaphrastes erzählen, Salome
   sey ihrer Mutter Herodias, und ihrem Stiefvater
   Herodes, nach Vienne im Delphinat, als dem Orte
   seiner Verbannung gefolget. Sie hätten aber alle
   vom Kaiser Befehl bekommen, nach Spanien zu gehen. Da nun Salome über einen gefrornen Fluß
   gegangen, sey das Eis unter ihren Füßen gebrochen,
   und habe sich, als sie bis an den Hals in das Wasser gefallen, gleich wieder geschlossen, daß sie also
                                  hän-

J. C.
31.

nahm es freudig an, und trug es zu ihrer Mutter. Als die hinterlassenen Jünger dieses heiligen Mannes seinen Tod erfuhren, kamen sie, seinen Leib hinwegzunehmen. Nachdem sie ihn begraben hatten, gingen sie hin, Jesu davon Nachricht zu geben.

§. 108.

Das Gerücht von den Wundern Jesu kömmt zu dem Herodes.

Bald nach diesem Tode kam der Ruf von den grossen Wundern *), die Jesus allenthalben that, vor den Herodes a). Er erstaunte, und wußte nicht, was er denken sollte; denn einige sagten, Johannes sey wie-

hängen geblieben, und die wohlverdiente Strafe ausstehen müssen, welche sie dem heiligen Johannes, dem Täufer, zugezogen. Allein zu geschweigen, daß keiner von den Alten dieses Umstandes gedenket, so läßt er sich auch mit der Nachricht des Josephus nicht vereinigen. Dieser meldet uns, daß sich Salome zum erstenmale mit dem Tetrarchen Philippus, dem Sohne Herodes des Grossen, und der Cleopatra, und als dieser um das 33. oder 34. Jahr Christi nach der gemeinen Zeitrechnung gestorben, zum andernmal mit dem Aristobulus, dem Sohne des Königs von Chalcis, Herodes, ihrem natürlichen Vetter, vermählet, und mit demselben viele Kinder gezeuget habe. Folglich muß sie noch über dreyßig Jahre nach der Verbannung ihres Stiefvaters Herodes gelebet haben. Der Abt Calmet unter dem Artikel Salome.

*) Da Herodes erst um diese Zeit von den Wundern, die Jesus that, Nachricht erhielt, so scheint es, daß er sich eine geraume Zeit in einem andern Lande müsse aufgehalten haben.

a) Matth. 14, 1-2. Mark. 6, 14-16. Luk. 9, 7-9.

wieder von den Todten auferstanden, andere waren   J. C.
der Meinung, Elias wäre wieder erschienen, noch
andere glaubten, einer von den alten Propheten sey
zurückgekommen.   Herodes aber sprach: Den Johannes habe ich enthaupten lassen; wer ist aber
dieser, von dem ich solches höre? Und er begehrte ihn zu sehen.

§. 109.

Kurz vor dem Osterfeste kamen die zwölf Apostel   Jesus
von ihrer ersten Aussendung wieder zurück, und er-   speiset
zählten ihrem heiligen Lehrmeister, was sie gethan, und   fünf tau-
gelehret hatten °).   Jesus empfieng sie mit seiner ge-   send Mann
wöhnlichen Güte, und lud sie ein, sich mit ihm an   mit fünf
einen einsamen Ort zu begeben, und daselbst ein wenig   Broden
auszuruhen; denn an dem Orte, wo sie sich befanden,   und zween
hatten sie wegen Menge des Volks, welches beständig   Fischen.
dig ankam, und wieder fortging, nicht so viel Zeit, daß   32.
sie hätten genug essen können.   Sie stiegen also mit
ihm in ein Schiff, und fuhren nach einen unbewohnten Ort, nahe bey Bethsaida *).   Doch auch hier
konnten sie die gewünschte Ruhe nicht genießen; denn
sobald das Volk erfahren hatte, daß Jesus über das
Meer von Tiberias schiffe, eilete ihm dasselbe aus
§ 4   allen

o) Mark. 6, 30-44. Luk. 9, 10-17. Matth. 14,
   13-21. Joh. 6, 1-13.

*) Bethsaida war eine Stadt zu der Landschaft Gau-
   lanitis gehörig, am obern Ende des galiläischen Sees,
   auf der Nordseite desselben. Herr Oberkonsistorialrath Büsching in seinen vorläufigen Abhandlungen
   zu den vier Evangelisten.

allen umliegenden Städten zu Lande nach, und kam eher an den zur Landung bestimmten Ort, als das Schiff, auf welchem sich Jesus mit seinen Jüngern befand. Der Anblick einer so grossen Volksmenge erregte in dem liebvollen Herzen Jesu ein ungemeines Mitleiden; denn sie waren wie Schafe ohne Hirten. Er erbarmete sich ihrer sogleich, machte ihre Kranken gesund, und redete mit ihnen von dem Reiche Gottes. Indessen kam der Abend herbey. Die Zwölfe stellten ihm daher vor, daß es Zeit wäre, diese Leute zu entlassen, damit sie, weil der Ort öde sey, in die umliegenden Städte und Flecken einkehren, und sich mit Speise versehen könnten. Allein Jesus antwortete ihnen: Es ist nicht nöthig, daß sie fortgehen, ihr selbst sollet ihnen zu essen geben. Dieser Befehl kam ihnen sehr fremd vor, und sie entschuldigten sich mit der Unmöglichkeit. Jesus blieb bey seiner Entschließung, und fragte sie, wie viele Brode sie hätten. Sie sprachen: Wir haben nicht mehr, denn fünf Brode und zween Fische. Als er dieses hörete, befahl er ihnen, zu sorgen, daß sich das ganze Volk truppweise je funfzig zusammen auf das Gras niedersetze. Da dieses geschehen war, nahm er die fünf Brode und die zween Fische, sah gegen den Himmel, segnete sie, und nachdem er die Brode gebrochen hatte, gab er sie seinen Jüngern, sie dem Volke vorzulegen, er theilete auch die zween Fische unter alle aus. Alle aßen, und wurden nicht nur gesättiget, sondern es blieb auch noch so viel übrig, daß von den gesammleten Brocken von Broden und Fischen zwölf Körbe angefüllet wurden, ob sich gleich die Zahl derer,

rer, die gegessen hatten, gegen fünf tausend belief, J. C. ohne die Weiber und Kinder zu rechnen.

32.

§. 110.

Ein so sehr sich auszeichnendes Wunder nahm die Gemüther dieser Leute dergestalt ein, daß sie Sinnes waren, sich der Person dieses grossen Wunderthäters, den sie nun für den versprochenen Messias hielten, mit Gewalt zu bemächtigen, und ihn zum Könige über Israel auszurufen P). Jesus, der ihre Absichten erkannte, befahl seinen Jüngern, zu Schiffe zu gehen, und nach Bethsaida überzufahren, ohne zu warten, bis daß er das Volk von sich würde gelassen haben. Bald nach ihrer Abfahrt entließ er das Volk, und begab sich auf einen Berg, wo er einen grossen Theil der Nacht im Gebete zubrachte. Immittelst ward das Schiff, in welchem sich seine Jünger befanden, mitten auf dem Meere von den Wellen hin und her geworfen, und der Wind war ihnen dergestalt entgegen, daß sie, ob sie sich gleich alle Mühe mit rudern gaben, dennoch nicht mehr, als ohngefär fünf und zwanzig bis dreyßig Feldweges *) zurücklegen konnten. Jesus, der alles dieses sah, und sie endlich nicht länger in dieser Noth wollte stecken lassen, näherte sich ihnen um die vierte Nachtwach **). Als sie ihn aber

Das Volk will Jesum zum Könige machen.

£ 5   auf

---

p) Joh. 6, 14-20. Matth. 14, 22-33. Marc. 6, 45-51.

*) Ohngefär anderthalb Stunden weit.

**) Die Juden theileten, vermuthlich nach dem Gebrauch der Römer, die Nacht in vier Wachen, davon
               eine

auf den schaumenden Meerwellen sahen einhergehen, entsetzten sie sich, schrien vor Schrecken, und sagten: Es ist ein Gespenst. Allein er befreyete sie bald von dieser Furcht. Seyd wohlgemuthet, rief er ihnen zu, ich bins, fürchtet euch nicht. Kaum hatte Petrus dieses gehöret, so rief er seinem geliebten Lehrmeister mit Entzücken entgegen: Herr, bist du es, so heiß mich auf dem Wasser zu dir kommen. Komm her, antwortete Jesus. In dem Augenblicke stieg Petrus aus dem Schiffe; trat auf das Wasser, und ging einige Zeit auf demselben ohne zu sinken. Da er aber den starken Wind sah, erschrack er, fieng an zu sinken, und rief: Herr, hilf mir. Jesus streckte sogleich seine Hand aus, ergriff ihn, und verwies ihm seinen schwachen Glauben. Du Kleinglaubiger, sprach er zu ihm, warum hast du gezweifelt? Sobald Jesus mit ihm in das Schiff trat, legte sich der Wind. Alle, die sich in demselben befanden, naheten sich augenblicklich zu ihm, fielen vor ihm nieder, und sprachen: Du bist warlich Gottes Sohn.

§. III.

Viele
Kranke er-
halten die

Gleich nach diesem Wunder befanden sie sich an dem Lande, nemlich an den Gränzen von Genezareth *),

nicht

eine jede drey unserer Stunden hatte. Die erste Nachtwach fieng des Abends um sechs Uhr an, die zweyte um neun Uhr, die dritte um Mitternacht, und die vierte des Morgens um drey Uhr.

*) Das Land Genezareth war ein breiter Strich Landes auf der Abendseite des Sees, der diesen Namen füh-

nicht weit von Rapharnaum q). Sie traten kaum
aus dem Schiffe, so ward Jesus erkannt. Sogleich
lief man in der ganzen Gegend umher, und fieng an,
ihm die Kranken in die Orte, wohin man vernahm,
daß er gegangen sey, auf Betten nachzutragen. Wo
er nur immer in einen Flecken, Dorf oder Stadt ein=
ging, legte man die Kranken auf die Gassen mit der
Bitte, daß sie nur den Saum seines Kleides anrüh=
ren dürften. Und alle, die ihn berührten, wurden
gesund.

J. C.

32.
Gesund=
heit durch
Berüh=
rung des
Kleids von
Jesu.

§. 112.

Des andern Tages, nemlich den Tag nach der
Speisung so vieler tausend Menschen, erinnerte sich
das Volk, welches auf der andern Seite des Meeres
geblieben war, daß nur ein Schiff da gewesen, und
daß Jesus nicht mit seinen Jüngern in dasselbe ge=
stiegen, sondern daß seine Jünger allein abgefahren
wären r). Sie glaubten daher, er sey in der Wüste
von Bethsaida geblieben, und suchten ihn daher sehr
sorgfältig, damit sie ihn, wie sie sich vorgenommen
hatten, zu ihrem Könige machen könnten. Allein ihr
Suchen war vergebens. Sie traten also in die
Schiffe, die inzwischen von Tiberias in dieser Ge=
gend angekommen waren, und fuhren damit nach Ra=

Jesus
warnet
das Volk
vor eigen=
nützigen
Absichten.

phar=

führete und an dessen Ufer die Stadt Capernaum
lag. Anmerkung des Herrn Doddridge zu Matth.
14, 33.

q) Joh. 6, 21. Matth. 14, 34-36. Mark. 6,
53-56.

r) Joh. 6, 22-33.

pharnaum, ihn daselbst zu suchen.   Hier fanden sie
ihn in der Synagoge.   Freudig über seinen Anblick,
sprachen sie zu ihm: Meister, wann bist du hieher gekommen? Jesus antwortete ihnen: Warlich, warlich, ich sage euch: Ihr suchet mich
nicht darum, daß ihr Zeichen gesehen habt,
sondern weil ihr von dem Brode gegessen habt,
und seyd satt geworden.   Bemühet euch doch
um eine Speise, die nicht vergehet, sondern
die da bleibt in das ewige Leben, welche euch
des Menschen Sohn geben wird; denn diesen
hat Gott der Vater versiegelt *).   Die Juden
fragten, was sie denn thun sollten, daß sie Gottes
Werke wirkten? Jesus erwiederte: Dies ist Gottes
Werk, daß ihr an den glaubet, den er gesandt
hat.   Die Juden merkten, daß Jesus von sich selbst
rede, sie sprachen daher zu ihm: Was thust du denn
für ein Zeichen, auf daß wir sehen, und dir glauben? Was wirkest du? Unsere Väter, fuhren
sie fort, haben Manna in der Wüste gegessen,
wie geschrieben steht: Er gab ihnen Brod
vom Himmel zu essen ⁵).   Jesus antwortete ihnen: Warlich, warlich, ich sage euch: Moses
hat euch nicht das Brod vom Himmel gegeben; sondern mein Vater giebt euch das rechte

Brod

*) D. i. Er hat ihm ein Ansehen und eine Macht gege-
ben, die euch wie eine Urkunde überführen muß, daß
er der Sohn Gottes sey.   Anmerkung des Abts
Messanguy.

⁵) Ps. 77, 24.

Brod von dem Himmel. Denn dies ist das
Brod Gottes, das vom Himmel kömmt, und
giebt der Welt das Leben.

§. 113.

Als die Juden höreten, daß Jesus von einem
so vortrefflichen Brode redete, sprachen sie: Herr,
gieb uns allezeit dies Brod t). Jesus antwortete: Ich bin das Brod des Lebens. Wer zu
mir kömmt, den wirds nicht hungern; und
wer an mich glaubet, den wirds nie dürsten.
Aber, setzte er hinzu, ich habs euch schon gesagt,
daß ihr mich gesehen habt, und glaubet doch
nicht *). Alles, was mir mein Vater giebt,
das kömmt zu mir; und wer zu mir kömmt,
den werde ich nicht hinaus stoßen. Denn ich
bin vom Himmel gekommen, nicht, daß ich
mei-

J. C.
32.

Jesus
sagt, daß er
das Brod
des Lebens
sey.

t) Joh. 6, 34-40.

*) Der Verstand dieser Stelle ist folgender: Ihr habt,
sagt ihnen Jesus Christus, meine Wunderwerke gesehen, und dennoch glaubet ihr an mich nicht. Hiedurch bringet ihr euch selbst um die Seligkeit, welche Gott seinen Auserwählten vorbehält; und ihr
zeiget zugleich dadurch, daß ihr aus der Zahl dieser nicht seyd. Denn alle, die mein Vater erwählet, und mir zum Erbtheile gegeben hat, die werden
an mich glauben. Ich werde sie selig machen, ohne
einen Einzigen aus ihnen zu verlieren; und werde sie
der Seele und dem Leibe nach ewig glückselig machen.
Denn dies ist der Wille meines Vaters, und um diesen Willen auszuführen, bin ich auf die Erde gekommen. Anmerkung des Abts Messanguy.]

meinen Willen thue, sondern den Willen deſ=
ſen, der mich geſandt hat. Dies iſt aber der
Wille des Vaters, der mich geſandt hat, daß
ich nichts verliere von allem, das er mir gege=
ben hat, ſondern, daß ichs am jüngſten Tage
auferwecke. Dies iſt aber der Wille meines
Vaters, der mich geſandt hat, daß, wer den
Sohn ſiehet, und an ihn glaubet, das ewige
Leben habe; und ich werde ihn am jüngſten
Tage auferwecken.

§. 114.

Die Ju=
den mur=
ren wieder
Jeſum.

Hier fiengen die Juden zu murren an, und ſpra=
chen: Iſt dieſer nicht Jeſus, Joſephs Sohn,
deſſen Vater und Mutter wir kennen? Wie
ſpricht er denn: Ich bin vom Himmel gekom=
men u)? Jeſus hörete dieſes, und ſprach: Murret
nicht untereinander. Niemand kann zu mir
kommen, es ſey denn, daß ihn der Vater zie=
he *), der mich geſandt hat: und ich werde ihn
am jüngſten Tage auferwecken. Es ſtehet ge=
ſchrieben in den Propheten w): Sie werden
alle von Gott gelehret ſeyn. Wer es nun vom
Vater höret, und lernets, der kömmt zu mir.
Nicht, daß jemand den Vater geſehen habe,
ohne den, der von Gott iſt, der hat den Va=
ter

u) Joh. 6, 41-52.

*) Niemand kann an Jeſum Chriſtum glauben, wenn
ihn Gott nicht erleuchtet, und eben durch die Gabe
des Glaubens nicht anziehet. Vorbenannter Abt.

w) Jſa. 54, 13. Jerem. 31, 34.

ter gesehen. Warlich, warlich, ich sage euch: ℥
Wer an mich glaubet, der hat das ewige Leben. Ich bin das Brod des Lebens. Eure
32.
Väter haben das Manna in der Wüste gegessen, und sind gestorben. Dies ist das Brod,
das vom Himmel kömmt, auf daß, wer davon isset, nicht sterbe. Ich bin das lebendige Brod, der ich vom Himmel gekommen bin. Wer von diesem Brode essen wird,
der wird in Ewigkeit leben. Und das Brod,
das ich geben werde, ist mein Fleisch, welches
ich geben werde für das Leben der Welt.

§. 115.

Da Jesus dieses gesagt hatte, zankten die Juden
unter einander, und einige sprachen: Wie kann dieser uns sein Fleisch zu essen geben x)? Jesus
versetzte hierauf: Warlich, warlich, ich sage
euch: Werdet ihr das Fleisch des Menschen
Sohns nicht essen, und trinken sein Blut, so
werdet ihr kein Leben in euch haben. Wer
mein Fleisch isset, und trinket mein Blut, der
hat das ewige Leben, und ich werde ihn am
jüngsten Tage auferwecken. Denn mein Fleisch
ist wahrhaftig eine Speise, und mein Blut ist
wahrhaftig ein Trank. Wer mein Fleisch isset, und mein Blut trinket, der bleibet in mir,
und ich in ihm. Wie mich gesandt hat der lebendige Vater, und ich lebe um des Vaters
willen; also, wer mich isset, derselbige wird
auch

Marginalia: Unter den Juden entstehet ein Zank über die Lehre, die Jesus ihnen vor-trägt.

x) Joh. 6, 53-59.

J. C.
32.

auch leben um meinetwillen. Dies iſt das Brod, das vom Himmel gekommen iſt: nicht wie eure Väter das Manna gegeſſen haben, und ſind geſtorben. Wer dies Brod iſſet, der wird leben in Ewigkeit.

§. 116.

Jeſus wird von vielen Jüngern verlaſſen.

Dieſes redete Jeſus, als er in der Synagoge zu Kapharnaum lehrete y). Da nun viele von ſeinen Jüngern ſolches höreten, ſprachen ſie: Dies iſt eine harte Rede, wer kann ſie hören? Jeſus aber, der bey ſich ſelbſt wußte, daß ſeine Jünger darüber murreten, ſprach zu ihnen: Aergert euch das? Wie, wenn ihr denn ſehen werdet des Men-ſchen Sohn dahin auffahren, wo er zuvor war *). Der Geiſt iſt es, der lebendig ma-chet: das Fleiſch iſt nichts nütze **). Die Worte, die ich zu euch geredet habe, die ſind Geiſt und Leben. Es ſind aber etliche unter euch, die glauben nicht. Denn Jeſus wußte vom

An-

y) Joh. 6, 60-74.

*) D. i. Wenn ihr nicht glaubet, daß ich euch mein Fleiſch zu eſſen geben könne, ſo lange ich noch bey euch bin, um wie viel unmöglicher wird euch dieſe Sache dünken, wenn ihr mich in den Himmel fah-ren ſehen werdet. Der Abt Meſſanguy.

**) Das Geheimniß, das ich euch vortrage, gehet über die menſchliche Sinne hinaus. Es nützet nichts, wer daſſelbe mit fleiſchlichen Augen erforſchen wollte: der Geiſt Gottes, indem er ſich die Vernunft des Men-ſchen unterwirft, giebt ihm den Verſtand derſelben. Vorbenannter Abt.

Anfange wohl, welche die waren, die nicht glaube=
ten, und welcher ihn verrathen würde. Und er sprach:
Darum habe ich euch gesagt: Niemand kann zu
mir kommen, es sey ihm denn von meinem Va=
ter gegeben. Von dieser Zeit an verließen ihn viele
Jünger, und wandelten hinfort nicht mehr mit ihm.
Jesus wandte sich hierauf zu den Zwölfen, und fragte
sie, ob sie ihn auch verlassen wollten? Herr, ant=
wortete Petrus in seinem gewöhnlichen Feuer, wo=
hin sollen wir gehen? Du hast Worte des ewi=
gen Lebens; Und wir haben geglaubet und
erkannt, daß du Christus bist, der Sohn des
lebendigen Gottes. Jesus erwiederte: Habe ich
nicht euch Zwölfe erwählet? Und einer aus
euch ist ein Teufel. Er redete hier von dem Ju=
das Iskarioth, Simons Sohne, der, ob er gleich
einer von den Zwölfen war, ihn doch hernach verrieth.

§. 117.

Diese Begebenheiten trugen sich kurz vor dem drit= _{Drittes}
ten Osterfeste, während des Lehramts Jesu, zu *). Osterfest.
Wir lesen bey den heiligen Evangelisten nicht, daß
Jesus diesem Feste zu Jerusalem beygewohnet habe.
Der heilige Johannes scheinet vielmehr das Gegen=
theil anzuzeigen, indem er sagt, daß Jesus nicht habe
in das jüdische Land ziehen wollen, weil ihn die Juden
zu tödten suchten ²). Indessen unterließen die Pha=
risäer doch nicht, ihre Verfolgungen gegen ihn fort=
zusetzen, und immer bedacht zu seyn, wie sie etwas

aus=

*) Dieses erhellet aus Joh. 6, 4.
2) Joh. 7, 1.

M

ausfindig machen möchten, weshalb sie ihn anklagen könnten. Kurz nach dem Osterfeste, als Jesus in Galiläa umher reisete, versammleten sich bey ihm Pharisäer und einige von den Schriftgelehrten, die von Jerusalem gekommen waren a). Als diese nun sahen, daß etliche seiner Jünger mit gemeinen, das ist, mit ungewaschenen Händen aßen, stelleten sie ihn deswegen zur Rede, und fragten ihn, warum sie dieses thäten, und nicht nach den Aufsätzen der Aeltesten wandelten? Jesus that eine Gegenfrage, und sprach: Warum übertretet ihr aber Gottes Gebot um eurer Satzung willen? Denn Gott hat gesagt: Du sollst Vater und Mutter ehren; und wer Vater und Mutter fluchet, der soll des Todes sterben. Ihr aber sprechet: Ein jeglicher, der zum Vater oder zur Mutter saget: Alles, was ich Gott gebe (opfere), das kömmt dir auch zum Nutzen: Damit geschiehet es, daß niemand seinen Vater oder seine Mutter ehret. Und also habt ihr das Gebot Gottes vernichtet um eurer Satzungen willen. Ihr Heuchler, fuhr er fort, Isaias hat wohl recht von euch geweissaget, da er spricht: Dies Volk ehret mich mit seinen Lippen, aber ihr Herz ist fern von mir b). Vergeblich aber dienen sie mir, weil sie Lehren und Gebote der Menschen lehren. Denn ihr verlasset Gottes Gebot, und haltet der Menschen Satzungen, Krüge und
Trink-

a) Matth. 15, 1-11. Marc. 7, 1-16.
b) Isa. 29, 13.

Trinkgeschirre zu waschen, und dergleichen
thut ihr viel. Wohl fein, setzte er noch hinzu,
habt ihr Gottes Gebot aufgehoben, auf daß
ihr eure Satzungen haltet. Er rief hierauf das
Volk zu sich, und sprach zu ihnen: Höret zu, und
vernehmet es: Was zum Munde eingehet, das
verunreiniget den Menschen nicht *), sondern
was zum Munde herausgehet, das verunreiniget den Menschen.

J. C.

31.

§. 118.

Nachdem Jesus dieses gesagt hatte, verließ er
das Volk, und begab sich in ein Haus c). Hier traten seine Jünger zu ihm, und sprachen: Weiſſeſt du
auch, daß sich die Pharisäer ärgerten, da sie
diese Rede höreten? Jesus antwortete ihnen:
Eine jegliche Pflanze, die mein himmlischer
Vater nicht gesetzet hat, wird ausgerottet werden. Lasset sie gehen, sie sind blind, und Füh-
rer der Blinden. Wenn nun ein Blinder den
andern führet, so fallen sie beyde in die Grube.

Jesus er-
kläret sei-
nen Jün-
gern seine
Rede.

M 2   Pe-

*) Man mißbrauchet oft diese Worte, um seine Frech-
heit zu beschönigen, womit man Fleisch an solchen
Tagen speiset, da uns die Kirche gebietet, uns aus
Buße davon zu enthalten. Freylich können Fleisch-
speisen einen Menschen, in dessen Bauch sie eingehen,
nicht verunreinigen. Allein die Unbuße, die Sinn-
lichkeit und die Verachtung der Kirchengebote verunreinigen ihn, und machen ihn vor Gott einer Sünde
schuldig. Anmerkung des Abts Messanguy.

c) Marc. 7, 17-23. Matth. 15, 12-20.

J. C.
32.

Petrus bat hierauf Jefum im Namen aller Jünger, daß er ihnen das dem Volke vorgetragene Gleichniß erklären möchte. Er that es mit einem kleinen Verweise, den er ihnen ihres Unverstandes wegen gab, und sprach: Verstehet ihr nicht, daß alles, was zum Munde hineingehet, in den Bauch gehet, und durch den natürlichen Weg ausgeworfen wird? Was aber zu dem Munde herausgehet, das kömmt aus dem Herzen, und das verunreiniget den Menschen. Denn aus dem Herzen kommen böse Gedanken, Ehebruch, Hurerey, Mord, Dieberey, Geiz, Schalkheit, List, Unzucht, Mißgunst, Gotteslästerung, Hoffart, Thorheit. Dies sind die Dinge, die den Menschen verunreinigen. Aber mit ungewaschenen Händen essen, verunreiniget den Menschen nicht.

§. 119.

Jesus
befreyet
die Tochter
des kana-
ndischen
Weibs
vom Teu-
fel.

Jesus verließ hierauf diese Gegend, und ging in die Gränzen von Tyrus und Sidon d). Kaum hatte ein Weib aus Syrophönicien *) gebürtig von

seis

d) Mark. 7, 24-30. Matth. 15, 21-28.

*) Dies ist das eigentlich sogenannte Phönicien, darinn Sidon die Hauptstadt war. Die syrischen Könige eroberten es, und verbanden es vermöge des Rechts, so sie dadurch erhielten, mit ihrem Reiche. Und von der Zeit an fügte es seinem alten Namen Phönicien noch den Namen Syriens als einen Zusatz bey; so wie auch Palästina den Namen Syriens als einen Zusatz erhielt, seit dem es als ein Theil von Syrien

seiner Ankunft Nachricht erhalten, so eilete sie zu ihm,
und rief in einem kläglichen Tone: Ach Herr, du
Sohn Davids erbarme dich meiner; meine Toch=
ter wird von dem Teufel hart gequälet.   Jesus
that, als hörete er sie nicht, und schwieg. Sie wiederholete
ihre Bitte, und da sie zu schreyen nicht aufhörete, so ba=
ten ihn seine Jünger, daß er sie doch ihres beständigen
Schreyens wegen erhören, und von sich lassen möchte.
Jesus antwortete ihnen aber, daß er nur zu den ver=
lornen Schafen von dem Hause Israel gesandt sey.
Diesem ungeachtet ward das Weib nicht muthlos. Sie
folgte Jesu, wo hin er ging, sie warf sich ihm zu
Füßen, und schrie: Herr, hilf mir. Allein sie be=
kam jetzt die unerwartete Antwort: Laß zuvor die
Kinder satt werden; denn es ist nicht gut, daß
man den Kindern das Brod nehme, und es
vor die Hunde werfe. Doch auch diese Worte
konnten sie nicht muthlos machen, und sie erwiederte
unverzüglich: Herr, es ist wahr, doch essen auch
die Hündlein von den Brosamen, die von ih=

M 3   rer

angesehen werden mußte. Markus nennet also die
Cananiterinn ein Weib aus Syrophönicien, weil
sie aus Phönicien gebürtig war, welches damals un=
ter dem Statthalter von Syrien stand, und also als
ein Theil von Syrien betrachtet wurde. Matthäus
aber, welcher in hebräischer oder syrischer Sprache
schrieb, nennet sie ein cananäisches Weib, weil die=
ses Land wirklich von Cananitern bewohnet wurde,
indem Sidon der älteste Sohn des Canaan war.
Der Abt Calmet in seinem biblischen Wörterbuche un=
ter dem Artikel Syrophönicien.

J. C.
32.

rer Herrn Tische fallen *). Nun ward sie erhö=
ret, und Jesus gab ihr die tröst'iche Antwort: O
Weib, dein Glaube ist groß, dir geschehe, wie
du willst. Das Weib eilete hierauf freudig nach ih=
rem Hause, und als sie hineinkam, fand sie die Toch=
ter ganz ruhig auf dem Bette liegend, und vom Teu=
fel befreyt.

§. 120.

Jesus
hilft ei=
nem tau=
ben und
beynahe
stummen
Menschen.

Jesus verließ bald hierauf die Gränzen von Ty=
rus, ging Sidon vorbey, und kam mitten durch die
Gegend der zehn Städte wieder zurück an das ga=
liläische Meer ᵉ). Hier brachte man einen Men=
schen zu ihm, der taub war, und fast gar nicht spre=
chen konnte, mit der Bitte, daß er doch seine Hand
auf ihn legen wolle. Jesus entfernete sich mit ihm
von dem Volke, legte ihm die Finger in die Ohren,
und berührete mit seinem Speichel dessen Zunge. Er
sah zugleich gegen den Himmel, seufzete, und sprach:
Ephphata, das ist, thue dich auf. In dem Au=
genblicke thaten sich seine Ohren auf, das Band sei=
ner Zunge ward gelöset, und er redete recht. Jesus
ver=

*) Sie gestehet es, daß sie nichts als eine Hündinn sey:
allein eben daraus schöpfet sie eine Ursache, die an=
verlangte Gnade zu erhalten, indem sie Jesu Christo
zu verstehen giebt, er werde, obschon er sie ihr ge=
wahre, den Juden nichts benehmen, gleichwie ein
Hausvater dadurch den Kindern das Brod nicht be=
nimmt, da er gestattet, daß die Hündlein die Bro=
samen essen, welche von seinem Tische fallen. Der
Abt Messanguy.

ᵉ) Mark. 7, 31-37.

verbot ihm und denen, die ihn ihm zugeführet hatten, dies Wunder bekannt zu machen.   Je mehr er es ih= nen aber verbot, desto mehr breiteten sie es aus, und sprachen voll Verwunderung: **Er hat alle Dinge wohl gemacht; die Tauben macht er hörend, und die Sprachlosen redend.**

§. 121.

Nach Verrichtung dieses Wunders stieg Jesus auf einen Berg, und setzte sich f).   Kaum war der Ort seines Aufenthalts bekannt geworden, als sich gleich wieder ganze Schaaren von Menschen bey ihm einfanden, die die Lahmen, die Blinden, die Stum= men, die Krüppel und die andern Preßhaften, die sie mit sich gebracht hatten, zu seinen Füßen niederlegten, damit er ihnen helfen möchte.   Er half ihnen, und befreyete sie alle von den Uebeln, womit sie behaftet waren.   Das Volk erstaunte, als es sah, daß die Stummen redeten, die Krüppel gesund waren, die Lahmen gingen, und die Blinden sahen; und priesen den Gott Israels.   Nachdem Jesus drey Tage in diesem liebvollen Geschäfte zugebracht, und das Volk indessen seinen Vorrath an Lebensmitteln aufgezehret hatte, rief er seine Jünger zu sich, und redete sie also an: Mich jammert des Volks; denn sie ver= harren schon drey Tage bey mir, und haben nichts zu essen: ich will sie nicht ungegessen von mir lassen, damit sie auf dem Wege nicht ver= schmachten.   Die Jünger machten Schwierigkei=

M 4   ten,

f) Matth. 15, 29-38. Mark. 8, 1-9.

J. C.
32.

Jesus
speiset
vier
tausend
Mann.

J. C.
32.

.ten, und sprachen: Woher sollen wir in der Wüste so viel Brod nehmen, eine solche Menge Volks zu sättigen? Er fragte sie, wie viele Brode sie hätten? Sie antworteten: Sieben, und ein wenig Fischlein. Da er dieses vernommen, befahl er dem Volke, sich auf die Erde niederzusetzen. Er nahm hierauf die sieben Brode, und die wenigen Fischlein, dankete, und brach sie, und gab sie seinen Jüngern, und die Jünger gaben sie dem Volke. Beydes vervielfältigte sich durch seinen Segen so reichlich, daß nicht nur vier tausend Menschen, ohne die Weiber und Kinder, vollkommen gesättiget wurden, sondern auch noch soviel übrig blieb, daß sieben Körbe damit angefüllet werden konnten.

§. 122.

Die Pharisäer versuchen Jesum.

Nachdem Jesus das Volk von sich gelassen hatte, trat er sogleich mit seinen Jüngern in ein Schiff, und kam in die Gegend von Dalmanutha *). Kaum war er hier ans Land gestiegen, so kamen ihm einige Pharisäer und Sadducäer entgegen ᵍ), die ihm gleich verschiedene Fragen vorlegten, und ihn baten, daß er sie ein Zeichen vom Himmel möchte sehen lassen. Allein sie erhielten nicht, was sie sucheten; und Jesus

*) Der heilige Matthäus schreibet Magedan. Es muß also Dalmanutha und Magedan ein Ort gewesen seyn, oder beyde Orte müssen so nahe beysammen gelegen haben, daß die Gegend, wo Jesus an das Land gestiegen, ihre Benennung sowol von dem einen, als von dem andern Orte habe erhalten können.

ᵍ) Mark. 8, 10·13. Matth. 15, 39. 16, 1·4.

fus gab ihnen zu verstehen, daß, wenn sie die Zeiten und Weissagungen von der Ankunft des Messias mit solcher Aufmerksamkeit prüfen wollten, wie sie den Himmel beobachteten, um das gute und schlimme Wetter vorherzusehen, sie bald inne werden würden, daß die von den Propheten bestimmten Zeiten erfüllet, und er der seit so vielen Jahren verheißene und erwartete Messias sey [h]). Er setzte mit Seufzen noch diese Worte hinzu: Dies böse und ehebrecherische Geschlecht suchet ein Zeichen; und es soll ihm kein Zeichen gegeben werden, denn das Zeichen des Propheten Jona. Mit diesen Worten verließ er sie, ging wieder zu Schiffe, und fuhr auf die andere Seite des Meeres.

§. 123.

Während dieser Fahrt ermahnete Jesus seine Jünger, sich sorgfältig vor dem Sauerteige der Pharisäer und Sadducäer zu hüten [i]). Diese Ermahnung setzte sie in Unruhe, indem ihnen einfiel, daß sie Brod mitzunehmen vergessen hätten. Jesus verwies ihnen diese unnöthige Bekümmerniß, und führete ihnen die zwey grossen Wunder zu Gemüthe, die er kurz zuvor in Speisung so vieler tausend Menschen gethan hatte. Jetzt fasseten erst die Jünger, daß die Worte ihres heiligen Lehrers nicht von dem Sauerteige des Brods, sondern von der pharisäischen und sadducäischen Lehre zu verstehen wären, vor der sie sich hüten sollten.

M 5 §. 124.

h) Der Abt Calmet unter dem Artikel Jesus.

i) Matth. 16, 5-12. Mark. 8, 14-21.

J. C.

32.
Jesus er-
theilet ei-
nem Blin-
den das
Licht der
Augen.

§. 124.

Als Jesus bald darauf bey Bethsaida landete, brachte man zu ihm einen Blinden, mit Bitte, densel= ben anzurühren k). Jesus nahm ihn voll Erbarmen bey der Hand, führete ihn aus dem Flecken *), und nach= dem er die Augen desselben mit seinem Speichel be= feuchtet, und ihm die Hände aufgeleget hatte, fragte er ihn, ob er etwas sähe? Der Blinde hob seine Au= gen auf, und sprach: Ich sehe Leute gehen, als sähe ich Bäume. Jesus wiederholte die Auflegung seiner Hände. In dem Augenblicke fieng dieser Mensch an, vollkommen zu sehen, und seine Augen waren jetzt so gut, daß er alles deutlich sah. Jesus schickte ihn hierauf wieder nach Hause, mit dem Befehle, nie= mand dieses Wunder zu erzählen, wenn er in den Fle= cken kommen würde.

§. 125.

Des Pe-
trus Be-
kenntniß.

Von hier begab sich Jesus mit seinen Jüngern in die Orte von Cäsarea Philippi 1), einer Stadt, die an der Nordseite von Palästina gegen die Quelle des Jordans lag, und von Cäsarea an dem mittel= län=

k) Mark. 8, 22-26.

*) Dieses Bethsaida lag zwischen Tiberias und Ka= pernaum, und wird bald eine Stadt Joh. 1, 44. bald ein Flecken Mark. 8, 22. 26. genennt. Man findet ihre Trümmer noch heutiges Tages, etwa eine halbe Meile von dem galiläischen See, in einer Ebene. Herr Oberkonsistorialrath Büsching in seinen vorläu= figen Abhandlungen zu den vier Evangelisten.

1) Luk. 9, 18-21. Matth. 16, 13-20. Mark. 8, 27 30.

ländischen Meere unterschieden war. Auf dem Wege, nachdem er einige Zeit im Gebete zugebracht hatte, fragte er seine Jünger, was denn die Leute von ihm sagten, und für wen sie ihn hielten. Die Jünger bezeugeten ihm, daß die Meinungen derselben von ihm sehr verschieden wären. Einige, sagten sie, sagen, du seyst Johannes, der Täufer, andere, du seyst Elias, noch andere, du seyst Jeremias, oder doch einer aus den Propheten. Und ihr, fragte Jesus weiter, für wen haltet ihr mich? Du bist Christus, antwortete Simon Petrus, du bist Christus der Sohn des lebendigen Gottes. Jesus erwiederte: Selig bist du, Simon, Jonas Sohn; denn Fleisch und Blut hat dir das nicht geoffenbaret, sondern mein Vater im Himmel. Und ich sage dir auch: Du bist Petrus, und auf diesen Felsen will ich meine Kirche bauen, und die Pforten der Hölle sollen sie nicht überwältigen. Und dir, fuhr er fort, will ich geben die Schlüssel des Himmelreichs. Und alles, was du auf Erden binden wirst, soll auch in dem Himmel gebunden seyn; und alles, was du auf Erden lösen wirst, soll auch in dem Himmel gelöset seyn. Hierauf befahl er seinen Jüngern, niemand es zu sagen, daß er Jesus, der Gesalbte wäre.

J. C.
32.

§. 126.

Von dieser Zeit fieng Jesus an, seinen Jüngern zu entdecken, daß er nach Jerusalem gehen müsse, und viel leiden von den Aeltesten, von den Schrift-

Jesus entdecket seinen Jüngern sein Leiden.

gelehr-

J. C.
32.

gelehrten und von den Hohenpriestern, auch getödtet werden, am dritten Tage aber wieder auferstehen ᵐ). Petrus, der bey Eröffnung dieses Geheimnisses gleichsam wie vom Donner gerührt ward, und nicht wollte, daß derjenige, den er für den Sohn des lebendigen Gottes erkannte, eines so schimpflichen Todes sterben sollte, nahm ihn zu sich, redete ihm zu, und sprach: Herr, das sey fern von dir; dies wiederfahre dir ja nicht. Allein Jesus verwies ihm seinen unzeitigen Eifer mit harten Worten, indem er zu ihm sprach: Hebe dich von mir, Satan *), du bist mir zum Aergernisse; denn du verstehest nicht was göttlich, sondern was menschlich ist. Er rief hierauf das Volk und seine Jünger zu sich, und sprach zu ihnen: Wer mir nachfolgen will, der verleugne sich selbst, und nehme sein Kreuz auf sich, und folge mir nach. Denn wer seine Seele (Leben) erhalten will, der wird sie verlieren; und wer seine Seele um meinet und des Evangeliums willen verlieret, der wird sie erhalten. Was Hülfe es denn, fuhr er fort, dem Menschen, wenn er die ganze Welt gewänne, an seiner Seele aber Schaden litte? Oder was

kann

m) Matth. 16, 21-28. Mark. 8, 31-39. Luk. 9, 22-27.

*) Satan oder Sathan, Sathanas. Dieses Wort ist lediglich hebräisch; es bedeutet einen Wiedersager, einen Feind, einen Ankläger, und es wird bey den 70 Dollmetschern und in der Vulgata öfters durch Wiedersager übersetzet. Der Abt Calmet unter dem Artikel Satan.

kann der Mensch geben, damit er seine Seele löse? Denn der Sohn des Menschen wird in der Herrlichkeit seines Vaters mit seinen Engeln kommen; und alsdenn wird er einem jeglichen nach seinen Werken vergelten. Warlich ich sage euch, setzte er noch hinzu, Es stehen etliche hier, die den Tod nicht schmecken werden, bis daß sie des Menschen Sohn in seinem Reiche kommen sehen.

J. C.
32.

§. 127.

Ohngefär acht Tage *) nach dieser Rede nahm Jesus den Petrus zu sich, und führete ihn nebst dem Jakobus und dessen Bruder, dem Johannes auf einen hohen Berg n), den viele für den Berg Thabor **) halten. Hier begab sich Jesus ins Gebet, und

Jesus
gehet auf
einen Berg
und wird
verklärt.

*) So schreibt der heilige Lukas. Der heilige Matthäus und der heilige Markus aber schreiben: Sechs Tage hernach. Allein es ist zu merken, daß die zween letztern Evangelisten nur die zwischen der Rede Christi, und zwischen seiner Begebung auf den Berg verflossenen Tage rechnen, da im Gegentheile Lukas sowol den Tag der Rede Christi, als den Tag, an welchem er sich auf den Berg begab, mit einschließet; und so sind es in allem ohngefär acht Tage.

n) Luk. 9, 28-36. Matth. 17, 1-8. Mark. 9, 1-7.

**) Dieser Berg liegt in Nieder-Galiläa in der Ebene von Esdrelon, abgesondert von allen andern Bergen. Er hat eine sehr regelmäßige Gestalt, die einem Zuckerhute gleichet, und so hoch ist, daß man eine Stunde brauchet, seinen Gipfel zu erreichen, der eine kleine aber fruchtbare mit Bäumen umpflanzte ange-

und auf einmal erschien er in voller Herrlichkeit. Sein Angesicht glänzete wie die Sonne, und seine Kleider wur=

angenehme Ebene ist, von welcher man eine sehr schöne Aussicht in die rund umher gelegene Ebene Esdrelon, gegen Südosten auf den nahgelegenen Berg Hermon, gegen Süden auf die hohen Gebirge von Gilboa, gegen Osten auf den galiläischen See, gegen Norden auf unterschiedene Berge, und gegen Westen auf den Berg Karmel, und das mittelländische Meer hat. Der Herr Oberkonsistorialrath Büsching in seinen vorläufigen Abhandlungen zu den vier Evangelisten.

Man ist seit vielen Jahrhunderten der Meinung, daß unser Heiland auf dem Berge Thabor, in Gegenwart Petri, Jakobi und Johannis sey verkläret worden. Eusebius und Hieronymus sagen dieses ausdrücklich. Johannes von Damaskus bekräftiget es ebenfalls, und seit langer Zeit ist diese Sache beynahe für ausgemacht angenommen worden. Gleichwol haben Maldonat, Lightfoot, Reland und einige andere hieran gezweifelt. — Die ältern Kirchenväter schweigen gänzlich vom Berge Thabor, wenn sie von der Verklärung Christi reden. Selbst die Evangelisten nennen ihn nicht; und soll man aus dem Wege urtheilen, den Christus ihrer Erzählung nach, genommen, so wird die Meinung, daß unser Erlöser auf dem Berge Thabor sey verkläret worden, gewiß wenig Beyfall finden. Der Abt Calmet in seinem biblischen Wörterbuche unter dem Artikel Thabor.

Der gelehrte P. Lamy hält dafür, daß die Verklärung Jesu Christi auf einem nicht weit von Cäsarea Philippi gelegenen hohen Berge vorgegangen sey. Man kann hievon seinen Apparatum geographicum fol. 309. nachlesen.

wurden weiß, wie der Schnee.   Die drey Apostel,
die eingeschlafen waren, erwacheten bey der grossen
Klarheit dieses Lichts, und waren selbst Augenzeugen
der Verklärung ihres Herrn und Meister.   Sie erblickten zu eben der Zeit den Moses und den Elias,
die sich mit Jesu von dem Tode, den er zu Jerusalem leiden sollte, unterredeten.   Petrus, ganz außer
sich, sprach zu Jesu: Herr, hier ist es gut zu
seyn; hier wollen wir, wenn es dir gefällig,
drey Hütten machen: eine für dich, für den
Moses eine, und eine für den Elias.   Indem
er aber dieses redete, kam eine lichte Wolke über sie,
aus der eine Stimme hervorbrach, die sprach: Dies
ist mein geliebter Sohn, an welchem ich ein
Wohlgefallen habe, den sollet ihr hören.   Diese
Stimme setzte die Jünger in ein solches Schrecken,
daß sie alle drey auf ihr Angesicht fielen.   Jesus trat
aber zu ihnen, befahl ihnen aufzustehen, und ohne
Furcht zu seyn.   Als sie hierauf ihre Augen aufhoben,
sahen sie niemand mehr, den Jesum allein.

§. 128.

Als Jesus des andern Tags mit diesen drey Jüngern von dem Berge wieder herabging, befahl er ihnen, niemand zu sagen, was sie gesehen hätten, bis
des Menschen Sohn von den Todten erstanden seyn
würde °).   Sie gehorchten diesem Befehle, sie fragten aber einander, was doch das wäre: Wenn er
von den Todten auferstehen wird.   Sie thaten
                                                    hier-

°) Luk. 9, 37. Matth. 17, 9-13. Mark. 9, 8-12.

hierauf die Frage an Jesum, warum denn die Schrift=
gelehrten sagten, Elias müsse zuvor kommen *)?
Jesus antwortete ihnen: Es ist wahr. Elias
muß zuvor kommen, und alles wieder zurecht
bringen **). Ich sage euch aber, fügete er noch
hinzu, daß Elias schon gekommen ist; sie ha=
ben ihn aber nicht erkannt, sondern sie sind
mit ihm nach ihrem Gefallen umgegangen.
Also wird auch des Menschen Sohn von ihnen
leiden. Jetzt verstanden die Jünger, daß Jesus
von dem Johannes, dem Täufer, geredet habe.

§. 129.

Jesus
treibet ei=
nen Teufel
aus.

Indessen kam Jesus wieder zu seinen übrigen
Jüngern, die unten am Berge in einer Ebene auf
ihn warteten, wo sie von vielen Leuten umgeben wa=
ren, unter denen sich auch Schriftgelehrte befanden,
die mit ihnen in einen Streit gerathen waren, weil
sie einem Kinde, welches vom Teufel besessen war,
nicht helfen konnten ᴾ). Sobald das Volk ihn er=
blick=

*) Um den Beweis, den man für Jesum Christum
aus seinen Wunderthaten führete, zu vereiteln, sag=
ten die Schriftgelehrten, daß den Propheten nach,
Elias vor dem Messias kommen müsse, und schlos=
sen sofort, Jesus sey nicht der Messias, weil Elias
noch nicht gekommen wäre. Der Abt Messanguy.

**) Hier sagt Jesus Christus vor, daß Elias vor sei=
ner zweyten Ankunft auf Erden erscheinen, und mit
seinen Predigten das jüdische Volk zur Wahrheit wie=
der bringen werde. Dies ist der erste Verstand der
Prophezeyung des Malachias. Vorbenannter Abt.

ᴾ) Mark. 9, 13-26. Matth. 17, 14-17. Luk. 9, 37-44.

blickte, ward es von Ehrfurcht und Erstaunen *) eingenommen, doch eilete es ihm entgegen, und grüßete
ihn. Er fragte seine Jünger und die Schriftgelehrten, worüber sie stritten? Sogleich näherte sich ihm
der Vater jenes armseligen Kinds, warf sich zu seinen
Füßen nieder, und sprach: Meister, ich habe meinen Sohn zu dir gebracht, der einen stummen
Geist hat; und wo er ihn ergreifet, reißet er
ihn (hin und her), und er schäumet, knirschet
mit den Zähnen und verdorret. Ich habe
mit deinen Jüngern geredet, daß sie ihn aus-
trieben, und sie konnten es nicht. Jesus gerieth bey dieser Erzählung in einen heiligen Eifer
und sprach: O du ungläubiges Geschlecht **),
wie lange soll ich noch bey euch seyn? Wie
lange soll ich euch noch dulden? Bringet ihn
her zu mir. Es geschah, und er ward selbst ein
Augenzeuge von den traurigen Zuständen desselben;
denn sobald er Jesum sah, riß ihn der Geist; er fiel
zur Erde, wälzete sich, und schäumete. Jesus erkundigte sich bey dem betrübten Vater, seit wann
ihm dieses wiederfahre? Von Kindheit an, erwiederte er. Oft hat er ihn ins Feuer, oft ins
Was-

*) Wegen der Herrlichkeit, welche die Verklärung noch
auf seinem Angesichte zurückgelassen hatte. Anmerkung des Herrn Salzmann.

**) Diesen Verweis nöthiget dem Munde Jesu Christi
sein feuriger Eifer ab. Er stellet ihn an den Vater
des Knabens, an die sämtlichen Juden, und wohl
auch an seine Jünger, weil sie zu wenig Glauben
hatten. Anmerkung des Abts Messanguy.

N

Wasser geworfen, ihn umzubringen. Vermagst du aber etwas, fuhr er fort, so erbarme dich unser, und hilf uns. Ja, sagte Jesus, wenn du glauben kannst; denn es ist nichts unmöglich für den, der glaubet. Der Vater weinete den Augenblick und schrie: Ich glaube, lieber Herr, hilf meinem Unglauben. Jesus that es. Er befahl dem taub = und stummmachenden Geiste auszufahren, und nie wieder in seine alte Wohnung zurückzukehren. Er mußte gehorchen. Er schüttelte aber beym Ausfahren, welches er mit einem schrecklichen Geschreye that, den Knaben so heftig, daß er wie todt war, und von vielen für todt gehalten wurde. Jesus befreyete sie jedoch gar bald von diesem Irthume; denn er nahm den Knaben bey der Hand, richtete ihn auf, und stellete ihn, von seinem Uebel gänzlich befreyt, seinem Vater zu. Alle entsetzten sich über die grosse Macht Gottes.

§. 130.

Jesus ermuntert seine Jünger zu einem lebhaften Glauben.

Nachdem Jesus das Volk von sich gelassen, und sich in ein Haus begeben hatte, fragten ihn seine Jünger, warum sie diesen Teufel nicht hätten austreiben können q). Jesus antwortete ihnen: Um eures Unglaubens willen. Denn warlich, ich sage euch, wenn ihr Glauben habt wie ein Senfkörnlein, so werdet ihr zu diesem Berge sagen: Hebe dich von hier dorthin; so wird er sich dorthin heben, und euch wird nichts unmöglich seyn. Aber diese Art (Teufel) wird

nicht

q) Marc. 9, 27-28. Matth. 17, 18-26.

nicht ausgetrieben, denn durch das Beten und Fasten.

J. C.
32.

§. 131.

Jesus verließ hierauf den Ort seines Aufenthalts, welches vermuthlich die Gegend von Cäsarea Philippi war, und setzte seine Reise, um sich wieder nach Rapharnaum zu begeben, durch das übrige Galiläa fort. Er that es aber ganz in der Stille, indem er nicht wollte, daß es jemand wissen sollte r). Unterweges sieng er wieder an, mit seinen Jüngern von seinem ihm bevorstehenden Leiden zu reden, und sagte ihnen ausdrücklich, daß des Menschen Sohn in der Menschen Hände werde übergeben werden, und sie würden ihn tödten; und wenn er getödtet wäre, würde er am dritten Tage wieder auferstehen. Allein sie verstanden noch immer nicht, was er hiedurch sagen wollte, und anstatt, ihn darüber zu fragen, welches zu thun sie sich fürchteten, stritten sie unter einander, welcher unter ihnen der Größte wäre. Jesus und Petrus, die ein wenig voraus gegangen waren, trafen zu erst in Rapharnaum ein. Die Einnehmer des Didrachma *) traten zu dem Petrus und sprachen:

Jesus saget seinen Jüngern nochmals sein Leiden vor.

N 2

r) Marc. 9, 29-32. Matth. 17, 21-26. Luc. 9, 44-46.

*) Alle Juden, die das zwanzigste Jahr zurückgeleget hatten, mußten jährlich ein Didrachma, welches zwo Drachmen oder einen halben Sekel betrug, zum Dienste der Stiftshütte entrichten. 2 Mos. 3, 13-14. Ein Didrachma machte nach unserer Münze ohngefär sechs Groschen aus.

chen: Pflegt euer Meister nicht das Didrachma zu bezahlen? Petrus bejahete es, und da er sich in das Haus zu Jesu begab, und ihm diesen Vorfall erzählen wollte, so kam ihm derselbe zuvor, und sprach: Was dünket dich Simon? Von wem nehmen die Könige auf Erden Steuer oder Zinse? Von ihren Kindern oder von Fremden? Von den Fremden, antwortete Petrus. So sind denn, erwiederte Jesus, die Kinder frey *). Damit wir sie aber nicht ärgern, so gehe hin an das Meer, wirf die Angel aus, und den ersten Fisch, der herauffährt, den nimm: und wenn du seinen Mund aufthust, wirst du einen Stater **) finden; denselben nimm, und gieb ihn für mich und dich.

§. 132.

Jesus bestrafet den Ehrgeitz seiner Jünger.
Nachdem Petrus den Befehl seines Herrn vollzogen hatte, begab er sich wieder nach Hause, wo inzwischen die übrigen Jünger auch angelanget waren. Als sie nun alle zwölfe beysammen waren, fragte sie Jesus

---

*) Als wollte er sagen: Das Geld, so man für den Tempel einsammlet, ist eine Steuer, welche der himmlische König fordert zum Unterhalte seines Hauses. Da nun die Könige der Erde keine Steuer von ihren Hausgenossen, sondern von den Auswärtigen eintreiben; so wird ja der himmlische König keine von mir begehren, der ich sein einziger Sohn bin. Anmerkung des hochwürdigen Herrn Salzmann.

**) Ein Stater galt, wie aus dieser Stelle abzunehmen ist, zwo Didrachmen oder einen ganzen Sekel.

Jesus, worüber sie unterweges mit einander gestritten
hätten ⁵)? Diese Frage setzte sie in grosse Verlegen=
heit. Und da sie sich scheueten die Wahrheit zu be=
kennen, so schwiegen sie stille. Allein Jesus, der
den Inhalt ihres Streites wohl wußte, setzte sich nie=
der, und sprach zu ihnen: Wenn jemand der Erste
seyn will, der soll unter allen der Letzte, und
aller Knecht seyn. Er rief hierauf ein Kind zu
sich, stellete es mitten unter sie, und nachdem er es
umarmet hatte, versicherte er sie, daß, wenn sie sich
nicht änderten, und würden wie die Kinder, sie in
das Himmelreich nicht eingehen würden. Er setzte
noch hinzu: Wer sich nun selbst erniedriget, wie
dieses Kind, der ist der Größte im Himmel=
reiche. Und wer ein solches Kind aufnimmt
in meinem Namen, der nimmt mich auf; und
wer mich aufnimmt, der nimmt nicht mich
auf, sondern den, der mich gesandt hat.

§. 133.

Jesus war noch in seiner Rede begriffen, als
Johannes dieselbe unterbrach, indem er zu ihm sag=
te: Meister, wir sahen Einen, der trieb die
Teufel aus in deinem Namen, aber wir ver=
boten es ihm, weil er dir mit uns nicht
folgete ᵗ). Aber Jesus verwies ihnen dies Un=
ternehmen, und sprach: Verbietet ihm dieses
nicht. Denn es ist niemand, der in meinem

N 3 Na=

⁵) Mark. 9, 32‑36. Matth. 18, 2‑5. Luk. 9, 47‑48.
ᵗ) Luk. 9, 49‑50. Mark. 9, 37‑49. Matth. 18,
6‑17.

J. C. 32.

Jesus ertheilet seinen Jüngern verschie= dene Leh= ren.

Namen eine That thut, und bald von mir
übel reden könne. Wer nicht wieder euch ist,
der ist für euch. Er fuhr hierauf also fort: Wer
immer euch mit einem Becher Wasser in meinem Namen tränket, darum, daß ihr Christo
angehöret; warlich, ich sage euch, es wird
ihm nicht unbelohnet bleiben. Und wer einen
von diesen Kleinen ärgert, die an mich glauben, dem wäre es besser, daß ihm ein Mühl-
stein an seinen Hals gehänget, und er ins Meer
geworfen würde. Er unterrichtete sodenn seine
Jünger, wie sehr sie sich zu hüten hätten, daß sie niemand Aergerniß gäben, und ertheilete ihnen auch einige Vorschriften, wie sie sich in Betreff der brüder-
lichen Bestrafung zu verhalten hätten.

§. 134.

Jesus
schärfet
die Pflicht
zu verge-
ben in ei-
nem
Gleichnis-
se ein.

Als Petrus bey dieser Gelegenheit Jesum fragte,
wie vielmal er seinem Bruder, wenn derselbe gegen
ihn sündigte, vergeben müsse? Ob er wohl siebenmal
solches zu thun schuldig sey? so antwortete ihm Jesus: Ich sage dir, nicht nur siebenmal, sondern siebenzigmal siebenmal u). Damit aber eine
so grosse Zahl seine Jünger nicht zaghaft machen möchte, so legte er ihnen die Unvernunft sowol, als die
Gefahr vor Augen, deren sie ein unversöhnliches Ge-
müth aussetzete, in dem so nachdrücklichen Gleichnisse
von einem bösen Knechte, dem sein Herr die ungeheure Schuld von zehn tausend Talenten erlassen
hatte, und der gleichwol kein Mitleiden mit seinem

Mit-

u) Matth. 18, 21-35.

Mitknechte haben wollte, der ihm nur hundert Denarien schuldig war.   Der Herr, sagte er, erzürnt
über diesen unbarmherzigen Knecht, übergab ihn den
Peinigern, bis er ihm alles, was er ihm schuldig war,
würde abgetragen haben.   So wird auch, setzte
er noch hinzu, mein himmlischer Vater euch
thun, wenn ihr nicht von Herzen vergeben
werdet, ein jeglicher seinem Bruder.

§. 135.

Als die Zeit, da Jesus Christus von hinnen
sollte genommen werden, herbey kam *), nahm er
sich starkmüthig vor, nach Jerusalem zu reisen w).

Er

Jesus
bestrafet
zwey sei-
ner Jünger
wegen ih-
res unmä-
ßigen Ei-
fers.

*) Die Tage des Leidens und Sterbens Jesu Christi
waren nicht weit mehr entfernt, und es waren ungefär nur noch sechs Monate bis zu der Zeit, da er sein
Opfer vollenden sollte.   Obgleich diese Reise nicht die
letzte war, die er nach Jerusalem thun sollte, so
sah er doch diese Stadt nicht anders, als den Schau-
platz seiner Schmerzen, und seines Leidens an.   Allein seine gesetzte Seele erlaubte ihm nicht, sich vor
dem Orte seines Opfers zu fürchten.   Er reisete also
von Rapharnaum ab, um sich nach der Hauptstadt
mit einer Unerschrockenheit zu begeben, welche zu erkennen gab, wie weit er über alle Begebenheiten, die
auf ihn warteten, erhoben war.   Der Verfasser des
betrachteten Evangeliums, welches vortreffliche
Werk im Jahre 1777 aus dem Französischen übersetzt
zu Bamberg in zwölf Oktavbänden herausgekommen,
und daselbst bey dem Herrn Tobias Goebhardt zu
haben ist.

w) Luk. 9, 51-56.

J. C.
32.

Er wollte seinen Weg durch Samaria nehmen, und schickte daher Boten voraus, ihm in einem gewissen Marktflecken der Samariter die Herberge zu bestellen. Allein die Samariter versagten ihm dieselbe, weil sie merkten, daß er nach Jerusalem reisen wollte *). Dies so unhöfliche Betragen brachte seine Jünger, den Jakobus nemlich und den Johannes dergestalt auf, daß sie zu ihm sprachen: Herr, willst du, daß wir sagen, daß das Feuer vom Himmel falle, und sie verzehre **)? Jesus, der von einem ganz andern Geiste belebet war, wandte sich zu ihnen, und verwies ihnen ihren unbescheidenen Eifer. Ihr wisset nicht, sagte er zu ihnen, wessen Geistes ihr seyd ***). Des Menschen Sohn ist nicht gekommen die Menschen zu verderben;

son-

---

*) Da die Samariter dafür hielten, daß auf dem in ihrem Lande gelegenen Berge Garizim der Ort sey, wo man anbeten müsse, so hielten sie es für einen Schimpf, wenn die Juden mit Verachtung dieses Orts auf eines ihrer Feste nach Jerusalem reiseten, Gott in dem dasigen Tempel anzubeten. Josephus erzählet im zwanzigsten Buche seiner Alterthümer am fünften Kapitel, daß die Samariter viele Juden erschlagen hätten, die eben auf ein Fest nach Jerusalem hätten reisen wollen.

**) Im Griechischen stehet noch: wie es auch Elias that. Anmerkung des Abts Meßanguy.

***) Ihr wisset nicht, daß der Geist des Evangeliums, wozu ihr berufen seyd, ein Geist der Liebe und der Sanftmuth sey, nicht aber ein Geist der Schärfe und der Strenge, wie jener des alten Gesetzes war. Anmerkung des vorbenannten Abts.

sondern zu erhalten. Sie gingen hierauf in einen andern, vermuthlich galiläischen Flecken *).

§. 136.

Auf dem Wege nach diesem Flecken sprach Einer zu Jesu: Ich will dir folgen, wohin du gehen wirst ˣ). Jesus antwortete ihm: Die Füchse haben Hölen, und die Vögel unter dem Himmel haben Nester; des Menschen Sohn aber hat nicht, wo er sein Haupt hinlege. Zu einem andern aber sprach er: Folge mir nach. Es bezeigte sich dieser auch hiezu gleich bereitwillig, doch bat er Jesum, ihm zu erlauben, seinen Vater, der erst gestorben war, zu begraben. Jesus erwiederte aber: Laß die Todten **) ihre Todten begraben; du

N 5 aber

Zween Juden bieten sich bey Jesu an, ihm nachzufolgen.

---

*) Da der heilige Evangelist nicht meldet, daß dieser Flecken in Samaria gelegen, so vermuthen wir, daß derselbe zu Galiläa gehöret habe. Es scheint auch die Begebenheit der zween Juden, die auf dem Wege nach diesem Flecken sich bey Jesu, um ihm nachzufolgen, anboten, diese Muthmaßung zu bestätigen. Wir glauben auch, daß sich der Aufenthalt von Jesu in diesem Lande so lange verzögert habe, bis die zwey und siebenzig Jünger, die derselbe um diese Zeit aussandte, wieder zurückkamen.

ˣ) Luk. 9, 57-62.

**) Diese Todten sind Leute, welche der Seele nach nicht leben. Laß, spricht Christus, die einen um die andern sorgen, und denke auf nichts anders, als mir nachzufolgen, und selig zu werden. Jesus Christus will nicht die Kinder von der Treue, die sie ihren Eltern schuldig sind, abwenden, sondern uns belehren,

daß

J.C.
37.

aber geh hin, und verkündige das Reich Gottes. Noch ein anderer bezeigte sich eben so bereitwillig, Jesu zu folgen, und verlangete nur Erlaubniß von seinen Hausgenossen Abschied nehmen zu dürfen. Jesus aber sprach zu ihm: Wer seine Hand an den Pflug leget, und zurück sieht, der ist nicht geschickt zum Reiche Gottes *).

§. 137.

Jesus
sendet
zwey und
siebenzig
Jünger
aus.

Jesus erwählete hierauf, neben seinen Aposteln, noch zwey und siebenzig Jünger, die er je zween und zween in alle Städte und Orte, wohin er selbst kommen wollte, vor sich her sandte y). Er ertheilete ihnen vor ihrer Abreise eben den Unterricht; und eben die wunderthätige Macht, die er schon zuvor den Zwölfen ertheilet hatte, und versicherte sie, daß es der Stadt Sodoma an jenem Tage nicht so hart ergehen würde, als jenen Städten, in welchen sie nicht würden aufgenommen werden. Er wandte hierauf seine Rede an einige Städte ins besondere, und redete sie

daß unsre erste Pflicht sey, ihm zu gehorchen, und an unsrer Seligkeit zu arbeiten. Der Abt Messanguy.

*) Ein Ackersmann, welcher sich mit Zurücksehen gern unterhält, kann keine gerade Furchen ziehen. Ein Jünger Jesu Christi, ein Diener des Evangeliums, welcher in die Weltsorgen, denen er entsaget hatte, sich wieder einläßt, verlieret bald den Geist seines Standes. Anmerkung des Abts Messanguy.

y) Luk. 10, 1-16.

sie also an: Wehe dir, Chorozain *)! wehe dir, Bethsaida! denn wären die Thaten zu Tyrus und Sidon geschehen, die bey euch geschehen sind, so hätten sie schon längst im Sacke und in der Asche gesessen, und hätten Buße ge- than.   Aber es wird auch Tyrus und Sidon am Tage des Gerichts erträglicher gehen, als euch.   Und du Kapharnaum, die du bis an den Himmel erhoben bist, wirst bis in die Hölle hinunter gestoßen werden.   Er entließ endlich seine Jünger mit diesen Worten: Wer euch höret, der höret mich; und wer euch verachtet, der verachtet mich, wer aber mich verachtet, der verachtet den, der mich gesandt hat.

§.   138.

Nachdem diese zwey und siebenzig Jünger den Befehl ihres heiligen Lehrers erfüllet hatten, kehreten sie zu ihm wieder zurück, und erzähleten ihm alles, was sie ausgerichtet, und daß auch die Teufel ihnen gehorchet, und gewichen wären, wenn sie es ihnen in seinem Namen befohlen hätten ᶻ).   Jesus, der bey dieser Erzählung ein eitles Wohlgefallen an seinen Jüngern bemerkte, und sie davon befreyen wollte, sprach

*) Chorozain oder Chorazin war eine Stadt in Ga- liläa.   Der Abt Calmet setzet sie auf die Ostseite des galiläischen Meers, andere aber setzen sie auf die Westseite.   Sie lag vermuthlich nicht weit von Ka- pharnaum.   Heut zu Tage ist keine Spur mehr von ihr vorhanden.

ᶻ) Luk. 10, 17-24.

sprach zu ihnen: Ich sah den Satan wie einen Blitz vom Himmel herab fallen. Sehet, ich habe euch Macht gegeben, auf Schlangen und Skorpionen zu treten, und über alle Gewalt des Feindes; und nichts wird euch beschädigen. Doch darüber freuet euch nicht, daß euch die Teufel unterthänig sind; sondern erfreuet euch, daß eure Namen im Himmel geschrieben sind. In derselben Stunde frohlockte Jesus im Geiste, und sprach: Ich preise dich, Vater, Herr des Himmels und der Erde, daß du solches den Weisen und Klugen verborgen und es den Kleinen geoffenbaret hast. Ja, Vater, denn also ist es dir gefällig gewesen. Mein Vater, fuhr er fort, hat mir alles übergeben; und niemand weiß, wer der Sohn sey, als nur der Vater, noch wer der Vater sey, als nur der Sohn, und welchem es der Sohn offenbaren will. Er wandte sich sodenn wieder zu seinen Jüngern und sprach: Selig sind die Augen, welche sehen, was ihr sehet. Denn ich sage euch, daß viele Propheten und Könige gern gesehen hätten, was ihr sehet, und habens nicht gesehen; und hören, was ihr höret, und habens nicht gehöret.

§. 139.

Ein Schriftgelehrter, der dieser Unterredung vielleicht mit beygewohnet hatte, stand hierauf auf, und sprach zu Jesu: Meister, was muß ich thun, daß ich das ewige Leben erwerbe? Jesus, der

leicht

leicht einsah, daß dieser Heuchler nur suche, ihn in
seiner Antwort zu fangen a), ließ ihm seine Frage
selbst beantworten. Wie steht, sagte er zu ihm, im
Gesetze geschrieben? Wie liesest du? Er ant=
wortete und sprach: Du sollst den Herrn, deinen
Gott, lieben von ganzem Herzen, von ganzer
Seele, aus allen Kräften, und von ganzem
Gemüthe, und deinen Nächsten wie dich selbst.
Du hast recht geantwortet, erwiederte Jesus,
thue das, so wirst du leben. Der stolze Schrift=
gelehrte wollte sich selbst rechtfertigen; er sprach daher
zu Jesu: Und wer ist mein Nächster? Jesus,
der ihn überzeugen wollte, daß ein jeder, ohne Unter=
schied des Glaubens sein Nächster sey, kleidete seine
Antwort in folgende Erzählung ein: „Ein Mensch,
sprach er, reisete von Jerusalem hinab nach Je=
richo. Er gerieth unter die Mörder; sie zogen ihn
aus, schlugen ihn, gingen davon und ließen ihn halb
todt liegen. Es trug sich zu, daß ein Priester eben
diesen Weg ging; er sah den Elenden in seinem Blute
liegen, ging aber vorbey. Nicht besser machte es ein
Levit, als er an eben diesen Ort kam, er sah ihn, hörete
sein Jammern, setzte aber auch unempfindlich seinen
Weg weiter fort. Endlich kam ein reisender Sama=
riter in diese Gegend. Sobald er den Hülflosen er=
blickte, ward sein Herz den Augenblick von Mitleiden
durchdrungen, er eilete zu ihm, verband seine Wun=
den, nachdem er Oel und Wein hinein gegossen hatte,
setzte ihn auf sein eigen Thier, und führete ihn in eine

Her=

a) Luk. 10, 25-37.

Herberge, wo er alle mögliche Sorgfalt für seine Ver=
pflegung trug.   Des andern Tages, als er seine Reise
weiter fortsetzen wollte, zog er zween Denare aus
seiner Tasche, gab sie dem Wirth, und sprach zu ihm:
Pflege ihn, und was du darüber ausgeben wirst, will
ich dir bezahlen, wenn ich wieder zurückkomme „.
Welcher dünket dich, fragte jetzt Jesus, der un=
ter diesen dreyen der Nächste gewesen sey dem,
der unter die Mörder gefallen war?   Jener,
antwortete der Schriftgelehrte, der die Barmher=
zigkeit an ihm ausgeübet hat.   So geh hin,
erwiederte Jesus, und thue desgleichen *).

§.   140.

Einige von
Jesu An=
verwand=
ten reden
ihm zu,
nach Je=
rusalem
zu reisen.

Damals nahete das Hüttenfest **) herbey, welches
ein jüdisches Fest war b), und acht Tage nach einan=
der gefeyert wurde.   Einige von den Anverwandten
Jesu, die aber selbst an ihn nicht glaubten, redeten
ihm

*) d. i. Liebe alle Menschen, sie seyn, wer sie immer
wollen, und sey bereitwillig ihnen in ihrer Noth bey=
zuspringen.   Der Abt Messanguy.

**) Dies Fest war eins von den drey hohen Festen der
Hebräer, an denen alle Mannspersonen vor dem Herrn
erscheinen mußten.   Sie feyerten dasselbe nach der
Erndte, an dem funfzehnten Tage des Monats Tisri,
welches der erste in dem bürgerlichen Jahre war, und
mit unserm September (zum Theil) übereinkam. Man
dankte an demselben Gott für die ganze Erndte, die
er bescheret hatte.   Alle Israeliten mußten an diesem
Feste zum Andenken, daß ihre Väter als Reisende in
der

b) Joh. 7, 2-9.

ihm ernstlich zu, Galiläa zu verlassen, und sich auf
dieses Fest nach Jerusalem zu begeben, damit seine
Jün-

J. L.
32.

der Wüste vierzig Jahre in Gezelten gewohnet hatten,
acht Tage hinter einander unter solchen von grünem
Laube errichteten Gezelten wohnen. Das Fest dauerte
acht Tage lang: doch waren der erste und letzte die
feyerlichsten, 3 Mos. 23, 34 - 35. u. s. f. Alle Arbeit mußte an demselben unterlassen werden. An dem
ersten Tage des Festes brach man die schönsten Baum-
äste, woran noch Früchte hingen, Palmzweige, Aeste
von den dichtesten Bäumen, und von Weiden, die
an den Bächen wuchsen, ab: unter diesen las man
die allerschönsten aus, und brachte sie mit gewissen
Ceremonien in die Synagoge. Daraus machten sie
dasjenige, was sie Lulab nannten, wenn sie nemlich
einen Palmzweig, drey Myrrthenzweige, und zween
Aeste von Weiden zusammen gebunden in der rechten
Hand, in der linken aber einen Ast von einem Citronen-
baume mit seinen Früchten trugen, und diese Zweige
zum öftern gegen einander und gegen die vier Gegenden der Welt bewegten, dabey aber einige Lieder san-
gen. Sie nannten diese Zweige auch Hosanna, weil
sie bey dem Hin- und Herbewegen derselben immer
Hosanna ausruften, beynahe auf die Art, wie die
Juden thaten, als unser Heiland seinen Einzug zu
Jerusalem hielt. Am achten Tage ward diese Ceremonie weit öfter, und mit größerer Feyerlichkeit unternommen, als an den übrigen Tagen des Festes.
Aus der Ursache nannten sie diesen Tag, Hosannah
rabbah, das grosse Hosianna. Für dieses Fest waren besondere Opfer bestimmet. An dem ersten Tage
des Festes wurden außer den gewöhnlichen Opfern
dreyzehn junge Farren, zween Widder und vierzehn
Lämmer mit ihren Speis- und Trankopfern, die dazu
gehöre-

J. C.
32.

Jünger, die er daselbst habe, die Wunder sehen möch=
ten, die er thue; denn, sagten sie, keiner, der
sich

gehöreten, als ein Brandopfer, ingleichen auch ein
Bock zum Sündopfer geopfert. An dem andern Tage
opferte man zwölf junge Farren, zween Widder, und
vierzehn Lämmer mit ihren Opfern von Mehl, Oel
und Wein, die allezeit dabey seyn mußten, zum Brand=
opfer, überdieses noch einen Bock zum Sündopfer,
ohne die gewöhnlichen Morgen= und Abendopfer, die
niemals ausgesetzet werden durften, und ohne die zu
rechnen, welche die Israeliten aus Andacht, oder zur
Versöhnung ihrer Sünden opfern konnten. Denn
jene Opfer, wovon wir hier reden, wurden im Na=
men des ganzen Israels geschlachtet. An dem drit=
ten, vierten, fünften, sechsten und siebenten Tage
des Festes, brachte man eben solche Opfer, wie an
den andern geschahe, nur mit dem Unterschiede, daß
alle Tage ein junger Farre weniger geopfert ward, so
daß deren am dritten Tage eilfe, an dem vierten
zehen, an dem fünften Tage neune, an dem sechsten
achte, und an dem siebenten nur sieben geschlachtet
wurden. Von den andern Thieren opferte man an
jedem Tage, eben die Anzahl, wie an den vorigen.
An dem achten Tage aber, ob er gleich viel herrlicher
war, als die vorhergehenden, opferte man doch nicht
mehr, als einen jungen Farren, einen Widder, sie=
ben Lämmer zum Brandopfer, und einen Bock zum
Sündopfer, nebst den ordentlichen Speis= und Trank=
opfern. Ferner wird erzählet, die Juden hätten an
dem achten Tage des Festes die Erstlinge von den
späten Früchten in den Tempel gebracht; sie wären
ferner hingegangen, aus dem Brunnen Siloah Was=
ser zu schöpfen, und hätten solches in den Tempel ge=
tragen, wo es von den Priestern mit Wein vermi=
schet,

sich bekannt machen will, thut etwas im Verborgenen. Thust du solches (solche Wunder),
so offenbare dich vor der Welt. Jesus, ohne
ihre Verwegenheit zu bestrafen, antwortete ihnen mit
seiner gewöhnlichen Sanftmuth: Meine Zeit ist
noch nicht gekommen; eure Zeit aber ist allezeit

schet, unten an den Brandopferaltar ausgeschüttet
worden wäre, da indessen das Volk die Worte des
Propheten Jsaias gesungen habe: Ihr werdet mit
Freuden Wasser schöpfen aus dem Heilsbrunnen
12, 3. Diese Ceremonie soll von Haggai (Aggäus)
und Sacharja (Zacharias) nach der Wiederkunft
aus der Gefangenschaft verordnet worden seyn. Einige halten dafür, es habe Christus darauf gezielet,
als er an dem letzten Tage des Lauberhüttenfestes
in dem Tempel ausgerufen: Wen dürstet, der
komme zu mir, und trinke. Wer an mich glaubet, wie die Schrift saget, von dessen Leib werden Ströme des lebendigen Wassers fließen.
Dieses bedeutete, wie Johannes anmerkt, den heiligen Geist, den die empfangen sollten, welche an ihn
glaubten. Einige von den Auslegern sind der Meinung, man habe an diesem Feste die Psalmen, die
die Ueberschrift: Pro torcularibus, für die Keltern
führen, als der 20. der 80. und der 83. nach der
Vulgata, gelesen. Allein Leo von Modena nennt
diejenigen Psalmen, die den Titel Halleluja, oder
Lobet den Herrn führen, und nach der Vulgata
der 112. 113. 114. 115. 116. 117. 118. oder, wie sie
die Hebräer geordnet, der 113. 114. 115. 116. 117.
118. 119. sind. Der Abt Calmet unter den Artikeln
Feste, Gesetz, Hüttenfest, wo man auch noch mehrere Nachrichten von diesem Feste finden wird.

O

J. C.
32.

zeit bereit. Die Welt kann euch nicht haffen; mich aber haffet sie; denn ich zeuge von ihr, daß ihre Werke böse sind. Gehet ihr hinauf auf dieses Fest: Ich will noch *) nicht auf dieses Fest hinaufgehen; denn meine Zeit ist noch nicht erfüllet **). Als er dieses gesagt hatte, blieb er in Galiläa zurück.

§. 141.

Jesus reiset nach Jerusalem.

Als aber seine Anverwandten abgereiset waren, machte er sich auch auf den Weg nach Jerusalem, doch nicht öffentlich, sondern gleichsam heimlich ᶜ). Während der Zeit, da Jesus auf dieser Reise begriffen war, nahm das Fest wirklich seinen Anfang, und die Juden, als sie ihn in dem Tempel nicht wahrnahmen, geriethen in eine grosse Unruhe, die sich endlich in einen nicht geringen Streit verwandelte, indem einige mit grosser Achtung von ihm redeten, andere aber schimpften, und ihn einen Betrüger des Volks nannten. Jesus erschien endlich um die Mitte des Festes in dem Tempel. Alles gerieth in Bestürzung, als

*) noch nicht. aus dem Griechischen und Syrischen. Eben darum deutet er an, er werde nachmals auf Jerusalem reisen: wie es auch geschehen. Anmerkung des hochwürdigen Herrn Weittenauer.

**) Der Zeitpunkt, welchen ihn zum Dahingehen der Wille seines Vaters ausgesteckt hätte, war noch nicht gekommen; und sein genauer Gehorsam gestattete ihm nicht, demselben zuvor zu kommen. Der Abt Meffanguy.

ᶜ) Joh. 7, 10-32.

als er zu lehren anfieng.   Die hohe Kenntniß der heiligen Schrift, die er dabey entdeckte, setzte die Juden in ein solches Erstaunen, daß sie sich nicht enthalten konnten, einander zu fragen, woher doch ein
Mensch, der niemals in die Schule gegangen, dieselbe
je habe erhalten können.   Jesus hörete dieses, und
versicherte sie, daß seine Lehre nicht sein wäre, sondern dessen, der ihn gesandt habe.   Und wer den Willen desselben thun wolle, der werde bald erkennen, ob
diese Lehre von Gott sey, oder ob er von sich selbst
rede.   Er setzte hierauf seine Rede mit grossem Muthe
fort, und bekräftigte alles, was er sagte, mit so un-
widersprechlichen Beweisgründen, daß viele von dem
Volke anfiengen, öffentlich an ihn zu glauben.   Kaum
hatten die Pharisäer und die Hohenpriester hievon
Nachricht erhalten, so sandten sie Gerichtsdiener ab,
sich seiner zu bemächtigen.   Doch eben diejenigen, die
ihn fangen sollten, wurden selbst gefangen, indem sie
durch die Annehmlichkeit seines Vortrags, und durch
die Stärke seiner Beweisgründe dergestalt eingenommen wurden, daß sie voll Verwunderung zurückkeh-
reten, und ihre Herrn versicherten, daß noch nie ein
Mensch, so, wie Jesus geredet habe [d]).

§. 142.

Am letzten Tage des Festes, welches der feyerlichste
war, fand sich Jesus wieder in dem Tempel ein, und
schrie mit heller Stimme: Wen dürstet, der komme
zu mir, und trinke [e]).   Wer an mich glaubet,

Verschiedene Meinungen der Juden von Jesu.

D 2   wie

d) Joh. 7, 45-46.
e) Joh. 7, 37-53.

wie die Schrift saget f), von dessen Leibe werden Ströme des lebendigen Wassers fließen *). Dies redete er von dem Geiste, den die, die an ihn glaubten, empfangen sollten; denn der heilige Geist war noch nicht gegeben, weil Jesus noch nicht verherrlichet war. Durch diese Rede des göttlichen Heilands wurden die Meinungen der Juden von ihm noch mehr getheilet. Einige sprachen: Dieser ist wahrhaftig ein Prophet. Andre sagten: Er ist Christus. Noch andre aber wiedersprachen ihnen, und suchten zu behaupten, daß er der Messias nicht seyn könne, indem er, wie sie irrig glaubten, ein Galiläer sey, da doch der wahre Messias zu Bethlehem geboren werden müsse. Niemand zeigte sich erbitterter, als die blinden Pharisäer, denen es unerträglich fiel, daß so viele von dem Volke, und unter diesem sogar diejenigen, die abgeschicket waren, Jesum zu fangen, sich für ihn erklärten. Sie scheueten sich nicht einmal, zu behaupten, daß bloß die Dummheit des Volks an dem grossen Beyfall, den er habe, Schuld sey; wobey sie zugleich fragten, ob denn ein Einziger von der Obrigkeit oder von den Pharisäern an ihn glaube? Hier konnte sich Nikodemus, der sein heimlicher Jünger war, nicht enthal-

f) Isa. 44, 3. Joel 2, 28-29.

*) Wer an mich glaubet, der wird mit dem heiligen Geiste erfüllet werden. Alsdenn wird sein Herz eine reiche Quelle werden, woraus sich die Gnade auf andre Menschen wie ein lebendiges Wasser durch allerley gute Werke und erbauliche Tugenden ergiessen wird. Der Abt Messanguy.

halten, diese stolzen Leute zu fragen, ob denn das
Gesetz erlaube, einen Menschen zu verdammen, ohne
ihn verhöret zu haben, und ohne zu wissen, was
er begangen? Sie beantworteten aber diese Frage auf
keine andere Art, als daß sie ihn in einem erzürnten
Tone wieder fragten, ob er denn auch ein Galiläer
sey? Sie riethen ihm zugleich, die Schrift zu lesen,
da er denn finden würde, daß noch kein Prophet *)
aus Galiläa erstanden sey. Ein jeder ging hierauf
nach Hause.

§. 143.

Des Abends begab sich Jesus vor die Stadt hinaus auf den Oelberg **), von dem er aber des andern Tages bald frühe nach dem Tempel wieder zurückkehrete, wo das ganze Volk, welches dahin ge-

D 3

kom-

J. C.

32.

Eine Ehe-
brecherinn
wird zu
Jesu ge-
bracht.

*) Der Prophet Jonas war wirklich ein Galiläer,
denn er war aus Geth Opher gebürtig, 4 Kön. 14,
25. welches in Niedergaliläa im Stamme Zabulon lag. Man siehet hieraus, wie ungegründet das
Urtheil der Pharisäer war, da sie entweder aus Unwissenheit, oder aus Bosheit behaupten wollten, daß
noch kein Prophet aus Galiläa entstanden sey.
Wenn es aber auch wahr wäre, daß nie ein Prophet aus
Galiläa entstanden wäre, so wäre doch der Schluß
aus dem Verflossenen auf das Gegenwärtige nicht
richtig. Zudem war Jesus Christus nicht in Galiläa geboren, sondern nur daselbst erzogen worden.
Die Pharisäer begingen also einen doppelten Fehler.

**) Der Oelberg, welcher seinen Namen von den Oli-
venbäumen hat, mit denen er bewachsen war, und
zum Theil noch bewachsen ist, liegt an der Ostseite,
gegen den Berg Morijah und dem darauf stehenden

Tem-

kommen war, dem Morgenopfer beyzuwohnen, sich
bey ihm versammlete ⁵). Er setzte sich nieder, und
fieng an dasselbe zu unterweisen. Damals geschah
es, daß die Schriftgelehrten und Pharisäer ein
Weib *) zu ihm brachten, welches im Ehebruche war
ergrif

Tempel über. Mark. 13, 3. Er ist noch einmal so
hoch, als der Berg Zion, und der höchste Berg um
Jerusalem her, davon er nur eine Viertelstundewegs
entfernet ist. Man kann von demselben nicht allein die
ganze Stadt übersehen, sondern auch gegen Norden
die Berge Grizzim und Ebal, und Galiläa, gegen
Westen die Gegenden am mittelländischen Meere, gegen Osten aber den Jordan, das todte Meer, und
die jenseits des Flusses und des Sees liegende Berge
und Gegenden erblicken, wie Rauwolf, Schweig-
ger, Maundrel, Nau, Pocok und Korte bezeugen. Er erstreckt sich von Süden gegen Norden,
und hat drey oder vier Spitzen. Zwischen diesem
Berge und dem Berge, darauf Jerusalem stehet, ist
ein tiefes Thal, vor Alters das That Josaphat genannt, durch welches der Bach Kidron fließet,
der kein Wasser hat, als wenn es entweder stark
oder lange regnet; am Fuß des Oelbergs aber war
ein Hof und Garten Gethsemane (d. i. Oelpresse)
genannt. Matth. 26, 36. Joh. 18, 1. Herr Oberkonsistorialrath Büsching in seinen vorläufigen Abhandlungen zu den vier Evangelisten.

g) Joh. 8, 1-11.

*) Die Geschichte der Ehebrecherinn war vormals in ei-
nigen alten Exemplarien des Evangelii des heiligen
Johannis nicht zu finden. Die übrigen Evangelisten gedenken dieser Begebenheit gar nicht. Eusebius hist. eccl. l. 3. c. 39. schreibt sie dem Papias

ergriffen worden.   Sie stelleten sie mitten unter die
Versammlung, und sprachen zu Jesu: Meister, dies
D 4   Weib

zu, der dieselbe nebst vielen andern, die bey den Evangelisten nicht anzutreffen sind, von den Aposteln vernommen hätte.   Die meisten von den alten griechischen Vätern haben sie nicht gelesen.   Und von allen
den griechischen Kirchenvätern, welche in der Samm-
lung der Ausleger stehen, die den Johannes erkläret
haben, hat sie nicht ein einziger berühret.   Maldonatus versichert, er habe unter allen den griechischen
Handschriften, die er zu Rathe gezogen, nicht eine
gefunden, welche diese Geschichte enthalten hätte;
ein Exemplar ausgenommen, darinn der Commenta-
rius des Leontius über den heiligen Johannes befindlich gewesen.   Aber auch Leontius gedenket derselben nicht mit einem Worte in seiner Erklärung.
Und der zur Seite stehende griechische Text ist mit gewissen critischen Spießen, oder Häckchen bezeichnet;
welches ein Merkmal ist, daß die Stelle streitig und
untergeschoben sey.   Die Armenier haben sie aus
ihrer Bibel hinweggelassen.   In der gothischen Uebersetzung des Ulphilas, und in der syrischen, welche
zu Paris und zu London gedruckt ist, suchet man
sie vergeblich.   Euthymius, welcher zu Anfange des
zwölften Jahrhunderts lebte, versichert, sie sey in den
besten Handschriften nicht befindlich, oder doch mit einem Spieße, oder Häckchen, als eingeschoben, bemerkt
gewesen.   Allein man antwortet hierauf: Die meisten
griechischen Handschriften, welche Theodor Beza,
Robert Stephanus und Millius zu Rathe gezogen,
haben diese streitige Stelle gehabt, und es giebt heut
zu Tage sehr wenig griechische Handschriften, in welchen sie nicht stehen sollte.   Es ist keine einzige lateinische Handschrift bekannt, darinn man sie nicht läse.

Ver-

Weib ist jetzt auf frischer That im Ehebruche ergriffen worden. Nun hat uns aber Moses im Gesetze befohlen, eine solche zu steinigen *).

Was

Vermuthlich wird sie auch in mehrern syrischen, arabischen und coptischen Handschriften gefunden, als nicht gefunden. Endlich so haben sie Tatian, welcher im 160. Jahre Christi, und Ammonius, welcher im 220. Jahre lebete, ihren evangelischen Harmonien einverleibet, aus welchen sie Eusebius genommen, und in die seinige übertragen hat. Der Verfasser der apostolischen Constitutionen l. 2. c. 24. Hieronymus l. 2. contra Pelag. c. 6. Ambrosius l. 3. de spirit. s. c. 2. & lib. 7. epi. 58. & lib. 9. epi. 76. Augustinus Tract. 32. in Joan. , die Synopsis, welche dem Athenasius zugeschrieben wird, erkennen diese Geschichte für ächt, und glaubwürdig. Die meisten von den geschicktesten Kunstrichtern, und selbst die Lehrer der Protestanten, halten sie in gleichem Werthe mit den übrigen Theilen der evangelischen Geschichte. Endlich da die tridentinische Kirchenversammlung die Vulgata für authentisch erkläret hat, so ist es nicht mehr erlaubt, an der Richtigkeit dieser Stelle zu zweifeln. Der Abt Calmet in seinem biblischen Wörterbuche unter dem Artikel Jesus Christus.

*) Das Gesetz hatte nur in dem Fall die Steinigung gegen die Ehebrecher verordnet, wenn nemlich eine Jungfrau mit einem Manne sich versprochen hatte, ehe sie aber die Heirath vollzog, sich mit einem andern Manne versündigte. Man sehe 5 Mos. 20, 23 - 24. Bey andern Fällen, war zwar auch der Tod auf den Ehebruch gesetzet, aber keine gewisse Gattung desselben bestimmet, und die Steinigung war nur durch den Gebrauch eingeführet.

Was sagest du? Dies sprachen sie, ihn zu versuchen, damit, auf welche Art er diese Sache entscheiden würde, sie eine Gelegenheit haben möchten, ihn anzuklagen, entweder wegen einer allzugrossen Härte, wenn er sie verdammte, oder wegen einer allzugeringen Achtung gegen das Gesetz, wenn er sie lossspräche. Allein Jesus würdigte diese lieblosen Menschen keiner Antwort, sondern bückte sich, und schrieb mit dem Finger auf die Erde. Als sie aber nicht aufhöreten, seinen Ausspruch zu begehren, so richtete er sich auf, und sprach zu ihnen: Welcher unter euch ohne Sünde ist *), der werfe den ersten Stein auf sie. Er bückte sich wieder nieder und fuhr fort zu schreiben. Kaum hatten die Ankläger diese Worte gehört, so ging einer nach dem andern fort. Die Aeltesten wichen zu erst, und Jesus blieb allein mit dem Weibe in der Mitte. Als er sich wieder aufrichtete, und niemand sah, als das Weib, sprach er zu ihr: Weib, wo sind deine Ankläger? Hat dich niemand verdammet? Sie antwortete: Herr, niemand. So will ich dich auch nicht verdammen, erwiederte Jesus, geh hin, und sündige ins künftige nicht mehr.

D 5 §. 144.

*) Jesus Christus fordert nicht, daß ein Richter ohne Sünde seyn müsse, um die Verbrechen an andern rechtmäßig zu bestrafen. Nur will er mit der Verweisung ans eigene Gewissen die Ankläger der Ehebrecherinn nöthigen, dieses Weib zu verlassen: aus Furcht er möchte etwa ihre heimlichen Laster an den Tag bringen. So rettete er sie aus ihren Händen, ohne ihnen einigen Vorwand, ihn selbst zu verklagen, zu lassen. Der Abt Messanguy.

§. 144.

J. C.

32.
Jesus redet von sich, als dem Lichte der Welt.

Jesus setzte hierauf seine Rede an seine Zuhörer fort [h]). Ich bin, sagte er zu ihnen, das Licht der Welt; wer mir nachfolget, der wird nicht in den Finsternissen wandeln, sondern wird das Licht des Lebens haben. Dieser Ausdruck brachte wieder einige Pharisäer, die jedoch von denen, die das Weib angeklaget hatten, müssen unterschieden werden, aufs neue auf. Sie antworteten mit ihrer gewöhnlichen Vermessenheit, daß sein Zeugniß nicht glaubwürdig sey, weil er von sich selbst zeuge. Jesus erwiederte aber: Und wenn ich gleich von mir selbst zeuge, so ist mein Zeugniß doch wahr; denn ich weiß, woher ich gekommen bin, und wohin ich gehe. Ihr aber wisset nicht, woher ich gekommen bin, und wohin ich gehe. Ihr richtet nach dem Fleische, ich richte niemand. Wenn ich aber richte, so ist mein Gericht gerecht; denn ich bin nicht allein; sondern ich und der Vater, der mich gesandt hat. So stehet in eurem Gesetze geschrieben, daß das Zeugniß zweener Menschen wahr sey [i]). Ich bins, der ich von mir selbst zeuge; und der Vater, der mich gesandt hat, zeuget auch von mir. Die Pharisäer fragten ihn, wo denn sein Vater sey? Er antwortete ihnen: Ihr kennet weder mich, noch meinen Vater. Wenn ihr mich känntet, so känntet ihr auch meinen Vater.

h) Joh. 8, 12. 20.
i) 5 Mos. 17, 6. 19, 15.

ter. So redete Jesus, als er in dem Tempel bey der
Schatzkammer lehrete.   Seine Feinde wurden durch
diese Rede sehr aufgebracht; es getrauete sich jedoch
niemand, die Hand an ihn zu legen, denn seine Stun=
de war noch nicht gekommen.

§. 145.

Ehe noch Jesus diesen Ort verließ, sprach er zu
seinen Feinden: Ich gehe hinweg, und ihr wer=
det mich suchen, und in eurer Sünde sterben.
Wo ich hingehe, da könnet ihr nicht hinkom=
men k).   Hier sprachen die Juden zu einander: Will
er sich denn selbst tödten, daß er spricht: Wo
ich hingehe, da könnet ihr nicht hinkommen?
Jesus hörete dieses, und sprach zu ihnen: Ihr seyd
von unten her, ich bin von oben herab; ihr
seyd von dieser Welt, ich bin nicht von die=
ser Welt.   Darum habe ich euch gesagt, daß
ihr in euren Sünden sterben werdet; denn
wenn ihr nicht glaubet, daß ichs bin, so wer=
det ihr in eurer Sünde sterben. Wer bist du
denn? fragten hierauf die Juden.   Der Anfang,
erwiederte Jesus, der ich auch mit euch rede.
Ich habe viel von euch zu reden, und zu rich=
ten: aber der mich gesandt hat, ist wahrhaf=
tig; und was ich von ihm gehöret habe, das
rede ich vor der Welt.   Doch die Juden verstan=
den nicht, daß er ihnen sagte, Gott sey sein Vater.
Er fuhr daher also fort: Wenn ihr des Menschen
Sohn

Marginal note: Jesus zeiget den Juden die traurige Folgen ih=rer Verstockung an.

Marginal note top right: J. C. 32.

k) Joh. 8, 21 - 29.

J. C.
32.

Sohn erhöhen werdet *), denn werdet ihr erkennen, daß ichs bin, und daß ich von mir selbst nichts thue, sondern, wie mich mein Vater gelehret hat, so rede ich. Der mich gesandt hat, ist mit mir, und lässet mich nicht allein: denn ich thue allezeit, was ihm gefällt.

§. 146.

Fortsetzung seiner Rede.

Auf diese Rede glaubten viele an ihn [1]). Jesus wandte sich zu ihnen, und sprach: Wenn ihr in meiner Rede bleiben werdet, so seyd ihr meine rechten Jünger; Und ihr werdet die Wahrheit erkennen, und die Wahrheit wird euch frey machen. Die letzten Worte beleidigten die empfindlichen Ohren der Juden. Wir sind Abrahams Samen, riefen sie, und sind niemands Knechte je gewesen; wie sprichst du denn: Ihr sollet frey werden? Jesus antwortete ihnen, und sprach: Warlich, warlich, ich sage euch: Wer Sünde thut, der ist der Sünden Knecht. Der Knecht aber bleibet nicht ewig im Hause; der Sohn aber bleibet ewiglich. Wenn euch nun der Sohn frey machet, so seyd ihr wahrhaft frey. Ich weiß wohl, daß ihr Abrahams Kinder seyd; aber ihr suchet mich zu tödten; denn meine Rede verfängt nichts bey euch.

*) Er redet von seinem Kreuztode, und seine Worte gingen in Erfüllung, als viele ganz von Reue durchdrungen, vom Kreuze zurückgingen.

1) Joh. 8, 30. 47.

euch. Ich rede, was ich bey meinem Vater ge=
sehen habe; und ihr thut, was ihr bey eurem
Vater gesehen habt. Abraham, sagten die Ju=
den, ist unser Vater. Jesus erwiederte: Seyd
ihr Abrahams Kinder, so thut Abrahams
Werke. Nun aber suchet ihr mich zu tödten,
einen Menschen, der ich euch die Wahrheit
gesagt habe, die ich von Gott gehöret habe:
das hat Abraham nicht gethan. Ihr thut eu=
res Vaters Werke. Hier wurden die Juden noch
mehr aufgebracht. Wir sind, schrien sie, nicht
unehelich geboren; wir haben einen Vater,
Gott. Jesus antwortet ihnen: Wenn Gott euer
Vater wäre, so liebtet ihr mich ohne Zweifel;
denn ich bin ausgegangen, und von Gott ge=
kommen. Denn ich bin nicht von mir selbst
gekommen, sondern er hat mich gesandt.
Warum kennet ihr denn meine Sprache nicht?
Weil ihr meine Worte nicht hören könnet.
Ihr seyd von dem Vater dem Teufel, und nach
eures Vaters Lüsten wollet ihr thun. Derselbe
war ein Mörder vom Anfange, und ist in der
Wahrheit nicht bestanden; denn die Wahrheit
ist nicht in ihm. Wenn er Lügen redet, so re=
det er von seinem Eigenen; denn er ist ein
Lügner; und ein Vater derselben. Ich aber,
wenn ich euch die Wahrheit sage, so glaubet
ihr mir nicht. Welcher unter euch, fuhr er fort,
kann mich einer Sünde überführen? Wenn
ich aber die Wahrheit sage, warum glaubet
ihr mir nicht? Wer aus Gott ist, der höret

Got=

J. C.
32.

Gottes Wort: darum höret ihrs nicht, weil ihr aus Gott nicht seyd.

§. 147.

Jesus
verheißet
seinen
Nachfol-
gern die
Unsterb-
lichkeit.

Die Juden waren außer Stande eine so gerechte Bestrafung mit Gründen zu wiederlegen, sie nahmen daher ihre Zuflucht zum Schmähen, und nannten Jesum einen Samariter und einen vom Teufel besessenen Menschen m). Jesus antwortete ihnen ganz gelassen: Ich habe keinen Teufel; sondern ich ehre meinen Vater, und ihr entehret mich. Ich suche nicht meine Ehre; es ist einer der sie suchet und richtet. Wärlich, warlich, ich sage euch: So jemand mein Wort wird halten, der wird den Tod nicht sehen ewiglich. Hier wiederholten die Juden ihre Lästerung, indem sie sprachen: Nun erkennen wir, daß du den Teufel hast. Abraham ist gestorben, und die Propheten, und du sprichst: So jemand mein Wort hält, der wird den Tod nicht schmecken ewiglich. Bist du denn mehr, als unser Vater Abraham, welcher gestorben ist? und die Propheten sind gestorben. Was machest du aus dir selbst? Jesus erwiederte: Wenn ich mich selbst ehre, so ist meine Ehre nichts. Es ist mein Vater, der mich ehret, von welchem ihr sprechet, er sey euer Gott. Und ihr kennet ihn nicht. Ich aber kenne ihn. Und wenn ich sagen würde, ich kenne ihn nicht, so würde ich ein Lügner seyn, gleichwie ihr seyd. Ich

aber

m) Joh. 8, 48 · 59.

aber kenne ihn, und halte sein Wort. Abraham, euer Vater freuete sich, daß er meinen Tag sehen sollte, und er sah ihn, und erfreuete sich. Wie! versetzten die Juden: Du bist noch nicht funfzig Jahre alt, und hast Abraham gesehen? Jesus antwortete ihnen: Warlich, warlich, ich sage euch: Ehe denn Abraham ward, bin ich. Diese Antwort setzte die verstockten Juden in eine solche Wut, daß sie Steine aufhoben, ihn damit zu werfen. Allein Jesus verbarg sich, ging mitten durch sie hin *), (ohne erkennt zu werden), zum Tempel hinaus.

§. 148.

Kurz hierauf fügte sichs, daß Jesus auf der Straße einen blindgebornen Menschen antraf ꜧ). Seine Jünger, die ihn begleiteten, fragten ihn, ob dieser Mensch wegen seiner eigenen Sünden **), oder um der Missethaten seiner Eltern willen in diesem Zustande zur Welt gekommen sey? Jesus antwortete ihnen: Es hat weder dieser gesündiget, noch seine Eltern ***); sondern daß die Werke Gottes

*) Aus dem Griechischen.

ꜧ) Joh. 9, 1-23.

**) Es scheint, daß diese Jünger der Meinung gewesen, daß Gott bisweilen die Sünden bestrafe, die zwar noch nicht wären begangen worden, die aber, wie er vorsähe, in der Zukunft würden begangen werden.

***) Obschon sie Sünder waren, sind sie doch nicht sündhafter gewesen, als unzählige andere, denen doch das nemliche Unglück nicht wiederfahren ist. Gott
schickt

J. C.
32.

tes an ihm offenbar würden. Ich muß, so lange es Tag ist, die Werke dessen, der mich gesandt hat, wirken. Es kömmt die Nacht, da niemand wirken kann. So lange ich in der Welt bin, bin ich das Licht der Welt. Nach dieser Antwort befeuchtete er den Staub der Erde mit seinem Speichel, strich die mit seinem Speichel befeuchtete Erde auf die Augen des Blinden, und befahl ihm zu dem Teiche Siloe *) zu gehen, und sich zu waschen. Er thats, und kam sehend zurück. Seine Nachbarn, und die, die ihn zuvor als einen Bettler gekannt hatten, erstaunten, als sie ihn sahen, und

schickt dem Menschen eine Trübsal zu, entweder zur Strafe ihrer eigenen Sünden, oder um ihrer Väter Missethaten, deren sie sich auf einige Art mit schuldig gemacht haben, zu rächen; oder um ihre Tugend zu prüfen, und zu reinigen; oder um seine Macht an ihnen zu verherrlichen. Der Abt Messanguy.

*) Dieser Teich bekam seinen Zufluß von dem Brunnen dieses Namens, welcher auf der südwestlichen Seite von Jerusalem entsprang. Man sehe Relandi Palaest. pag. 877. Der heilige Evangelist zeiget uns das Geheimniß dieses Teiges zur Genüge an, indem er uns sagt, Siloe heiße soviel, als Gesandter. Es war dieses einer von den Namen des Messias in der heiligen Schrift, und unser Heiland nahm ihn oftmals an. Er hat nur jetzt noch gesagt, er müsse die Werke desjenigen thun, dessen Gesandter er wäre. Es konnte also dieser Teich nicht vermittelst seiner eigenen Kraft, sondern vermittelst der Kraft Jesu, des Messias und Gesandten Gottes, die Blindheit heilen. Der Verfasser des betrachteten Evangeliums Th. 7. S. 7. nach der deutschen Uebersetzung.

und fragten einander, ob dies nicht der Mensch sey, *J. C.*
der da gesessen und gebettelt habe? Einige antworte- *32.*
ten: Ja, er ist es. Andere aber sprachen: Er
ist es nicht, sondern er ist ihm ähnlich. Als
dieses der Blindgeborne hörete, sprach er: Ich bin
es. Sie fragten ihn sogleich, wie es denn zugegangen sey, daß er nun sehe. Er antwortete ihnen:
Der Mensch, der Jesus heißet, befeuchtete die
Erde, bestrich meine Augen, und sprach: Geh
hin zu dem Teiche Siloe, und wasche dich:
und ich bin hingegangen, wusch mich, und
ward sehend. Sie fragten ihn weiter, wo Jesus
sey? Er erwiederte: Ich weiß es nicht. Sie führten ihn hierauf zu den Pharisäern, vermuthlich in
der Absicht, damit sie diese Begebenheit, die sich an
einem Sabbath ereignet hatte, genauer untersuchen
möchten. Sie thaten es auch wirklich, und fragten
diesen Menschen gleich, auf welche Art er sein Gesicht erhalten habe. Nasse Erde, antwortete er,
legte er mir auf die Augen, und ich wusch
mich, und bin nun sehend. Diese Nachricht gab
Anlaß zu einem heftigen Streite, indem einige Pharisäer behaupteten, daß Jesus von Gott nicht seyn
könne, weil er diese Handlung an einem Sabbath
vorgenommen, und folglich diesen Tag entheiliget habe,
da hingegen andere fragten, wie es denn möglich sey,
daß ein sündiger Mensch solche Zeichen thun könne?
Sie fragten endlich den Blindgewesenen, was er von
dem, der ihm seine Augen geöffnet habe, halte. Er
antwortete ohne Anstand: Er ist ein Prophet.
Die Eltern von diesem Menschen wurden hierauf ge-

P   rufen,

rufen, und befragt, ob dieses ihr Sohn sey, von welchem sie sagten, daß er blind geboren worden, und wie es denn komme, daß er nun sehe? Die Eltern bestätigten das erste, und versicherten, daß er blind auf die Welt gekommen, wie es aber zugegangen, daß er nun sähe, und wer derjenige sey, der ihm die Augen aufgethan, dies wüßten sie nicht; ihr Sohn sey alt genug, zu antworten, sie sollten ihn nur selbst fragen. Durch diese Antwort suchten die Eltern dem Zorne der Pharisäer zu entgehen; denn sie wußten schon, daß das Sanhedrin beschlossen habe, denjenigen aus der Synagoge zu stoßen, der Jesum für den Christ (den Messias) erkennen würde.

§. 149.

Der Blindgeborne, der inzwischen hatte abtreten müssen, ward also wieder herbeygerufen [o]). Die Pharisäer sagten zu ihm mit einer drohenden Stimme: Gieb Gott die Ehre: denn wir wissen, daß dieser Mensch ein Sünder ist. Ob er ein Sünder ist, antwortete der immer Unerschrockene, das weiß ich nicht. Eins weiß ich wohl, daß ich blind war, und nun sehend bin. Sie fragten ihn aufs neue, was Jesus mit ihm gemacht, und wie derselbe ihm seine Augen geöffnet habe? Voll Unwillen erwiederte er hierauf: Ich habs euch schon gesagt, und ihr habt es gehört. Was wollet ihr es abermals hören? Wollet ihr auch seine Jünger werden? Diese muthige Antwort brachte die empfindlichen Pharisäer dergestalt auf, daß sie ihm

[o]) Joh. 9, 24-34.

ihm fluchten und sprachen: Sey du sein Jünger, **J. C.**
wir aber sind Mosis Jünger. Wir wissen,
daß Gott mit Mose geredet habe, woher aber **32.**
dieser sey, das wissen wir nicht. Das ist wun=
derlich, antwortete der auch jetzt noch Unerschrockene,
daß ihr nicht wisset, woher er sey; und er hat
meine Augen aufgethan. Wir wissen ja, daß
Gott die Sünder nicht höret *), sondern wenn
jemand gottesförchtig ist, und seinen Willen
thut, den erhöret er. Seitdem die Welt ste=
het, fuhr er fort, ist es nicht erhöret worden,
daß jemand einem Blindgebornen die Augen
aufgethan habe. Wäre dieser nicht von Gott,
so könnte er nichts (dergleichen) thun. Hier wuß=
ten die Pharisäer nicht, wo sie Worte hernehmen
sollten, die nachdrücklich genug wären, ihren Unwil=
len und Verdruß sattsam auszudrücken, endlich spra=
chen sie zu dem großmüthigen Bekenner Jesu Christi:
Du bist ganz in Sünden geboren, und lehrest
uns? Sie erklärten ihn zugleich für einen in den
Bann verfallenen Menschen, und stießen ihn hinaus.

§. 150.

Als Jesus vernommen hatte, daß dieser Mensch **Jesus**
jetzt erzählter maßen von den Pharisäern ausgesto= **erinnert**
die Pha=
ßen, und verbannet worden, so fragte er ihn, als er **risäer an**
ihre Ge=
ihn fand, ob er an den Sohn Gottes glaube? Herr, **setze.**

P 2 ant=

---

*) Gott, weil er die Wahrheit selbst ist, verleihet einem
Verführer die Macht nicht, seine Lügen mit Wun=
derwerken zu bekräftigen. Der Abt Messanguy.

J. C.
32.

antwortete er, welcher ist es, auf daß ich an
ihn gläube ᴾ)? Du hast ihn gesehn, erwiederte
Jesus, und der mit dir redet, der ist es. Kaum
hatte der Blindgewesene solches gehört, so rief er:
Herr, ich glaube. Er fiel zugleich zu Jesu Füßen
nieder und betete ihn an. Jesus sprach hierauf zu
den Gegenwärtigen: Ich bin zum Gericht auf
diese Welt gekommen, auf daß, die da nicht
sehen, sehend werden, und die da sehen, blind
werden *). Einige Pharisäer, die sich bey ihm befanden, und solches höreten, fragten ihn, ob sie denn
auch blind wären? Jesus antwortete ihnen: Wenn
ihr blind wäret, so hättet ihr keine Sünde;
weil ihr aber sprechet: Wir sind sehend; darum
bleibet eure Sünde **). Warlich, so fuhr Jesus

p) Joh. 9, 35-41.

*) Das heißt: Ich bin in diese Welt gekommen, die
ewigen Rathschlüsse Gottes zu vollstrecken, der aus
verborgenen Ursachen denen, die blind sind, die Augen des Verstandes aufthut, und diejenigen mit einer
betrübten Blindheit schlägt, die sich für die Einsicht-
vollesten halten, und sich rühmen, daß sie andere den
rechten und wahren Weg des Heils lehren. Dieses
Gericht einer unendlichen Barmherzigkeit gegen die
einen, und einer schrecklichen Strafe gegen die andern, ist vollzogen worden, und wird noch jetzt vollzogen. Der Verfasser des betrachteten Evangeliums Th. 7. S. 38.

**) Dies will sagen: Wenn ihr glaubtet, daß ihr so blind
wäret, als ihr es wirklich seyd; so würdet ihr euch
unterrichten lassen, und ihr würdet bald nicht mehr,
weder im Irthume, noch in der Sünde stecken. Ihr
bil-

fus fort, warlich, ich sage euch: Wer nicht
zur Thür in den Schafstall hinein gehet, sondern anderswo hineinsteiget, der ist ein Dieb
und ein Mörder 9). Der aber durch die Thür
hinein gehet, der ist ein Hirt der Schafe. Der
Thürhüter machet ihm auf; die Schafe hören
seine Stimme; er ruft seine eigenen Schafe mit
Namen, und führet sie aus. Und wenn er
seine eigenen Schafe ausgelassen hat, gehet er
vor ihnen hin, und die Schafe folgen ihm
nach; denn sie kennen seine Stimme. Einem
Fremden aber folgen sie nicht nach, sondern
fliehen von ihm; denn sie kennen die Stimme
der Fremden nicht.

§. 151.

Die Juden verstanden nicht, was Jesus durch
dieses Gleichniß sagen wollte r); er fuhr daher also
fort: Warlich, warlich, ich sage euch: Ich
bin die Thür *) zu den Schafen. Alle, die vor

P 3

mir

bildet euch aber ein, alles zu wissen, und glaubet,
man könne euch nichts neues lehren; darum werdet
ihr euren Unglauben niemals ablegen. Ihr werdet allezeit blind bleiben. Der vorbenannte Th. 7. S. 41.

q) Joh. 10, 1-5.

r) Joh. 10, 6-21.

*) Durch den Glauben gehet man zu Gott, und durch
Jesum Christum empfangen die einfältigen und gläu-
bigen Seelen den Glauben, der sie zu Gott führet.
Alle Schriften, das alte und neue Testament haben
Jesum zum Gegenstande. Nur durch den Glauben

an

J. C.
32.

mir gekommen sind, sind Diebe und Mörder; aber die Schafe haben sie nicht angehöret. Ich bin die Thür: so jemand durch mich eingehet, der wird selig werden, und er wird ein= und ausgehen, und wird Weide finden. Ein Dieb kömmt nicht, denn daß er stehle, würge und umbringe. Ich bin gekommen, daß sie das Le= ben

an diesen göttlichen Mittler kann man zu Gott kom= men, ihm gefallen, und der Glückseligkeit, ihn zu be= sitzen, theilhaftig werden. Alle die, so den Men= schen einen andern Weg gezeiget haben, sind weiter nichts, als Diebe und Mörder gewesen. Die Schafe, diejenigen, welche Gott aufrichtig suchten, haben ih= nen kein Gehör gegeben. Man ist der Hirngespinnste und nichtigen Reden der Philosophie überdrüßig ge= worden; man hat den Aberglauben und die Gottlo= sigkeit der Zauberey verabscheuet; man hat die Lügen eingesehen, die so vielen Betrügern zur Schande ge= reichten, welche vorgaben, sie hätten göttliche Einge= bungen. Sobald man sich aber zu Jesu gehalten hat, und durch diese geheimnißvolle Thür eingegan= gen ist, stehet man ein, daß man sich auf dem Wege des Heils befindet. Welcher Ueberfluß, welche Man= nigfaltigkeit an Weide trift man nicht daselbst an? Wie stark, wie heilsam und köstlich ist nicht die Spei= se, die er uns allda giebt! Da hat alles das Kenn= zeichen der Wahrheit und Heiligkeit an sich, alles hängt zusammen, alles schickt sich für Gott, alles stimmt mit den Bedürfnissen des Menschen, mit sei= nem Unglücke überein, und zeiget ihm etwas, womit er den weiten Umfang aller seiner Begierden erfüllen kann. Der Verfasser des betrachteten Evange= liums Th. 7. S. 59-60.

ben haben, und überflußiger haben sollen. Ich
bin der gute Hirt. Ein guter Hirt giebt sein
Leben für die Schafe. Ein Miethling aber,
und der nicht Hirte ist, dessen die Schafe nicht
eigen sind, siehet den Wolf kommen, und ver=
läßt die Schafe, und fliehet; und der Wolf er=
greifet und zerstreuet die Schafe. Der Mieth=
ling aber fliehet; denn er ist ein Miethling,
und die Schafe gehen ihn nichts an. Ich bin
ein guter Hirt, und kenne meine Schafe, und
sie kennen mich; wie mich mein Vater kennet,
und ich den Vater kenne. Und ich lasse mein
Leben für meine Schafe. Ich habe noch an=
dere Schafe *), die sind nicht aus diesem
Schafstalle, diese muß ich auch herzuführen:
sie werden meine Stimme hören, und es wird
Ein Schafstall und Ein Hirte werden. Darum
liebet mich mein Vater, weil ich mein Leben
dahingebe, auf daß ich es wieder nehme. Nie=
mand nimmt es von mir, sondern ich gebe es
von mir selbst dahin. Ich habe Macht es da=
hinzugeben, und habe Macht es wieder zu neh=
men. Dieses Gebot habe ich von meinem Va=
ter empfangen. Wegen dieser Rede erhob sich eine
neue Uneinigkeit unter den Juden. Viele von ihnen
sprachen: Er hat den Teufel, und ist unsinnig;

P 4 was

---

*) Das sind die Heiden, die einstens an Jesum Chri-
stum glauben, und samt den bekehrten Juden nur
eine und die nemliche Kirche ausmachen werden. Der
Abt Messanguy.

J. C.
32.

Jesus
lehret in
Betha=
nien bey
den zwoen
Schwe=
stern
Martha
und Ma=
ria ein.

was höret ihr ihm zu? Andere hingegen sprachen: Dies sind nicht Worte eines Besessenen; kann der Teufel auch die Augen der Blinden auf= thun?

§. 152.

Bald nach dieser Rede verließ Jesus Jerusa= lem, und wandte sich wieder nach Galilaa. Er ging in einen Flecken, Namens Bethanien *), wo ihn ein Weib, die sich Martha nannte, freudig in ihr Haus aufnahm '). Unterdessen, daß sie beschäf= tiget war, ihren vornehmen Gast auf das Beste zu bewirthen, setzte sich ihre Schwester, Maria **) zu seinen Füßen nieder, und in dieser demüthigen Stel= lung hörete sie mit unaussprechlichem Herzenstroste jene himmlische Lehren an, die er ihr vortrug. Mar= tha, die dieses sah, beschwerte sich auf eine verträu= liche

*) Bethanien, welcher Name einen Ort, wo Datteln wachsen, bedeutet, war ein Flecken. Er lag unten am Oelberge funfzehn Stadien, das ist ohngefär drey Viertelstunden Wegs von Jerusalem auf der Morgenseite dieser Stadt, an dem Wege von Jericho nach Jerusalem, und ist heut zu Tage ein sehr ge= ringer Ort von wenigen Häusern, die von Arabern bewohnet werden.

s) Luk. 10, 38 - 42.

**) Diese Maria muß nach Meinung vieler Gelehrten nicht nur von der Sünderinn zu Naim, deren Luk. 7, 37. u. f. erwähnet, sondern auch von der Maria Magdalena, deren dieser Evangelist in dem folgen= den Kapitel gedenket, unterschieden werden. Man sehe des Abts Calmet biblisches Wörterbuch unter dem Artikel Maria die Schwester des Lazarus.

liche Art bey Jesu über das Betragen ihrer Schwester. Herr, sagte sie zu ihm: fragst du nicht
darnach, daß mich meine Schwester allein dienen läßt? Sage ihr doch, daß sie mir auch
helfe. Jesus antwortete ihr: Martha, Martha,
du bist sorgfältig, und bekümmerst dich um
viele Dinge. Nur eines ist nothwendig. Maria hat den Besten Theil erwählet, der wird
von ihr nicht genommen werden.

§. 153.

Nachdem Jesus das Haus dieser zwoen frommen
Schwestern verlassen, und seine Reise weiter fortge-
setzet hatte, begab er sich eines Tages an einen einsamen Ort, daselbst zu beten t). Einer von seinen
Jüngern nahm hieraus Gelegenheit, ihn um eine gewisse Betformel zu bitten, gleichwie auch Johannes
den Seinigen eine gegeben hatte. Der liebvolle Heiland wollte ihm, und den andern Jüngern, diese
Gnade nicht versagen, und wiederholte daher noch einmal das Gebet, oder das sogenante Vater unser,
welches er schon im vorigen Jahre seinen Aposteln
mitgetheilet hatte u). Sie aber noch mehr zur öftern
Wiederholung dieses Gebets aufzumuntern, erklärete
er ihnen die Wirkung davon in dem Gleichnisse von
einem Menschen, der mitten in der Nacht zu seinem
Freunde gehet, und denselben um drey Brode an-
spricht, die ihm anfänglich zwar abgeschlagen werden,
die er aber doch endlich, wo nicht aus Freundschafte, we-

P 5 nigstens

t) Luk. 11, 1-13.
u) Matth. 6, 9-13.

J. C.
32.

Jesus
lehret sei-
ne Jünger
beten.

J. C.
324

nigstens wegen seines Ungestüms erhält, wenn er darum zu bitten, nicht aufhöret. Nach diesem gegebenen Gleichnisse redete er seine Jünger also an: Bittet, so wird euch gegeben; suchet, so werdet ihr finden; klopfet an, so wird euch aufgethan. Denn wer bittet, der bekömmt; und wer suchet, der findet; und wer anklopfet, dem wird aufgethan. Er setzte noch dieses hinzu: Wer aber unter euch bittet seinen Vater um ein Brod, der ihm einen Stein dafür biete? Und wenn er um einen Fisch bittet, der ihm eine Schlange für den Fisch reiche? Oder wenn er um ein Ey bittet, der ihm einen Skorpion dafür biete? So denn ihr, die ihr böse seyd, euren Kindern gute Gaben geben könnet; wie vielmehr wird euer himmlischer Vater den heiligen Geist *) denen geben, die ihn darum bitten.

§. 154.

Jesus treibet einen Teufel aus.

Hierauf brachte man wieder einen stummen Menschen zu ihm, der vom Teufel besessen war w). Sobald Jesus denselben ausgetrieben hatte, redete der Stumme, worüber sich das Volk sehr verwunderte. Aber auch jetzt wiederholten die Pharisäer die alten Lästerungen, und beschuldigten ihn, daß er die Teufel durch Beelzebub, den Obersten der Teufel austreibe. Andere aber versuchten ihn, und forderten ein Zeichen von ihm am Himmel. Jesus wiederlegte das Vorgeben

*) Aus dem Griechischen. Man sehe des Herrn Pr. Weittenauer Uebersetzung.
w) Luk. 11, 14-28.

geben der Erstern auf folgende Art: Ein jedes
Reich, sagte er zu ihnen, das in sich selbst uneinig ist, wird verwüstet, und ein Haus fällt
auf das andere. Ist nun der Satan auch mit
sich selbst uneinig, wie will denn sein Reich bestehen? Weil ihr saget, ich treibe die Teufel aus
durch Beelzebub. So ich aber die Teufel durch
Beelzebub austreibe, durch wen treiben sie eure
Kinder aus? Darum werden sie eure Richter
seyn. So ich aber durch den Finger Gottes die
Teufel austreibe, so ist ja das Reich Gottes zu
euch gekommen. Wenn ein starker gewaffne-
ter seinen Hof bewahret, so bleibt das Seinige
mit Frieden. Wenn aber ein Stärkerer über
ihn kömmt, und ihn überwindet, so nimmt er
ihm alle seine Waffen, darauf er sich verließ,
und theilet den Raub aus. Wer, sagte er ferner, nicht mit mir ist, der ist wieder mich;
und wer nicht mit mir sammlet, der zerstreuet.
Wenn der unreine Geist von dem Menschen
ausfährt, so wandelt er durch dürre Oerter und
suchet Ruhe; und so er sie nicht findet, spricht
er: Ich will in mein Haus, daraus ich gegangen bin, wiederkehren. Und wenn er kömmt,
so findet er es mit Besen gekehret und ge-
schmücket. Alsdenn geht er hin, und nimmt
sieben andere Geister zu sich, die ärger sind,
als er selbst; und wenn sie hineinkommen, wohnen sie da; und es werden die letzten Dinge
desselben Menschen ärger, als die ersten. Diese
Rede machte bey einem Weibe, die sich unter dem

Vol-

Volke befand, einen solchen Eindruck, daß sie Jesu
zurief: Selig ist der Leib, der dich getragen
hat, und die Brüste, die du gesogen hast.
Jesus erwiederte: Ja, selig sind, die das Wort
Gottes hören, und dasselbe bewahren.

§. 155.

Jesus
beschämet
die Pha-
risäer.

Als hierauf das Volk haufenweise zusammen lief,
so beschämte Jesus diejenigen, die ihn versucht, und
ein Zeichen am Himmel von ihm begehret hatten x).
Dies ist ein arges Geschlecht, sagte er, es begehret ein Zeichen, und es wird ihm kein Zeichen gegeben werden, als nur das Zeichen des
Propheten Jonas. Denn wie Jonas den Ni-
nivitern ein Zeichen war, so wird auch des
Menschen Sohn diesem Geschlechte seyn. Die
Königinn vom Mittage wird mit den Leuten
dieses Geschlechts im Gerichte auftreten, und
wird sie verdammen; denn sie kam von der
Welt Ende, Salomons Weisheit zu hören.
Und siehe, hier ist mehr, als Salomon. Die
Leute von Ninive werden mit diesem Geschlechte im Gerichte auftreten, und werden es
verdammen; denn sie thaten Buße auf des Jonas Predigt. Und siehe, hier ist mehr, als
Jonas. Er fuhr hierauf also fort: Niemand
zündet ein Licht an, und setzet es an einen
heimlichen Ort, auch nicht unter einen Scheffel, sondern auf einen Leuchter, auf daß, wer
hinein gehet, das Licht sehe. Dein Auge ist
das

x) Luk. 11, 29-36.

das Licht deines Leibes. Wenn nun dein Auge einfältig seyn wird, so ist dein ganzer Leib licht: wenn aber dein Auge ein Schalk seyn wird, so ist auch dein Leib finster. So sieh darauf, daß das Licht, das in dir ist, keine Finsterniß sey. Wenn nun dein Leib ganz lichte ist, daß er keinen Theil von Finsterniß hat; so wird er ganz lichte seyn, und wird dich erleuchten, wie ein helles Licht.

§. 156.

Jesus redete noch hievon, als ihn ein Pharisäer zum Mittagmahle einlud. Er nahm diese Einladung an, und erschien bey Tische [y]). Als er aber die Gedanken seines Wirths einsah, der sich daran stieß, daß er sich mit ungewaschenen Händen zu Tische gesetzet hatte, so wandte er sich zu ihm, und den übrigen von seiner Sekte und sprach: Ihr Pharisäer reiniget das Auswendige am Becher und an der Schüssel; aber euer Inwendiges ist voll Raub und Bosheit. Ihr Thoren, hat nicht derselbige, der das Auswendige gemacht hat, auch das Inwendige [*]) gemacht? Doch gebet Almosen von dem, was übrig ist; und siehe, so ist

y) Luk. 11, 37 - 44.

*) d. i. Ihr vermeinet mit einer dergleichen leiblichen Reinigkeit Gott zu ehren: ist aber die Seele nicht eben so gut wie der Leib Gottes Geschöpf, das er zu seiner Ehre bestimmet hat? Anmerkung des Abts Messanguy.

J. C.
32.

ist euch alles rein *). Er setzte hierauf seine Straf=
rede also fort: Aber wehe euch Pharisäern, die
ihr die Minze, die Raute und allerley Kohl
verzehntet, und das Gericht, und die Liebe
Gottes hintansetzet. Dies sollte man thun,
und jenes nicht unterlassen. Wehe euch Pha=
risäern, die ihr in den Schulen gern oben an
sitzet, und wollet auf dem Markte gegrüsset
seyn. Wehe euch, denn ihr seyd wie die Tod=
tengräber, die man nicht siehet, und die Leute
gehen darüber, und wissens nicht.

§. 157.

Jesus
drohet den
Schriftge=
lehrten
das ewige
Wehe.

Hier fiel ihm ein Schriftgelehrter in die Rede und
sprach: Meister, mit diesen Worten schmähest
du auch uns ²). Jesus, ohne sich an diese Erin=
nerung zu kehren, versetzte: Und wehe auch euch
Schriftgelehrten; denn ihr beladet die Men=
schen mit unerträglichen Lasten **), und ihr
rüh=

---

*) Das Mittel nicht allein äusserlich vor den Menschen,
sondern auch innerlich vor Gott rein zu werden, ist,
daß ihr, was euch nach erstattetem ungerechten Gute,
und nach eurem nöthigen Unterhalte übrig bleibet, mit
reiner Meinung Almosen gebet zur Unterdrückung eu=
res Geizes, und Erlangung göttlicher Gnaden. An=
merkung des Herrn Salzmann.

²) Luk. 11, 45-54.

**) Es ist dem Menschen nur gar zu natürlich, gegen
andere strenge zu seyn, und ihnen schwere Bürden
aufzulegen. Man will nicht in den Schranken des
göttlichen Gesetzes bleiben. Man trübet die Sitten=
lehre

rühret die Bürden nicht mit einem Finger an.
Wehe euch, denn ihr bauet der Propheten Gräber, die eure Väter getödtet haben. Warlich
ihr bezeuget damit, daß ihr in die Werke eurer Väter einwilliget; denn jene tödteten sie,
ihr aber bauet ihre Gräber. Darum spricht auch
die Weisheit Gottes: Ich will zu ihnen senden
Propheten und Apostel, und von denselben
werden sie etliche tödten und verfolgen; auf
daß von diesem Geschlechte aller Propheten
Blut gefordert werde, das vom Anfange der
Welt vergossen worden ist, von Abels Blute
an, bis auf das Blut des Zacharias *), der
zwi=

J. C.
32.

lehre zu weit; man gehet über die Wahrheit hinaus;
man trachtet auch sogar auf Kosten der Pflichten des
Standes, nach einer eingebildeten Vollkommenheit.
Man verlanget englische Tugenden; man fordert etwas, das nicht möglich ist. Der Schade, der aus
einem solchen Verhalten entstehet, ist nicht nur die
Härte, der Stolz, die Eigenliebe, und die Heucheley derer, bey welchen es angetroffen wird; sondern
vornehmlich das Aergerniß der Seelen, welche erschre-
cken, und zurück weichen; die nachlässig werden, und
den Muth sinken lassen; welche sogar oftmals alles
verlassen, und sich ohne Bedenken allen Ausschwei-
fungen ergeben. Der Verfasser des betrachteten
Evangeliums Th. 4. S. 323.

*) Der heilige Hieronymus, da er über das drey und
zwanzigste Kapitel des heiligen Matthäus schreibet,
und viele andere Schriftausleger sind der Meinung,
daß Jesus Christus hier von dem Hohenpriester Zacharias rede, von dem in dem zweyten Buche der
Chro.

J. C.
32.

zwischen dem Altare und dem Tempel umkam. Ja ich sage euch, daß es von diesem Geschlechte werde gefordert werden. Wehe euch Gesetzverständigen; denn ihr habt den Schlüssel der Erkenntniß hinweggenommen. Ihr seyd selbst nicht hineingegangen, und habt gewehret denen, die hineingehen wollten *). Diese Bestrafung des göttlichen Heilands brachte die Pharisäer und die Schriftgelehrten dergestalt in die Hitze, daß sie hart auf ihn zudrangen, und ihn durch mancherley Fragen, die sie ihm vorlegten, zum Still-

schwei-

Chronik 24, 20-21. erzählet wird, daß er auf Befehl des Königs Joas in dem Vorhofe des Tempels mit Steinen sey getödtet worden. Erstgenannter heilige Vater hält dafür, daß der Vater des Getödteten zween Namen, nemlich den Namen Jojada, und den Namen Barachias, geführet habe.

*) Das jüdische Volk war bereit, Jesum für den Messias zu erkennen. Es sah die deutlichen Beweise, die er von seiner göttlichen Sendung gab, ohne Mühe ein. Wenn die Lehrer diese guten Gesinnungen nur einigermaßen unterstützet hätten; so würde die ganze Natur ihren Erretter erkannt haben. So suchten sie aber das ganze Volk aus allen Kräften davon abzuhalten, zu hintergehen, und zu verblenden. Sie brachten es durch ihren heuchlerischen Eifer, durch ihre Intriquen, durch ihre Verläumbungen, und durch den Mißbrauch ihres Ansehens dahin, daß sie das Volk wieder seine natürliche Neigung hinrissen, und es bey ihm dahin brachten, daß es den Messias verwarf, und verlangte, man sollte ihn tödten. Der Verfasser des betrachteten Evangeliums Th. 4. S. 328.

schweigen zu bringen suchten. Sie trachteten zugleich, seinem Munde eine Rede abzulocken, weshalb sie ihn bey dem Sanhedrin oder bey dem römischen Statthalter verklagen möchten.

§. 158.

Doch dieser Haß der Pharisäer und Schriftgelehrten konnte das Volk von Jesu nicht abhalten, welches sich, nachdem er dieses Haus verlassen hatte, so häufig um ihn herum versammlete, daß sie einander traten a). Er wandte sich jetzt zu seinen Jüngern und redete sie also an: Hütet euch vor dem Sauerteige der Pharisäer, welcher ist die Heucheley. Denn es ist nichts so verborgen, das nicht offenbar werde; noch so heimlich, daß man es nicht wissen sollte. Darum, was ihr in der Finsterniß geredet habt, das soll im Lichte gesagt werden; und was ihr in den Kammern in das Ohr geredet habt, das wird man auf den Dächern predigen. Euch nun, meinen Freunden, sage ich: Lasset euch nicht schrecken von denen, die den Leib tödten, und hernach nichts weiter thun können. Ich will euch aber zeigen, wen ihr fürchten sollet: Fürchtet den, der, nachdem er getödtet hat, auch Macht hat, in die Hölle zu werfen. Ja, ich sage euch, den sollet ihr fürchten. Er setzte noch dieses hinzu: Kaufet man nicht fünf Sperlinge um zween Pfenninge? Und nicht einer von denselben ist vor Gott vergessen. Ja es sind auch die Haare

auf

a) Luk. 12, 1.2.

Q

J. C.
32.

auf eurem Haupte alle gezählet. Fürchtet euch also nicht; denn ihr seyd besser, als viele Sperlinge. Ich sage euch aber: Ein jeder, der mich vor den Menschen bekennet, den wird auch des Menschen Sohn vor den Engeln Gottes bekennen. Wer aber mich vor den Menschen verleugnet, der wird auch vor den Engeln Gottes verleugnet werden. Und ein jeder, der wieder des Menschen Sohn ein Wort redet, dem soll es vergeben werden: wer aber den heiligen Geist lästert, dem soll es nicht vergeben werden *). Wenn sie euch nun in die Synagogen, und vor die Obrigkeiten, und vor die Gewaltigen führen werden, so sorget nicht, wie, oder was ihr antworten, oder was ihr sagen sollet. Denn der heilige Geist wird euch zu derselben Stunde lehren, was ihr sagen sollt.

§. 159.

Jesus warnet vor dem Geize.

Damals bat ihn Einer aus dem Volke, seinem Bruder zu befehlen, daß er doch die Erbschaft mit ihm theilen möchte b). Jesus, ohne in seine Bitte zu willigen, nahm daraus Gelegenheit, seinen Zuhörern das äußerste Elend der Geizigen vor Augen zu legen, indem er ihnen folgendes Gleichniß vortrug: ,, Ein reicher Mann hatte ein Feld, welches häufige Früchte brachte. Dies setzte ihn in Unruhe. Was

soll

*) Man sehe die zweyte Anmerkung zum sieben und neunzigsten Abschnitte.

b) Luk. 12, 13-40.

soll ich thun? gedachte er bey sich selbst; denn ich habe
keinen Ort, dahin ich meine Früchte sammle. End=
lich sprach er: Dies will ich thun; ich will meine
Scheunen abbrechen, und größere bauen, und will
darein sammlen alles, was mir gewachsen ist, und
meine Güter. Und will zu meiner Seele sagen:
Liebe Seele, du hast einen grossen Vorrath auf viele
Jahre; begieb dich zur Ruhe, iß, trink, und lebe
wohl. Aber Gott sprach zu ihm: Du Thor, diese
Nacht wird man deine Seele von dir for=
dern, und was du bereitet hast, wessen wird
es seyn „? So gehet es, setzte Jesus noch hinzu,
wenn man sich Schätze sammlet, und in Gott
nicht reich ist. Er wandte sich hierauf wieder zu
seinen Jüngern, und ermahnete sie, wegen ihres zeit=
lichen Unterhaltes nicht besorgt zu seyn, sondern sich
vielmehr der göttlichen Vorsicht zu überlassen, die so=
gar nicht ermangele für die unvernünftigen Thiere zu
sorgen. Er gab ihnen zu eben dieser Zeit noch andere
Lehren, nemlich von der Entäußerung der zeitlichen
Güter, von dem Almosen, und von der Wachsam=
keit in dem Geschäfte des Heils, die er ihnen beson=
ders empfahl, damit sie nicht, wenn des Menschen
Sohn käme, unbereitet gefunden würden.

J. C.
32.

§. 160.

Nachdem Jesus diese und noch verschiedene an=
dere Lehren vorgetragen hatte, gaben ihm einige Nach=
richt von den Galiläern, deren Blut Pilatus mit
dem Blute ihrer Opfer vermischet hatte ᶜ). Jesus

Jesus
ernähret
seine Zu=
hörer zur
Buße.

Q 2   nahm

c) Luk. 13, 1·9.

nahm von dieser traurigen Begebenheit Anlaß, seine Zuhörer zu einer schleunigen Buße zu ermahnen, mit der Versicherung, daß sie im wiedrigen Falle nicht weniger, als jene zu Grunde gehen würden. Seinen Worten einen noch größern Nachdruck zu geben, erzählete er ihnen selbst einen andern Unglücksfall, der jenen achtzehn Männern begegnet, auf die der Thurm bey dem Brunnen Siloe gefallen war, und sie erschlagen hatte. Und als er die Anwesenden versichert, daß diese unglücklichen Leute eben nicht die größten Sünder gewesen wären, so wiederholete er seine gethanen Drohungen, daß sie nemlich eben sowol, als diese zu Grunde gehen würden, wofern sie sich nicht würden bekehren. Er fügte diesem auch noch bey das Gleichniß von einem Feigenbaume, den sein Herr, weil er nach einem dreyjährigen Suchen keine Frucht an ihm fand, unfehlbar würde haben abhauen lassen, wenn nicht der Weingärtner für ihn gebeten, und nur um ein Jahr Aufschub angesuchet hätte, damit er ihn zuvor umgraben, und düngen könne, weil er alsdenn vielleicht Frucht bringen würde. Durch welches Gleichniß er den Juden zu verstehen geben wollte, was ihnen würde begegnet seyn, wenn er nicht seinen himmlischen Vater um Aufschub gebeten hätte; und was ihnen in kurzer Zeit begegnen würde, wenn sie sich diesen Verschub nicht zu Nutzen machen, und würdige Früchte der Buße hervorbringen würden.

§. 161.

Als Jesus kurz hierauf am Sabbath in einer Synagoge lehrete, befand sich daselbst ein Weib, die

acht-

achtzehn Jahre einen Geist hatte, der sie so krumm
machte, daß sie nicht im Stande war, in die Höhe
sehen zu können ᵈ). Jesus, als er sie sah, rief sie
zu sich, und sprach zu ihr: Weib, du bist von deiner Krankheit erlediget. Und er legte die Hände
auf sie; und sie richtete sich unverzüglich auf, und
pries Gott. So sehr sich dies Weib über diese
außerordentliche Wohlthat freuete, so unzufrieden bezeigte sich darüber der Oberste der Synagoge, indem
er sie als eine Entheiligung des Sabbaths betrachtete.
Er sagte daher mit Unwillen zu dem Volke: Es sind
sechs Tage, an welchen man arbeiten soll; an
diesen kommet, und lasset euch heilen, und
nicht am Sabbath. Allein Jesus verwies ihm
seine Heuchelen mit harten Worten und sprach: Ihr
Heuchler, löset nicht ein jeder seinen Ochsen
oder Esel von der Krippe am Sabbath, und
führet ihn zur Tränke? Hat denn diese Tochter
Abrahams, welche der Teufel nun achtzehn
Jahre gebunden hatte, nicht sollen erlediget
werden von diesem Bande am Sabbath? Indem Jesus so redete, schämten sich alle seine Gegner;
das ganze Volk aber freuete sich über alle die herrlichen Thaten, die von ihm geschahen. Jesus verglich
hierauf das Himmelreich mit einem Senfkorne, welches ein Mensch in seinen Garten warf, wo es
wuchs, und zu einem grossen Baume *) ward, so,

Q 3   daß

d) Luk. 13, 10-21.

*) Dies würde uns unglaublich vorkommen, wenn wir
   nicht wüßten, daß die Gewächse in Palästina weit
                              größer

daß die Vögel des Himmels unter seinen Zweigen wohneten. Und mit einem Sauerteige, welchen ein Weib nahm, und ihn unter drey Scheffel Mehls mengete, bis daß es ganz gesäuert war.

§. 162.

Jesus reiset nach Jerusalem dem Feste der Tempelweihe beyzuwohnen.

Da um diese Zeit das Fest der Tempelweihe *), welches im Winter gefeyert ward, heran nahete, so machte sich Jesus auf die Reise, diesem Feste eben= falls mit beyzuwohnen °). Unterweges lehrete er in den Städten und Flecken. Eines Tages näherte sich ihm

größer würden, als in viel andern Ländern. In den hierosolymitanischen und babylonischen Talmuden lieset man, daß ein gewisser Simon eine Senf= staude gehabt, welche so groß und stark geworden, daß ein Mann, ohne daß sie gebrochen, hinauf steigen können. Und von einer andern Senfstaude wird eben daselbst erzählet, daß sie drey Aeste gehabt, die sich so ausgebreitet hätten, daß etliche Töpfer unter dem Schatten des einen Astes den Sommer über arbeiten können; und dieser einzige Ast soll drey Tonnen Senf gegeben haben. Der Abt Calmet unter dem Artikel Senf.

*) Der heilige Evangelist verstehet hiedurch dasjenige Fest, welches Judas Machabäus angeordnet, nach= dem er den Tempel und den Altar von den Befleckun= gen und Abgöttereyen des Antiochus Epiphanes gereiniget hatte. Dieses Fest ward acht Tage lang gefeyert. Es fiel in dem Winter, wie der heilige Johannes bemerket, und nahm nach unserer Art zu zählen gegen die Mitte des Decembers, ohngefär drey Monate nach dem Laubhüttenfeste seinen Anfang.

°) Joh. 10, 22. Luk. 13, 22-30.

ihm ein Menſch, der die Frage an ihn that: ob denn
die Zahl derjenigen, die ſelig würden, klein ſey? Er
beantwortete dieſe Frage alſo: Ringet darnach, daß
ihr durch die enge Pforte eingehet; denn ich
ſage euch, daß viele werden darnach trachten,
wie ſie hinein kommen, und werden es nicht
können. Wenn aber der Hausvater eingehen,
und die Thür nach ſich zuſchließen wird, denn
werdet ihr draußen ſtehen, und an die Thür
zu klopfen anfangen, und ſagen: Herr, Herr,
thue uns auf. Und er wird antworten und
zu euch ſagen: Ich weiß nicht, wo ihr her
ſeyd. Alsdenn werdet ihr anfangen zu ſagen:
Wir haben vor dir gegeſſen und getrunken,
und auf unſern Gaſſen haſt du gelehret. Und
er wird zu euch ſagen: Ich weiß nicht, wo
ihr her ſeyd; weichet alle von mir, ihr Uebel=
thäter. Da wird Heulen und Zähnklappern
ſeyn, wenn ihr Abraham, Iſaak, Jakob, und
alle Propheten im Reiche Gottes, euch aber
hinausgeſtoßen ſehen werdet. Und es werden
vom Auf= und Niedergange, von Mitter=
nacht und von Mittage kommen, die im Rei=
che Gottes zu Tiſche ſizen werden. Und
ſiehe, es ſind die Lezten, die da die Erſten
waren; und es ſind die Erſten, die da die
Lezten waren *).

Q 4 §. 163.

*) Alles, was hier geſagt wird, verſtehet ſich vornehm=
lich von den ungläubigen Juden, welche zum Him=
melreiche zwar die erſten berufen waren, die aber,
weil

32.
Jesus läßt sich nicht durch die Drohungen der Pharisäer schrecken.

§. 163.

Noch an dem nemlichen Tage traten einige Pharisäer zu Jesu, und ermahnten ihn, sich von dem Orte seines Aufenthaltes zu entfernen, indem Herodes gesonnen sey, ihn zu tödten ᶠ). Diese Rede bekümmerte aber den unerschrockenen Heiland so wenig, daß er ihnen befahl, zu dem Herodes, den er einen Fuchs nannte, zu gehen, und ihm anzuzeigen, daß er sich noch einige Zeit mit Austreibung der Teufel, und mit Heilung der Kranken beschäftigen würde, nach diesem aber werde er sein Leben in Jerusalem endigen, weil diese Stadt der zum Tode der Propheten bestimmte Ort sey. Das Wort Jerusalem erweckte in ihm eine außerordentliche Betrübniß. Jerusalem rief er seufzend aus, Jerusalem, die du die Propheten tödtest, und steinigest, die zu dir gesandt werden; wie oft habe ich deine Kinder versammlen wollen, wie eine Henne ihre Jungen unter ihre Flügel; und du hast nicht gewollt? Sehet, euer Haus soll euch wüste gelassen werden. Denn ich sage euch: Ihr werdet mich nicht sehen, bis es dahin kömmt, daß ihr sagen werdet: Gebenedeyet ist, der da kömmt im Namen des Herrn*).

§. 164.

weil sie den schmalen Weg des Evangeliums, das ihnen Jesus Christus predigte, nicht haben eingehen wollen, als der Tod kam, haben sehen müssen, wie sie von dem himmlischen Gasttische ausgeschlossen, ihre Sitze aber von den zum Glauben bekehrten Heiden eingenommen würden. Der Abt Messanguy.

ᶠ) Luk. 13, 31-35.

*) Wenn Jesus mit seinen Feinden redete; so pflegte er
immer

§. 164.

J. C.

32.
Jesus
heilet ei-
nen Was-
ſerſüchti-
gen.

Bald hierauf ging Jeſus an einem Sabbath in das Haus eines Oberſten der **Phariſäer**, bey ihm zu ſpeiſen [g]). Als ſich daſelbſt auch ein waſſerſüchtiger Menſch einfand, ſo redete er die Geſetzverſtändigen und die **Phariſäer**, die auf ihn Acht gaben, an, und fragte ſie, ob es erlaubt ſey, am Sabbath geſund zu machen? Da ſie ihm aber keine Antwort ertheileten, ſo nahm er den Waſſerſüchtigen, machte ihn geſund, und ließ ihn freudig fortgehen. Alsdenn wandte er ſich wieder zu ihnen, und ſprach: **Welcher iſt unter euch, dem ſein Ochſe oder Eſel in den Brun-nen fällt, der ihn nicht ſogleich herausziehet**

Q 5 **am**

immer die Drohung ſeines jüngſten Gerichts mit der Vorſtellung ſeines Todes zu verbinden, und deswe-gen folgen wir hier der Meinung derjenigen, welche die letzten Worte dieſes Kapitels auf den jüngſten Tag deuten. Es iſt eben ſo, als wenn er zu ihnen geſagt hätte: Ihr möget mich immerhin nicht ken-nen wollen, und mich läſtern, mich tödten, und aus euren Augen wegſchaffen, welchen meine Gegenwart beſchwerlich iſt; es wird der Tag kommen, an wel-chem ſich alle Knie vor mir biegen werden, an wel-chem ihr mich in der Herrlichkeit meines Vaters ſe-hen, und gezwungen ſeyn werdet, mich zu erkennen, und auszurufen: Dieſer iſt der Gebenedeyte Gottes, derjenige, welcher im Namen des Herrn gekommen war, uns ſelig zu machen, und welcher jetzt im Namen ſeines Vaters, und in ſeinem eigenen Namen kömmt, uns zu richten und zu verdammen. Der Verfaſſer des betrachteten **Evangeliums** Th. 6. S. 263.

g) Luk. 14, 1-6.

am Sabbath? Aber auch jetzt schwiegen sie, weil sie nicht wußten, was sie ihm darauf antworten sollten.

§. 165.

Jesus lehret die Demuth.

Als Jesus hernach bemerkte, daß die eingeladenen Gäste die ersten Plätze suchten, so stellete er ihnen die Demuth und die freywillige Erniedrigung als eine solche Tugend vor, die weit mehr die wahre Erhöhung befördere, als ein stolzer Ehrgeitz. Das Gleichniß, worinn er es that, war dieses: „Wenn du von jemand zur Hochzeit geladen wirst, so setze dich nicht oben an h), daß nicht etwa ein vornehmerer, als du, geladen sey; und komme alsdenn, der dich und ihn geladen hat, und spreche zu dir: Weiche diesem; und du müssest alsdenn mit Schande unten an sitzen. Sondern wenn du geladen wirst, so setze dich ganz unten hin, auf daß, wenn da kömmt, der dich geladen hat, zu dir spreche: Freund, rücke hinauf; das wird dir alsdenn eine Ehre seyn vor denen, die mit zu Tische sitzen. Denn, setzte Jesus hinzu, wer sich selbst erhöhet, der wird erniedriget werden; und wer sich selbst erniedriget, der wird erhöhet werden „. Er sprach auch zu dem, der ihn geladen hatte: Wenn du ein Mittags= oder Abendmahl giebst, so lade nicht deine Freunde, noch deine Brüder, noch deine Blutsverwandten, noch deine Nachbarn, die reich sind; damit sie dich nicht etwa wieder laden, und es dir vergolten werde. Sondern, wenn du ein Gastmahl machest, so lade die Armen, die

Schwa=

h) Luk. 14, 7-14.

Schwachen, die Lahmen und die Blinden: J. C.
So wirst du selig seyn; weil sie es dir nicht
vergelten können; es wird dir aber in der Auferstehung der Gerechten vergolten werden.

§. 166.

Hier unterbrach einer von denen, die mit zu Tische saßen, seine Rede, und sprach zu ihm: Selig
ist, der das Brod im Reiche Gottes isset [i]).
Jesus billigte diesen Gedanken, er nahm aber auch
zugleich aus demselben Anlaß, von der Verwerfung
der Juden, und von dem Berufe der Heiden zu handeln, indem er den Gästen folgendes Gleichniß vortrug: „ Es war ein Mensch, der machte ein großes
Gastmahl, und lud viele dazu ein. Als nun die
Stunde des Abendmahls kam, schickte er seinen
Knecht aus, den Geladenen zu sagen, daß sie kommen sollten, indem alles bereit wäre. Sie fiengen
aber alle zugleich an, sich zu entschuldigen. Der erste
sprach zu ihm: Ich habe einen Hof gekauft, und
es ist nothwendig, daß ich hinaus gehe, und
ihn besichtige. Ich bitte dich entschuldige
mich. Der andere sprach: Ich habe fünf Joche
Ochsen gekauft, und gehe jetzt hin, sie zu prüfen. Ich bitte dich entschuldige mich. Der
dritte sprach: Ich habe ein Weib genommen,
ich kann also nicht kommen. Der Knecht kam
wieder, und hinterbrachte dieses seinem Herrn. Da
ward der Hausvater zornig, und sprach zu seinem
Knechte: Geh geschwinde auf die Straßen und

Gleichniß von dem grossen Abendmahle.

Gas-

i) Luk. 14, 15, 24.

Gaſſen der Stadt, und führe die Armen, die
Preßhaften, die Blinden und die Lahmen
herein. Bald darauf ſagte der Knecht: Herr, es
iſt geſchehen, wie du befohlen haſt; es iſt aber
noch Platz. Da ſprach der Herr zu dem Knechte:
Geh hinaus auf die Landſtraßen, und an die
Zäune, und nöthige ſie herein zu kommen, auf
daß mein Haus voll werde. Ich ſage euch
aber, daß keiner von den Männern, die geladen ſind, mein Abendmahl ſchmecken wird „.

§. 167.

Von der
Nothwen-
digkeit ſich
ſelbſt zu
verleug-
nen.

Als Jeſus von hier ſeine Reiſe weiter fortſetzte,
folgte ihm eine groſſe Menge Menſchen nach k). Er
wandte ſich zu ihnen, und unterrichtete ſie von der
Nothwendigkeit, ſich ſelbſt zu verleugnen, indem er
ihnen vorſtellete, daß derjenige, der zu ihm komme,
und ſeinen Vater, Mutter, Weib, Kinder, Brüder,
Schweſtern, auch dazu ſein eigenes Leben nicht haſſe *),
ſein Jünger nicht ſeyn könne. Dies nemliche Unglück kündigte er auch denjenigen an, die ihr Kreuz
nicht

k) Luk. 14, 25-33.

*) Haſſen heißt hier nicht ſo viel, als unſern nächſten
Blutsfreunden Böſes wollen. Sondern wir ſollen
ihre Lehrſätze, und ihre Aufführung verabſcheuen,
wenn ſolche dem Evangelio zuwieder laufen: mit
Freuden ſollen wir es uns gefallen laſſen, lieber ihre
Freundſchaft, als die Freundſchaft mit Gott zu verlieren: wir ſollen ſie als Feinde vermeiden, welche
mit ihren verführeriſchen Reden, und böſen Beyſpie-
len unſerer Seele nach dem Leben ſtellen. Der Abt
Meſſanguy.

nicht geduldig tragen , und ihm nachfolgen würden.
Und damit er jenen, die sich schmeichelten, auf eine
andere oder leichtere Weise seine Jünger werden zu
können, ihren Irthum benehmen möchte, so verglei=
chet er sie theils einem Menschen, der einen Thurm
zu bauen anfängt, ohne den Ueberschlag zu machen,
ob er auch Geld genug habe, diesen Bau ausführen
zu können, theils mit einem Könige, der mit einem
mächtigern Könige Krieg anfangen will, ohne zu be=
denken, ob seine Macht stark genug sey, denselben
glücklich zu endigen. Er versicherte hierauf seine Zu=
hörer, um das Glück zu haben, sein Jünger zu seyn,
sey unumgänglich nothwendig, allem abzusagen, was
man besitze.

§. 168.

Da unter denen, die zu Jesu kamen, ihn zu hö=
ren, sich auch viele Zöllner und Sünder befanden,
und Jesus sich gegen dieselben sehr liebreich und leut=
selig betrug, so erregte dieses unter den Pharisäern
und Schriftgelehrten ein grosses Murren [1]). Al=
lein er vertheidigte sein liebvolles Verhalten gegen die
Sünder durch ein Gleichniß, welches er von einem
Menschen hernahm, der, wenn er von seinen hundert
Schafen ein einziges verlieret, die andern neun und
neunzig in der Wüste verläßt, und dem verlornen
nachgehet, bis er es findet. Welcher Mensch,
sagte er, ist unter euch, der hundert Schafe
hat, und so er deren eines verlieret, nicht die
neun und neunzig in der Wüste lasse, und nach
dem

Jesus be=
zeiget sich
sehr herab=
lassend ge=
gen die
Zöllner
und Sün=
der.

1) Luk. 15, 1 - 32.

dem verlornen hingehe, bis daß er es finde
Und wenn er es gefunden hat, so leget e
es mit Freuden auf seine Achseln.   Und wen
er zu Hause kömmt, rufet er seine Freunde un
Nachbarn zusammen, und spricht zu ihnen
Freuet euch mit mir; denn ich habe mein Scha
gefunden, welches verloren war.   Er gab hierau
seinen Zuhörern die Versicherung, daß im Himme
mehr Freude seyn werde wegen eines Sünders, de
Buße thue, als über neun und neunzig Gerechte
die der Buße nicht bedürfen.   Dem angeführte
Gleichnisse fügete er noch zwey andere bey, nemlid
jenes von einem Weibe, die von zehn Drachmen *
Einen verlieret, deswegen ein Licht anzündet, und s
lange suchet, bis sie ihn wieder findet.   Und das vor
dem verlornen Sohne, der nach einem sehr liederlid
geführten Lebenswandel reumüthig zu seinem Wate
zurückkehret, und von demselben mit offenen Arme
wieder aufgenommen wird.

§. 169.

Das
Gleichniß
von dem
ungerech-
ten Haus-
halter.

Nachdem der liebvolle Heiland die Pharisäer un
die Schriftgelehrten durch die erwähnten Gleichniss
zu schanden gemacht hatte, so wandte er sich wieder z
seinen Jüngern, um ihnen einen Unterricht in Betreff der zeitlichen Güter zu geben, wobey er zugleic
die Pharisäer wegen ihres Geitzes bestrafen wollte [m]).

Er

*) Eine Drachme war ohngefär drey Groschen nach
   unserer Münze.   Man sehe des Miri biblisches An-
   tiquitäten-Lexicon.
m) Luk. 16, 1-9.

Er bewerkstelligte beydes, indem er ihnen das Gleichniß von dem ungerechten Haushalter vortrug, der, nachdem er seines Herrn Güter verschwendet, sich noch überdies auf Unkosten desselben gute Freunde zu machen gewußt hatte; damit sie ihn, wenn er von seinem Amte entsetzet würde, in ihre Häuser aufnehmen möchten. · Sein Herr lobte ihn wegen der im letzten Falle bewiesenen Klugheit, und Jesus Christus stellete ihn in gewisser Maße seinen Jüngern als ein Muster vor, indem er sie ermahnete in Ausübung des Guten eben so klug und eben so sinnreich zu seyn, als dieser ungerechte Haushalter in Ausübung des Bösen gewesen ist, besonders durch Almosen sich Freunde zu machen, damit sie nach ihrem Abscheiden in die ewigen Hütten möchten aufgenommen werden.

§. 170.

Die geitzigen Pharisäer hörten zwar alles mit an, was Jesus sagte, allein statt seinen Lehren zu folgen, verlachten sie ihn nur n). Doch er zeigte ihnen gar bald in dem Gleichnisse *) von dem reichen

Das
Gleichniß
von dem
reichen
Manne.

Manne

n) Luk. 16, 14-22.

*) Die alten und neuen Ausleger sind darüber nicht einig; ob dieses eine wahre geschichte, oder ein Gleichniß sey. Jrenäus, Ambrosius, Gregorius Magnus, Tertulian, Euthymius, und einige andere halten es für eine wahre Geschichte. Der Name Lazarus, und die verschiedenen Umstände, welche Jesus sorgfältig angemerket hat, scheinen etwas mehr, als ein Gleichniß zu erkennen zu geben. Allein Chrysostomus, Cyrillus von Alexandrien, Theophilactus

und

Manne, wie wenig sie, zu lachen, Ursache hätten. Dieser reiche Mann, der in Purpur und köstlicher Leinwand gekleidet einherging, und seine Tafel alle Tage mit den herrlichsten Speisen besetzen ließ, war gegen die Armen so unempfindlich, daß ihn nicht einmal das Elend eines armen Menschen, Namens Lazarus, der vor seiner Thür lag, und dessen Leib von Geschwüren ganz bedeckt war, so viel rühren konnte, daß er ihm die Brosamen, die von seinem Tische fielen, und um die er inständigst bat, hätte reichen lassen. Beyde starben.   Der arme Lazarus ward durch die Engel in den Schooß Abrahams getragen, der reiche Mann aber ward wegen seines Geitzes, und wegen der Unbarmherzigkeit gegen diesen Elenden zu den ewigen Qualen verdammet.   Nachdem der göttliche Heiland den unbarmherzigen Pharisäern durch dieses Gleichniß genug zu verstehen gegeben hatte, was sie nach ihrem Tode zu gewarten hätten, so wandte er sich wieder zu seinen Jüngern °), denen er Lehren von Vermeidung des Aergernisses, von Vergebung der Unbilden, von dem Glauben, und von der Demuth ertheilete.

§. 171.

und die meisten neuen Ausleger sehen es nur für ein Gleichniß an. Endlich sind noch einige, die die Mittelstraße erwählen, und glauben, daß es weder ein bloßes Gleichniß, noch eine vollkommene Geschichte sey. Sie sagen, die Sache an sich sey zwar eine Geschichte, aber der Heiland habe einige Umstände hinzugefüget, welche bloß parabolisch wären. Der Abt Calmet unter dem Artikel Lazarus.

o) Luk. 17, 1-10.

§. 171.

Als Jesus bey Fortsetzung seiner Reise, die er mitten durch Samaria und Galiläa nahm, in einen Flecken ging, begegneten ihm zehn aussätzige Männer, die von ferne stehen blieben, und mit lauter Stimme ihm zuriefen: Jesu, lieber Meister, erbarme dich unser [p]. Jesus, da er sie sah, sprach zu ihnen: Gehet hin, und zeiget euch den Priestern. Sie gehorchten. Indem sie aber hingingen, wurden sie rein. Doch kehrete von allen nur ein Einziger, der ein Samariter war, zu seinem Wohlthäter zurück, warf sich ihm zu Füßen, und dankte ihm auf das demüthigste für die ihm bewiesene Gnade. Jesus fragte mit Verwunderung: Sind nicht ihrer zehn rein geworden? Wo bleiben denn die neune? Er lobte hierauf die Dankbarkeit dieses Fremdlings, und entließ ihn mit diesen Worten: Steh auf, geh hin, dein Glaube hat dich gesund gemacht.

J. C.

32.
Jesus reiniget zehn Aussätzige.

§. 172.

Eines Tages fragten die Pharisäer Jesum, wann denn das Reich Gottes [*] käme [q]? Jesus ant=

Gleichniß von einer armen Wittwe.

p) Luk. 17, 11-19.

*) Unter dem Reiche Gottes verstanden die Juden die Ankunft des Messias, die Siege, die er über seine Feinde davon tragen, und die Rache, die er an denen, die sein Volk unterdrückt hatten, ausüben würde. Sie bildeten sich ein, sie würden unter diesem neuen Könige, im Frieden, herrlich und im Ueberflusse leben, und es würden ihnen alle Völker unterthänig
und

q) Luk. 17, 20-37.

R

J. C.
32.

antwortete ihnen, es werde solches auf keine in die Augen fallende Art geschehen, und das Reich Gottes sey schon wirklich mitten unter ihnen *). Bey dieser Gelegenheit gab er seinen Jüngern verschiedene Lehren von der Wachsamkeit, und von dem anhaltenden Eifer im Gebete ʳ). Um ihnen aber zu zeigen, wie nützlich es sey, wenn man mit dem Gebete beständig anhalte, trug er ihnen das Gleichniß von einer armen Wittwe vor, die zwar lange Zeit keine Hülfe von einem ungerechten Richter erlangen konnte, die ihn aber doch endlich durch ihr ungestümes Anhalten dahin brachte, daß er ihr Gerechtigkeit wiederfahren ließ. Durch welches Gleichniß der göttliche Heiland ihnen zu verstehen geben wollte, daß Gott, der ein gerechter Richter sey, nicht ermangeln werde, seine Auserwählten, die Tag und Nacht zu ihm riefen, unfehlbar zu erhören.

§. 173.

Gleich-
niß von
dem Pha-

Als Jesus hierauf etliche bemerkte, die sich selbst für gerecht hielten, und über dies noch andere verachteten,

und zinsbar seyn. Der Verfasser des betrachteten Evangeliums Th. 8. S. 17.

*) Das Reich Gottes war mitten unter ihnen wegen der Gegenwart des Messias, des Sohnes und Christ Gottes, des Königs Israels, der vom Himmel herab gekommen, und von seinem Vater gesandt war, das Reich Gottes aufzurichten; er war aber, wie ihnen Johannes, der Täufer vorwarf, mitten unter ihnen, und sie kannten ihn nicht, oder wollten ihn nicht kennen; sie stellten sich, als ob sie ihn suchten, und verfolgten ihn. Der Vorige. Th. 8. S. 26.

ʳ) Luk. 18, 1-7.

teten, so erzählete er ihnen folgendes Gleichniß *):
„Zween Menschen gingen hinauf in den Tempel zu
beten; einer ein Pharisäer, der andere ein Publi=
kan.   Der Pharisäer stand, und betete bey sich
selbst also: Ich danke dir, Gott, daß ich nicht
bin wie andere Leute, Räuber, Ungerechte,
Ehebrecher, oder auch wie dieser Publikan.
Ich faste zweymal in der Woche, und gebe
den Zehenten von allem, was ich habe. Aber
der Publikan stand von ferne, und wollte nicht ein=
mal seine Augen zu dem Himmel aufheben; sondern
schlug an seine Brust, und sprach: Gott, sey mir
armen Sünder gnädig. Jesus versicherte hier=
auf seine Zuhörer, daß dieser gerechtfertiget in sein
Haus zurückgekehret sey, jener aber nicht.   Denn,
sagte er, wer sich selbst erhöhet, der wird er=
niedriget werden, und wer sich selbst erniedri=
get, der wird erhöhet werden.

J. C.
32.
risäer
und Zöll=
ner.

§. 174.

Jesus langte endlich um die Mitte des Decem=
bers zu Jerusalem an, daselbst, wie schon gesagt
worden, dem Feste der Tempelweihe mit beyzuwoh=
nen. Einstens, als er während des Festes in demje=
nigen Theile des Tempels, der Salomons Halle
hieß, herumging, umgaben ihn die Juden, und
sprachen ganz unwillig zu ihm: Wie lange lässest
du uns im Zweifel? Wenn du Christus bist, so
sage es uns frey heraus t). Jesus antwortete

Jesus
kömmt zu
Jerusa=
lem an.

R 2   mit

s) Luk. 18, 9-14.
t) Joh. 10, 22-31.

mit seiner gewöhnlichen Gelassenheit: Ich habe es euch gesagt, und ihr glaubet mir nicht. Die Werke, die ich in meines Vaters Namen thue, die zeugen von mir. Allein ihr glaubet nicht; denn ihr seyd nicht von meinen Schafen, wie ich euch schon gesagt habe. Meine Schafe hören meine Stimme: ich kenne sie, und sie folgen mir. Ich gebe ihnen das ewige Leben; sie werden in Ewigkeit nicht verloren gehen, und niemand wird sie mir aus meiner Hand reißen. Mein Vater, der sie mir gegeben hat, ist grösser, als alles *); und niemand kann sie aus meines Vaters Hand reißen. Ich und der Vater sind eins. Jesus hatte nun gethan, was sie verlanget hatten, allein dieses so deutliche Bekenntniß seiner Gottheit brachte sie dergestalt auf, daß sie nochmals Steine aufhoben, ihn zu steinigen.

§. 175.

Jesus, um ihre Wut zu stillen, erinnerte sie an die vielen guten Werke, die er durch die Macht seines Vaters vor ihren Augen gethan hatte, und fragte sie, um welches derselben willen sie ihn denn steinigen wollten ")? Doch die erbitterten Juden ließen sich hiedurch nicht besänftigen, und antworteten ihm mit der größten Vermessenheit, sie wären nicht gesonnen,

ihn

---

*) *Quod & majus* sunt errores grammaticales, ut patet ex Graeco, ubi legitur: *Pater, qui dedit, major est.* R. D. *Salzmann.*

u) Joh. 10, 32 - 39.

ihn um eines guten Werkes willen zu steinigen, son=
dern wegen der Gotteslästerung, indem er sich selbst für
Gott ausgebe, da er doch nur ein bloßer Mensch sey.
Der sanftmüthige Heiland fragte sie hierauf: Wenn
die Schrift diejenigen Götter nenne, zu welchen Got=
tes Wort geschehen, warum er denn, da er doch vom
Vater geheiliget, und in die Welt gesandt worden,
solle gelästert haben, da er gesagt, er sey Gottes
Sohn? Glaubet mir nicht, fuhr er fort, wenn
ich nicht die Werke meines Vaters thue. Wenn
ich sie aber thue, und ihr mir dennoch nicht
glauben wollet, so glaubet doch den Werken,
damit ihr erkennet und glaubet, daß der Va=
ter in mir ist, und ich im Vater. Jetzt wollten
sich die Juden wieder seiner Person bemächtigen; al=
lein er entging ihren Händen.

§. 176.

Jesus verließ hierauf Jerusalem, und begab
sich nochmals jenseits des Jordans, an den Ort,
wo Johannes zu erst getaufet hatte w), nemlich nach
Bethabara. Er verblieb daselbst einige Zeit, und
es versammlete sich bey ihm eine große Menge Men=
schen, die begierig waren, ihn zu hören. Er lehrete
sie nach seiner Gewohnheit, und machte ihre Kranken
gesund. Viele glaubten daher an ihn und sprachen:
Johannes that kein Zeichen; alles aber, was
Johannes von diesem gesagt hat, das ist wahr.

R 3 Die

w) Joh. 10, 39-42. Matth. 19, 1-12. Mark.
10, 1-12.

J. C.
33.

Die Pharisäer, die ihm an allen Orten nachstelleten, kamen auch hier zu ihm, ihn zu versuchen, und sprachen zu ihm: Geziemet sichs auch, daß ein Mann sich von seinem Weibe um einer jeden Ursache willen scheide? Jesus, der ihre bösen Absichten erkannte, that eine Gegenfrage. Was hat euch, sagte er, Moses geboten? Sie sprachen: Moses hat zugelassen, einen Scheidebrief zu schreiben, und sich zu scheiden *). Jesus versetzte hierauf: Um eures Herzens Härtigkeit willen hat er euch solches Gebot geschrieben. Habt ihr nicht gelesen, fuhr er fort, daß, der den Menschen vom Anfange geschaffen hat, der hat sie beyde, Mann und Weib gemacht *), und gesprochen: Darum wird der Mensch Vater und Mutter verlassen, und seinem Weibe anhangen, und werden zwey in einem Fleische seyn *). So sind sie nun nicht zwey, sondern ein Fleisch. Darum, was Gott zusammen gefüget hat, das soll der Mensch nicht scheiden. Da die Pharisäer weder wieder die in Moses Schriften so deutlich angezeigte göttliche Einsetzung, noch wieder die Folgerung, die Jesus daraus zog, etwas einwenden konnten, so fragten sie ihn, warum denn Moses geboten, einen Scheidebrief zu geben, und sich von ihr zu scheiden? Jesus wiederholte die Antwort, die er ihnen vorhin gegeben hatte: Moses, sprach er, hat euch erlaubt zu scheiden von euren Weibern,

wegen

x) 5 Mos. 24, 1.
y) 1 Mos. 1, 27.
z) 1 Mos. 2, 24.

wegen eures Herzens Härtigkeit; von Anbeginn aber ist es nicht also gewesen. Ich aber, setzte er hinzu, sage euch: Wer sich von seinem Weibe scheidet, es sey denn um der Hurerey *) willen, und nimmt eine andere, der bricht die Ehe. Und wer die Geschiedene nimmt, der bricht auch die Ehe. Als Jesus sich hierauf in ein Haus begab, fragten ihn seine Jünger von neuem um die nemliche Sache. Er antwortete ihnen: Wer sich von seinem Weibe scheidet, und eine andere nimmt, der bricht die Ehe an ihr; Und wenn sich ein Weib von ihrem Manne scheidet, und einen andern nimmt, die bricht die Ehe. Die Jünger machten aus diesen Worten den Schluß, daß es also besser sey, nicht zu heirathen, als zu heirathen. Jesus versicherte sie, daß dies Wort nicht jedermann fasse, sondern nur die, denen es gegeben sey, wodurch er die Vortrefflichkeit des jungfräulichen Standes anzeigte, ohne jedoch ein Gebot daraus zu machen.

J. C. 33.

§. 177.

Bald hierauf brachten verschiedene Leute kleine Kinder zu Jesu, damit er die Hände auf sie legen, und über sie beten möchte a). Seine Jünger, in der

Jesus nimmt die kleinen Kinder liebreich auf.

R 4

*) Diese Worte: es sey denn um des Ehebruchs willen, beziehen sich auf das vorhergehende, nicht auf das, was folget. Jesus Christus erlaubet einem Manne, sich im Falle des Ehebruchs von seinem Weibe auf ewig zu scheiden, nicht aber eine andere zu heirathen. Der Abt Messanguy.

J. C.
33.

der Meinung, daß dieses zu ungelegener Zeit geschehe, oder daß die Beschäftigung für ihren Meister nicht wichtig genug sey, wurden darüber unwillig, und wiesen sie mit rauhen Worten zurück. Allein der Liebhaber der Unschuld mißbilligte ihr Betragen, und versicherte sie, daß das Himmelreich nur denen gehöre, die sich in der Demuth, Einfalt und Unschuld den Kindern ähnlich machten. Er umarmete hierauf die unschuldigen Kinder sehr liebreich, und nachdem er die Hände auf sie geleget, und sie gesegnet hatte, ließ er sie wieder von sich.

§. 178.

Jesus
unterredet
sich mit ei-
nem rei-
chen Jüng-
linge.

Sobald Jesus die Kinder gesegnet, und von sich gelassen hatte, stand er auf, und begab sich mit seinen Jüngern von dem Orte, wo er sich befand, hinweg, in der Absicht einen andern Ort derselben Gegend, jenseits des Jordans, zu besuchen. Er hatte sich kaum auf den Weg gemacht, als ein vornehmer und reicher Jüngling auf ihn herzugelaufen kam, der sich ihm zu Füßen warf, und zu ihm sprach: Guter Meister, was soll ich Gutes thun, daß ich möge das ewige Leben haben b)? Jesus antwortete: Was heißest du mich gut? Niemand ist gut, denn nur Gott allein. Willst du aber zum Leben eingehen, so halte die Gebote. Welche? fragte der Jüngling ganz begierig. Du sollst nicht tödten, erwiederte Jesus; du sollst nicht ehebrechen; du sollst nicht stehlen; du sollst kein

fal-

b) Mark. 10, 17-27. Matth. 19, 16-26. Luk. 18, 18-27.

falsches Zeugniß geben. Ehre Vater und Mut- **J. C.**
ter. Und du sollst deinen Nächsten, wie dich **33.**
selbst, lieben. Meister, versetzte der Jüngling,
dies alles habe ich von Jugend auf gehalten;
was fehlet mir noch? Jesus sah ihn an, liebte ihn,
und sprach zu ihm: Eines fehlet dir. Willst du
vollkommen seyn, so geh hin, verkaufe alles,
was du hast, und gieb es den Armen, so wirst
du einen Schatz im Himmel haben; alsdenn
komm, und folge mir nach. Hier verlor der
reiche Jüngling auf einmal allen Muth; denn diese
Worte schreckten ihn dergestalt, daß er Jesum verließ, und traurig fortging. Jesus wandte sich hierauf zu seinen Jüngern, und sprach seufzend: Wie
schwer werden die, so viel Geld haben, in das
Reich Gottes kommen! Dieser Ausspruch setzte
die Jünger in eine grosse Bestürzung, welche noch
mehr wuchs, als er zu ihnen ferner sprach: Lieben
Kinder, wie schwer ist es, daß die, welche ihr
Vertrauen aufs Geld setzen, ins Reich Gottes
kommen! Es ist leichter, daß ein Kameel
durch ein Nadelöhr gehe, als daß ein Reicher
in das Reich Gottes komme. Ganz außer sich
sprachen sie unter einander: Wer kann denn selig
werden? Jesus, der seine lieben Jünger wieder
trösten wollte, sah sie an, und gab ihnen die Versicherung, daß, obgleich dieses in Absicht auf die Menschen unmöglich sey, so sey es doch nicht unmöglich in
Absicht auf Gott; indem Gott alle Dinge vermöge.

J. C.

33.
Jesus
verheißet
seinen
Jüngern
eine groß-
se Beloh-
nung.

§. 179.

Hier nahm sich Petrus die Freyheit, Jesum zu fragen, was denn er, und seine übrigen Jünger, die sie um seinetwillen alles verlassen hätten, und ihm nachgefolget wären, für eine Belohnung empfangen würden ᶜ)? Jesus versicherte sie, daß zur Zeit der Auferstehung, da des Menschen Sohn auf dem Stuhle seiner Herrlichkeit sitzen werde, auch sie, die sie ihm nachgefolget wären, auf zwölf Stühlen sitzen, und die zwölf Geschlechter Israels richten würden. Und ein jeder, fuhr er fort, der sein Haus, oder Brü- der, oder Schwestern, oder Vater, oder Mut- ter, oder Weib, oder Kinder, oder Aecker um meines Namens willen verlässet *), der wirds hundertfältig wieder bekommen, und das ewige Leben besitzen.

§. 180.

c) Matth. 19, 27. 29. Mark. 10, 28. 30. Luk. 18, 28 - 30.

*) Alles dieses verstehet sich, und setzet voraus, daß ein Mensch sich in keinem solchen Fall befinde, wo ihn Gottes Gebot verpflichtet, bey seinem Vater oder Mutter, bey seinem Weibe oder bey seinen Kindern zu bleiben. Ist man aber in aller dergleichen Rück- sicht frey, gesetzt, da die Eltern unsern Beystand nicht nöthig haben, da die Kinder schon erzogen und versorgt sind; da ein Weib zur ewigen Keuschheit und Verlassung der Welt einwilliget, so verspricht Chri- stus eine grosse Belohnung demjenigen, welcher, um ihm freyer nachzufolgen, sogar solcher Gegenstände sich großmüthig entschlägt, welchen zu entsagen, ihn kein göttliches Gebot verbindet. Der Abt Messanguy.

§. 180.

J. C.

33.
Gleichniß
von den
Arbeitern
im Wein-
garten.

Nach dieser tröstlichen Verheißung trug Jesus
seinen Zuhörern folgendes Gleichniß vor: „Das
Himmelreich ist gleich einem Hausvater, der am Morgen frühe ausging, Arbeiter in seinen Weingarten zu
dingen d). Als er mit ihnen um einen Denar *) für
den Tag eins ward, sandte er sie in seinen Weingarten.
Um die dritte Stunde ging er wieder aus, und sah andere auf dem Markte müßig stehen, und sprach zu ihnen: Gehet ihr auch hin in meinen Weingarten;
und was recht ist, das will ich euch geben. Sie
gingen hin. Nochmals ging er um die sechste und
neunte Stunde aus, und that desgleichen. Um die
eilfte Stunde aber ging er aus, und fand andere
müßig stehen, und sprach zu ihnen: Was stehet ihr
hier den ganzen Tag müßig? Sie sprachen: Es
hat uns niemand gedungen. Er sprach zu ihnen: Gehet ihr auch hin in meinen Weingarten. Als es nun Abend ward, sprach der Herr des
Weingartens zu seinem Schaffner: Rufe die Arbeiter, und gieb ihnen den Lohn; und fang
an von dem Letzten, bis zu dem Ersten. Da
nun die kamen, die um die eilfte Stunde gedungen
waren, empfieng ein jeder seinen Denar. Als aber
die Ersten kamen, meineten sie, sie würden mehr em-

pfan-

d) Matth. 20, 1-16.

*) Ein Denar scheinet der gewöhnliche Lohn der Tag-
löhner bey den Juden gewesen zu seyn, wie er es auch
nach des Tacitus Zeugnisse bey den Römern war.
Annal. l. 1. c. 7.

pfangen: aber sie empfiengen auch ein jeder seinen Denar. Und da sie denselben empfiengen, murreten sie
wieder den Hausvater. Diese Letzten, sprachen sie,
haben nur eine Stunde gearbeitet, und du hast
sie uns gleich gemacht, die wir des Tages Last,
und die Hitze getragen haben. Er antwortete aber
und sagte zu einem aus ihnen: Mein Freund, ich
thue dir nicht unrecht. Bist du nicht mit mir
um einen Denar einig geworden? Nimm, was
dein ist, und geh hin. Ich will aber diesen
Letzten geben, wie dir. Oder habe ich nicht
Macht, mit dem Meinigen zu thun, was ich
will? Ist dein Auge neidisch, weil ich so gütig
bin „? Also, setzte Jesus noch hinzu, werden die
Letzten die Ersten, und die Ersten die Letzten
seyn. Denn Viele sind berufen, aber Wenige
sind auserwählt. Es hat zwar der göttliche Heiland dies Gleichniß nicht erkläret, doch giebt er durch
die Worte, die er demselben noch beyfügete, genugsam zu erkennen, daß der Hauptzweck desselben sey,
seine Jünger zu benachrichtigen, daß, obgleich die Juden, die Ersten wären, denen das Reich Gottes verkündiget worden, sie doch, besonders als das ganze
Volk betrachtet, zuletzt in dasselbe eingehen würden.

§. 181.

Jesus be-
giebt sich
nach Be-
thanien,
den La-
zarus von
den Tod-
ten zu er-
wecken.

Während der Zeit, da Jesus sich jenseits des
Jordans aufhielt, ward in dem nicht weit von Jerusalem gelegenen Flecken Bethanien, sein Freund
Lazarus gefährlich krank e). Maria und Martha,

e) Joh. 11, 1 - 16.

tha, die um das Leben ihres Bruders äußerſt beſorgt
waren, ſchickten daher einen Boten zu Jeſu, und
ließen ihm ſagen: Herr, ſiehe, den du lieb haſt,
der liegt krank. Jeſus, als er dieſes hörete,
ſprach: Die Krankheit iſt nicht zum Tode, ſon=
dern zur Ehre Gottes, auf daß der Sohn
Gottes dadurch verherrlichet werde. Er blieb
hierauf noch zween Tage an dem Orte, wo er ſich
befand, und erſt nach Verfließung derſelben ſprach er
zu ſeinen Jüngern: Laſſet uns wieder nach Ju=
däa gehen. Die Jünger wiederriethen ihm dieſes,
indem ſie ihn an die Gefahr erinnerten, der er erſt
vor kurzem in dieſem Lande ausgeſetzet war, als ihn
die Juden zu Jeruſalem ſteinigen wollten. Allein
er antwortete ihnen: Sind nicht zwölf Stunden
im Tage? Wer im Tage wandelt, der ſtößt
ſich nicht; denn er ſiehet das Licht dieſer Welt.
Wer aber bey der Nacht wandelt, der ſtößt
ſich; denn es iſt kein Licht in ihm. Dies ſagte
er ihren Einwürfen zu begegnen. Er fuhr darnach
alſo fort: Lazarus, unſer Freund, ſchläft; aber
ich gehe hin, daß ich ihn aufwecke. Die Jün=
ger, die glaubten, daß Jeſus vom natürlichen Schla=
fe rede, erwiederten ſogleich: Herr, ſchläft er, ſo
wirds beſſer mit ihm. Jeſus, der ſie nicht lange
in dieſem Irthume laſſen wollte, ſagte ihnen endlich
ganz deutlich: Lazarus iſt geſtorben; und ich
freue mich um euretwillen, daß ich nicht da
geweſen bin, auf daß ihr glaubet: aber laſſet
uns zu ihm gehen. Hier ſprach Thomas, der
auch Didymus, das iſt, Zwilling genannt ward,

J. C.
33.

zu

zu seinen Mitjüngern: Laſſet uns mitgehen, damit wir mit ihm *) ſterben.

§. 182.

Martha eilet Jeſu entgegen.

Sie reiſten fort. Als Jeſus nicht weit mehr von Bethanien entfernet war, kam ihm Martha, die von ſeiner Ankunft Nachricht erhalten hatte, entgegen, und klagte ihm den Tod ihres Bruders, der, wie ſie ſagte, nicht erfolget ſeyn würde, wenn er wäre zugegen geweſen ᶠ). Aber, ſetzte ſie noch hinzu, ich weiß, daß dir Gott auch jetzt alles gewähren wird, warum du ihn bitten wirſt. Jeſus gab ihr zur Antwort: Dein Bruder wird wieder auferſtehen. Ich weiß wohl, erwiederte Martha, daß er auferſtehen wird in der Auferſtehung am jüngſten Tage. Jeſus aber verſetzte: Ich bin die Auferſtehung und das Leben. Wer an mich glaubet, der wird leben, ob er ſchon geſtorben wäre. Und wer da lebet, und an mich glaubet, der wird nicht ſterben in Ewigkeit. Glaubſt du das? Ja Herr, antwortete Martha, ich glaube, daß du biſt Chriſtus, der Sohn Gottes, der in die Welt gekommen iſt. Nachdem ſie dieſes geſagt hatte, verließ ſie Jeſum, um ihre Schweſter zu rufen, wie Jeſus, ihr zu thun, befohlen hatte.

§. 183.

Jeſus erwecket den Lazarus von den Todten.

Kaum hatte Maria von ihrer Schweſter vernommen, daß ihr heiliger Lehrmeiſter ſo nahe ſey, und

mit

*) mit Jeſu.
ᶠ) Joh. 11, 17-28.

mit ihr zu sprechen verlange, so machte sie sich eilends
auf, und lief ihm entgegen. Die Juden, die bey
ihr im Hause waren, sie wegen des Verlustes ihres
Bruders zu trösten, da sie sie so schnell aufstehen und
fortgehen sahen, folgten ihr nach, indem sie glaubten,
daß sie zu dem Grabe gehe, ihren Bruder zu beweinen. Als sie zu dem Orte kam, wo Jesus auf sie
wartete, warf sie sich, sobald sie ihn sah, zu seinen
Füßen nieder, und rief ihm mit dem Tone einer äußerst
Betrübten entgegen: Herr, wärest du hier gewesen, so wäre mein Bruder nicht gestorben *).
Da Jesus sah, daß sie weinete, und daß auch die Juden, die mit ihr gekommen waren, weineten, ergrim-
mete er im Geiste, betrübte sich selbst, und sprach: Wohin habt ihr ihn gelegt? Sie antworteten: Herr,
komm und stehe es. Jesus ging mit ihnen und weinete. Dies gab einigen Juden Anlaß zu sagen: Sehet,
wie hat er ihn so lieb gehabt! andere hingegen
sprachen: Konnte dieser, der dem Blindgebornen die Augen aufgethan hat, nicht machen,
daß auch dieser nicht stürbe? Jesus aber ergrim-
mete nochmals in sich selbst, und kam zum Grabe,
welches eine Höle war, vor welcher ein Stein lag.
Er befahl, ihn wegzunehmen. Martha stellete ihm
vor, daß der Verstorbene schon stinke, indem er be-
reits vier Tage todt sey. Jesus verwies ihr ihren
schwachen Glauben. Habe ich dir nicht gesagt,
sprach er zu ihr, wenn du glaubtest, so würdest
du die Herrlichkeit Gottes sehen? Man nahm
den

*) Joh. 11, 29-44.

den Stein hinweg. Jesus hob seine Augen gegen den Himmel und sprach: Vater, ich danke dir, daß du mich erhöret hast. Ich weiß zwar, daß du mich allezeit erhörest; aber ich sage dieses wegen des herumstehenden Volks, daß sie glauben, daß du mich gesandt hast. So bald er dieses gesagt hatte, rief er mit lauter Stimme: Lazarus, komm heraus. In dem Augenblicke kam der Verstorbene mit den Binden *), an Händen und Füßen, und mit verhülltem Gesichte aus dem Grabe hervor. Jesus befahl ihn zu entbinden, und fortgehen zu lassen. Und beydes geschah.

§. 184.

Die Juden halten einen Rath, worinn beschlossen wird, Jesum zu tödten.

Ein so außerordentliches Wunder verursachte, daß viele Juden, die zu Maria und Martha, sie zu trösten gekommen waren, und alles mit angesehen hatten, an Jesum glaubten [h]). Etliche aber aus ihnen gingen hin, und erzählten den Pharisäern, was Jesus gethan hatte. Diese Nachricht setzte die letztern in eine ungemeine Unruhe. Sie und die Hohenpriester versammleten sogleich einen Rath, und überlegten darinn, was doch bey einer solchen Lage der Sachen zu thun sey. Was thun wir? sprachen sie,

*) Die Juden hatten im Brauche das Haupt eines Verstorbenen in ein leinenes Tuch einzuhüllen, den übrigen Leichnam aber, von den Schultern an, bis zu den Füßen mit einer schmalen Binde zu umwinden. Eine Abbildung hievon findet man in des P. Lamy Apparatu chronol. f. 415.

[h]) Joh. 11, 45-54.

sie, Dieser Mensch thut viele Zeichen. Lassen
wir ihn so gehen, so werden sie alle an ihn
glauben. Und denn werden die Römer kom=
men, und unser Land und Leute hinwegneh=
men. Man konnte nicht gleich wegen der Mittel,
die bey diesen Umständen anzuwenden wären, über=
einskommen. Endlich stand Kaiphas, der Hohe=
priester auf, und redete die Anwesenden also an: Ihr
wisset nichts, und bedenket auch nicht, daß
es uns besser ist, ein Mensch sterbe für das
Volk, als daß das ganze Volk verderbe.
Diese Worte redete jedoch Kaiphas nicht aus sich
selbst, sondern weil er in diesem Jahre Hoherpriester
war, so gefiel es Gott, ihm den Geist der Weissa=
gung zu geben, um diese grosse und wichtige Wahrheit
vorzutragen, daß Jesus für die Juden sterben werde;
aber nicht für die Juden allein, sondern daß er auch
die Kinder Gottes, die zerstreuet waren, zusammen
brächte. Sein Ausspruch fand Beyfall, und es ward
beschlossen, denjenigen zu tödten, der gekommen war,
allen das Leben zu bringen. Von diesem Tage an
waren die Hohenpriester und das Sanhedrin bedacht,
wie sie Jesum tödten möchten. Allein da dieses gott=
lose Vorhaben Jesu nicht unbekannt seyn konnte,
seine Stunde aber noch nicht gekommen war, wie=
wol sie ganz nahe herbeyrückte, so verließ er Betha=
nien, und begab sich in eine Gegend nicht weit
von der Wüste in eine Stadt, die Ephrem *) hieß,

wo

*) Die Lage der Stadt Ephraim haben Lightfoot
und Reland nicht genau bestimmen können. Der

S   letz=

wo er mit seinen Jüngern blieb, und die von seinem Vater bestimmte Zeit abwartete, um sich selbst in die Hände seiner Feinde zu übergeben.

§. 185.

Jesus tritt seine letzte Reise nach Jerusalem an.

Der Aufenthalt des göttlichen Heilands zu Ephrem war von keiner langen Dauer; denn weil das Oster=fest, an welchem er nach dem göttlichen Rathschlusse leiden und sterben wollte, herbeynahete, so verließ er diesen Ort wieder, und trat getrost seine Reise nach Jerusalem an [i]). Unterweges sprach er zu den Zwölfen: Sehet wir ziehen hinauf nach Jeru=salem, und des Menschen Sohn wird den Ho=henpriestern und Schriftgelehrten überliefert werden, und sie werden ihn zum Tode ver=dammen; und werden ihn den Heiden überge=ben, zu verspotten, und zu geißeln, und zu kreuzigen; und am dritten Tage wird er wie=der auferstehen. So deutlich diese Worte wären, so waren doch die Apostel von der Vorstellung eines irdischen Reichs dergestalt eingenommen, daß sie nicht

verstan=

letztere hat sie unweit Jerusalem gesetzt, darinn ihm andere nachgefolget sind. Allein Bachiene hält da=für, ihr Name zeige hinlänglich an, daß sie im Stamme Ephraim gelegen habe, und setzt sie etwa sieben Stundenwegs gegen Norden von Jerusalem, in die Gränze der Landschaft Samaria. Herr Ober=konsistorialrath Büsching in seinen vorläufigen Ab=handlungen zu den vier Evangelisten.

i) Luk. 18, 31-34. Matth. 20, 17-23. Mark. 10, 32-40.

verstanden, was Jesus mit denselben sagen wollte.
Von eben diesem falschen Vorurtheile war auch eins
genommen die Mutter der zween Brüder, Jakobus
und Johannes, da sie sich mit ihnen zu Jesu na=
hete, vor ihm niederfiel, und ihn bat, daß er bey Her=
stellung des Reiches Israel den einen zu seiner Rech=
ten, den andern aber zu seiner Linken möchte sitzen
lassen.   Jesus wandte sich zu ihren Söhnen, die
selbst auch um diese Gnade baten, und sagte zu ihnen:
Ihr wisset nicht, was ihr bittet. Er fragte sie hier=
auf, ob sie den Kelch trinken könnten, den er trinke, und
ob sie sich mit der Taufe könnten taufen lassen, mit
welcher er getaufet werde? Und als sie ihm antworte=
ten: Ja, wir können es, so erwiederte er: Ihr
werdet zwar den Kelch trinken, den ich trinke,
und mit der Taufe getauft werden, mit wel=
cher ich getauft werde; zu sitzen aber zu mei=
ner Rechten, und zu meiner Linken, stehet mir
nicht zu *), euch zu geben, sondern denen,
welchen es bereitet ist von meinem Vater.

§. 186.

Die übrigen zehn Apostel wurden sehr unwillig,
als sie das stolze Begehren dieser zween Brüder ver=

S 2   nah=

Jesus
lehret sei=
nen Apo=
steln die
Demuth.

*) Jesus Christus hat zwar als Mensch alle Gewalt
im Himmel und auf Erden. Aber er vergiebt die
Plätze weder nach Gunst, weder nach andern mensch=
lichen Bewegursachen: er giebt sie denen, die sein
Vater von Ewigkeit hiezu erwählet hat. Der Abt
Messanguy.

J. C.
33.

nahmen k). Jesus rief sie deshalb alle zu sich, und redete sie also an: Ihr wisset, daß diejenigen, welche unter den Heiden für Fürsten gehalten werden, über sie herrschen, und daß ihre Fürsten Gewalt über sie haben. Aber so soll es unter euch nicht seyn; sondern, welcher unter euch will groß werden, der soll euer Diener seyn; und welcher unter euch der Vornehmste werden will, der soll euer aller Knecht seyn. Denn auch des Menschen Sohn ist nicht gekommen, sich dienen zu lassen, sondern, daß er diene, und sein Leben gebe zur Erlösung für viele.

§. 187.

Jesus machet einen Blinden sehend.

Indem Jesus seine Reise nach Jerusalem, oder vielmehr nach Bethanien fortsetzte, um sich von da nach Jerusalem zu begeben, folgte ihm ein Haufe Volks nach, der immer größer ward, je weiter er fortging. Als er sich Jericho näherte, saß ein Blinder am Wege, der bettelte l). Da dieser das Getöse des Volks, welches Jesum begleitete, hörete, fragte er was das wäre? Man antwortete ihm, Jesus von Nazareth ginge vorüber. Kaum hatte er dieses vernommen, so fieng er an zu schreyen, und rief: Jesu, du Sohn Davids erbarme dich meiner. Diejenigen, die vorn an gingen, fuhren ihn an, und befahlen ihm zu schweigen, allein er kehrete sich an ihren Befehl nicht, und schrie jetzt nur um so viel stärker:

k) Mark. 10, 41-45. Matth. 20, 24-28.
l) Luk. 18, 35-43.

ler: Du Sohn Davids erbarme dich meiner.
Jesus blieb darauf stehen, und befahl, daß man
diesen Blinden ihm zuführen sollte. Es geschah, und
Jesus sprach zu ihm: Was willst du, daß ich
dir thun soll? Herr, erwiederte der Blinde, daß
ich sehen möge. Sey sehend, sprach nun Jesus,
dein Glaube hat dir geholfen. In dem Augenblicke bekam er den völligen Gebrauch seines Gesichts.
Er folgte Jesu freudig nach, und pries Gott. Dies
that auch das ganze Volk, welches ein Augenzeuge
von diesem Wunder war.

§. 188.

Jesus zog nach diesem herrlichen Wunder zu Jericho *) gleichsam im Triumphe ein. Kaum hatte
S 3 Za-

J. C.
33.

Jesus
lehret bey
dem Za-
chäus ein.

*) Die Stadt Jericho lag eigentlich in einem grossen
Thale, gerade gegen dem Gefilde Moab über, aus
welchem die Israeliten herkamen, als sie durch den
Jordan gingen. Durch diesen Fluß war sie von ge-
dachtem Gefilde unterschieden, vom Fluß selbst aber
ohngefähr sechzig Stadien (beynahe zwo deutsche Meilen) entlegen. Sie war rund herum von einem ket-
tenweise an einander hangenden Gebirge wie mit einer Mauer umgeben, zwischen demselben lag sie mitten inne auf einer Ebene von zwey tausend Ackern
Landes; und war insonderheit berühmt wegen eines
Waldes von Palmen- und Balsambäumen. Sie ist
aber jetzt so verwüstet, daß man heutiges Tages an
ihrem Orte nur wenige und elende Hütten, die von
Arabern bewohnet werden, und einen viereckigten
Thurm findet. Von Jerusalem lag sie sechs Stunden. Herr Saurin in seinen biblischen Betrachtungen,

J. C.
33.

Zachäus, der Oberste der Zolleinnehmer dieser Gegend, ein sehr reicher Mann von seiner Ankunft Nachricht erhalten, so eilete er ihm entgegen, und war begierig, ihn zu sehen ᵐ). Da er aber von Person klein, und das Zudringen des Volks zu groß war, so konnte er ihn weder sehen, noch zu ihm gelangen. Er lief daher voraus, und stieg auf einen wilden Feigenbaum, damit er Jesum, der da vorüber gehen sollte, sehen möchte. Jesus, der ihn auf diesem Baume erblickte, rief ihm zu, und sprach: Zachäus, steig geschwinde herab: denn heute muß ich in deinem Hause bleiben. Zachäus gehorchte den Augenblick, und empfieng seinen vornehmen Gast mit einer außerordentlichen Freude. Die Herablassung des göttlichen Heilands gegen einen Menschen, dessen Amt bey den Juden so verhaßt war, erregte bey allen Gegenwärtigen ein heftiges Murren. Zachäus hingegen, der jetzt schon durch die göttliche Gnade in einen ganz andern Menschen verwandelt war, stand vor Jesu, und sprach: Siehe, Herr, die Hälfte meiner Güter gebe ich den Armen, und so ich jemand betrogen habe, das gebe ich vierfältig wieder. Jesus sagte auf dieses diese tröstlichen Worte zu ihm: Heute ist diesem Hause Heil wiederfahren, weil auch dieser ein Sohn Abrahams ist. Denn des Menschen Sohn ist gekom-

gen, und Herr Oberkonsistorialrath Büsching in seinen vorläufigen Abhandlungen zu den vier Evangelisten.

m) Luk. 19, 1 - 10.

gekommen, zu suchen, und selig zu machen, J. C.
was verloren war.

33.

§. 189.

Nachdem Jesus denen, die diese Worte mit an=
gehöret, durch ein Gleichniß zu verstehen gegeben
hatte, daß das Reich, von dem er Besitz nehmen wür=
de, kein irdisches, wie sie sich irrig vorstelleten, sondern
ein geistliches Reich seyn werde n), verließ er unter Be=
gleitung einer grossen Volksmenge die Stadt Jericho
wieder, und ertheilte zween Blinden, die außerhalb
derselben an dem Wege saßen, das Licht der Au=
gen o). Einer von diesen hieß Bartimäus. Als
dieser vernahm, daß Jesus vorüberginge, rief er
mit lauter Stimme: Jesu, du Sohn Davids
erbarme dich meiner. Viele befahlen ihm, mit Be=
drohen, zu schweigen. Allein dieser bedrängte Mensch
verachtete ihre Drohungen und schrie noch vielmehr:
Du Sohn Davids erbarme dich meiner. Je=
sus blieb endlich stehen, und befahl, daß man ihn
sollte kommen lassen. Gleich riefen ihm einige zu, er
solle gutes Muthes seyn, aufstehen, und zu Jesu,
der ihn rufe, gehen. Freudig über diese Nachricht,
warf er seinen Mantel ab, sprang auf, und eilete
Jesu entgegen. Jesus fragte ihn, was er verlange?
Rabboni (Meister), erwiederte er, daß ich se=
hend werde. Geh hin, sagte hierauf Jesus zu
ihm, dein Glaube hat dir geholfen. Barti=
mäus sah den Augenblick, und folgte mit dem

- S 4   anbern,

n) Luk. 19, 11-28.
o) Matth. 20, 29-34. Mark. 10, 46-52.

J. C.
33.

andern, der gleiche Gnade empfangen hatte, Jesu auf der Reise nach.

§. 190.

Jesus wird zu Jerusalem gesucht.

Jesus setzte hierauf seine Reise nach Jerusalem fort, wo er von denen, die aus dem Lande dahin gekommen waren, sich vor dem Osterfeste zu reinigen, mit größtem Verlangen gesuchet wurde p). Niemand war jedoch begieriger, ihn zu sehen, als die nach seinem Blute dürstenden Hohenpriester und Pharisäer, die auch wirklich schon den Befehl ertheilet hatten, daß diejenigen, die wüßten, wo Jesus sich aufhielte, solches anzeigen sollten, damit man sich seiner Person versichern könne.

§. 191.

Jesus wird zu Bethanien vom Simon, dem Aussätzigen bewirthet.

Sechs Tage vor Ostern kam Jesus zu Bethanien an, wo Simon, der vormals Aussätzige ihn, und seine Jünger mit einem Abendessen bewirthete q). Lazarus, den Jesus kurz vorher zum Leben erwecket hatte, war einer von den Gästen, und Martha, seine Schwester, trug die Speisen auf. Ueber der Mahlzeit kam auch Maria, die andere Schwester. Sie brachte eine alabasterne Büchse, die ein Pfund Salbe von unverfälschter köstlicher Narde in sich enthielt, mit sich. Sie zerbrach sie, und goß, um ihre Liebe und äußerste Hochachtung gegen ihren heiligen Lehrer zu bezeigen, diese Salbe über sein Haupt und über

seine

p) Joh. 11, 55-56.

q) Joh. 12, 1-8. Matth. 26, 6-13. Mark. 14, 3-9.

ſeine Füße aus, die ſie hernach mit ihren Haaren wie=
der abtrocknete, da inzwiſchen der angenehme Geruch
dieſer Salbe das ganze Haus erfüllete. Einige
von den Jüngern tadelten dieſe liebreiche Handlung;
beſonders konnte Judas Iſkarioth ſeinen Unwillen
darüber nicht bergen, unter dem ſchönen Vorwande,
daß es beſſer geweſen ſeyn würde, wenn man dieſe
theure Salbe um drey hundert Denarien *) verkau=
fet, und dieſes Geld unter die Armen ausgetheilet
hätte. Dieſes ſagte er aber nicht aus Liebe gegen die
Armen, ſondern weil er ein Dieb war, und den Beu=
tel hatte, und trug, was hineingegeben ward. Allein
der göttliche Heiland nahm die Vertheidigung ſeiner
frommen Jüngerinn ſelbſt auf ſich. Laſſet ſie mit
Frieden, ſagte er zu den Murrenden, was ſeyd ihr
ihr überläſtig? Sie hat ein gutes Werk an mir
gethan. Arme habt ihr allezeit bey euch, und
wenn ihr wollet, könnet ihr ihnen Gutes thun;
mich aber habt ihr nicht allezeit. Dieſe, ſo
fuhr er fort, hat gethan, was ſie gekonnt hat;
denn ſie hat mich in voraus zu meinem Be=
gräbniſſe eingeſalbt. Warlich, ſetzte er noch
hinzu, ich ſage euch: Wo immer in der gan=
zen Welt dies Evangelium wird geprediget
werden, da wird man auch zu ihrem Gedächt=
niſſe das ſagen, was ſie gethan hat.

S 5　　　§. 192.

*) Drey hundert Denarien machten, den Denar zu
　　drey Groſchen gerechnet, ſieben und dreyſig Thaler
　　und zwölf Groſchen aus.

J. C.

§. 192.

33.
Die Hohenpriester faſſen den Entſchluß den Lazarus zu tödten.

Die Ankunft Jeſu zu Bethanien konnte den Juden in der ſo nahe gelegenen Stadt Jeruſalem nicht lange unbekannt bleiben ʳ). Dies bewog viele dahin zu eilen, nicht nur Jeſum ſondern auch den Lazarus, den er von den Todten auferwecket hatte, zu ſehen. Da aber deſſen Auferweckung vielen ein Anlaß war, an Jeſum zu glauben, ſo wurden die Hohenpriester dadurch dergeſtalt aufgebracht, daß ſie den Entſchluß faßten, den Lazarus ebenfalls zu töd-ten, damit ſeine Gegenwart nur nicht länger mehr Zeugniß geben möchte von dem groſſen Wunder, das Jeſus an ſeiner Perſon gethan hatte.

§. 193.

Jeſus hält ſeinen Einzug in Jeruſalem.

Des andern Tages, welches der erſte Tag in der Woche war, verließ Jeſus Bethanien, ſeine Reiſe nach Jeruſalem weiter fortzuſetzen. Als er in die Gegend von Bethphage *) kam ˢ), ſchickte er zween von ſeinen Jüngern in dieſen ihnen gegen über liegen-den Flecken, mit dem Befehl, von da eine Eſelinn mit ihrem Füllen, auf dem noch niemand geritten, herbeyzuführen, und wenn jemand etwas dagegen ein-wenden würde, zu ſagen, daß der Herr ihrer bedürfe,

worauf

ʳ) Joh. 12, 9-11.

*) Bethphage, welcher Ort ſeine Benennung von un-reifen Feigen hatte, lag zwiſchen Bethanien und Jeruſalem, heut zu Tage iſt nichts mehr von dem-ſelben vorhanden, als nur etwa ein Haufen Steine.

ˢ) Matth. 21, 1-9. Mark. 11, 1-8. Luk. 19, 29-36. Joh. 12, 12-14.

worauf man sie ohne Anstand werde folgen lassen.
Die Jünger vollzogen sogleich diesen Befehl, und da
alles so erging, wie Jesus es ihnen vorgesagt hatte, so
kehrten sie bald wieder zurück, und brachten die Eselinn
samt dem Füllen mit sich.   Inzwischen war eine grosse
Volksmenge aus Jerusalem dem göttlichen Heilande
mit Palmzweigen in den Händen, und unter beständigen Zurufen: Hosanna, gebenedeyet sey, der
da kömmt in dem Namen des Herrn, ein König
von Israel, entgegen geeilet.   Mitten unter diesem Freudengeschreye setzten ihn seine Jünger auf das
Füllen, über welches sie ihre Kleider ausgebreitet hatten, und führten ihn in einer Art von Triumph nach
Jerusalem, da indessen das Volk den Weg mit seinen Kleidern und grünen Zweigen bestreuete, und sein
frohlockendes Zurufen beständig wiederholte.

§. 194.

Als Jesus zu dem Orte kam, wo man den Oelberg hinabging, fiengen alle seine Jünger an, mit
Freuden und mit lauter Stimme Gott zu loben über
alle Thaten, die sie gesehen hatten [t]), und riefen:
Gelobet sey, der da kömmt, ein König, im
Namen des Herrn! Friede sey im Himmel, und
Ehre in der Höhe! Alles Volk, sowol jene, die
vorangingen, als die, die nachfolgeten, vereinigten
ihr fröhliches Zurufen mit der Freude seiner Jünger,
so, daß man von allen Seiten nichts anders, als diese
Worte ertönen hörete: Hosanna, gelobet sey, der
da

[t) Luk. 19, 37-38.   Matth. 21, 9.   Mark. 11,
9-10.

J. C.
33.

Fortse-
tzung.

da kömmt im Namen des Herrn; gesegnet sey
das Reich unsers Vaters Davids, das da
kömmt im Namen des Herrn, Hosanna in der
Höhe.

§. 195.

Unter dem Volke, welches den göttlichen Heiland
nach Jerusalem begleitete, befanden sich auch einige
Pharisäer u), denen es unerträglich fiel, ihren Zorn
und Unwillen zu verbergen, als sie sahen, daß demjenigen so grosse und so außerordentliche Ehrenbezei-
gungen erwiesen wurden, den sie, als ihren ärgsten
Feind, zu tödten beschlossen hatten. Sie näherten
sich ihm daher, und ermahnten ihn, seinen Jüngern
zu befehlen, von diesem Freudengeschreye abzulassen.
Allein Jesus versicherte sie, wenn auch diese schwiegen,
so würden doch die Steine rufen, und den Urheber
so vieler und so herrlicher Wunder zu preisen anfangen. Inzwischen kam er immer näher zur Stadt.
Als er sie ansah, fieng er an über sie zu weinen, und
das ihr bevorstehende kläg'iche Schicksal zwang ihn,
in folgende Worte auszubrechen: O möchtest du
doch bedenken, wenigstens zu dieser Zeit, was
dir zum Frieden diene an diesem deinem Tage.
Aber nun ist es vor deinen Augen verborgen.
Denn es werden die Tage über dich kommen,
daß dich deine Feinde werden mit einem Walle
umringen, und belagern, und dich von allen
Seiten ängstigen; und sie werden zur Erde
werfen, dich und deine Kinder, so in dir
sind;

u) Luk. 19, 39-44.

sind; und sie werden keinen Stein *) auf dem andern in dir lassen, weil du die Zeit der Heimsuchung nicht erkannt hast.   Endlich langte er vor Jerusalem an w).   Sein Einzug in diese Stadt brachte alles in Bewegung.   Jedermann verlangte zu wissen, wer denn dieser sey, der in einem so grossen Aufzuge komme?   Das Volk aber sprach: Dieß ist Jesus, der Prophet von Nazareth aus Galiläa.

J. C. 33.

§. 196.

Jesus nahm unter beständigen Freudengeschreye des Volks seinen Weg gerade nach dem Tempel x). Gleich bey seinem Eintritte in denselben, trieb er aus dessen Vorhofe alle Verkäufer und Käufer, stieß die Tische der Wechsler und die Stuhle der Taubenhändler um, und bestrafte diese Leute mit grossem Eifer, daß sie den Ort, der der Ehre seines himmlichen Vaters

Jesus treibet die Käufer und Verkäufer aus dem Tempel.

*) Die Stadt Jerusalem und ihre Gebäude, welche man den Pilgern als Denkmale des Erlösers zeiget, sind nicht dieselbigen, sondern höchstens auf dem Verfalle der wahren neu erbaute.   P. Neret, ein sehr genauer Augenzeuge unsrer Zeiten, beschreibt uns in seiner syrischen Reise das heutige Jerusalem als eine kleine, arme und unansehnliche Stadt: ihre Gassen sind enge, überall uneben, und voller Unsauberkeit: sie hat nichts mehr von ihrer alten Pracht und Herrlichkeit.   Anmerkung des Herrn Weitenauer ehemals k. k. Lehrer der morgenländischen Sprachen.

w) Matth. 21, 10-11.

x) Matth. 21, 12-16.   Mark. 11, 11.   Luk. 19, 45-47.

ters allein gewidmet seyn sollte, zu einer Mördergrube machten.　Zu der nemlichen Zeit kamen viele
Blinde und Lahme zu ihm, die er alle gesund machte,
da inzwischen die kleinen Kinder beständig riefen: Hosanna, dem Sohne Davids.　Die verstockten
Hohenpriester und die Schriftgelehrten, die sich jetzt
auch von den kleinsten Kindern wegen ihres Unglaubens beschämt sahen, konnten ihren Verdruß hierüber
nicht verbergen, sondern fragten den liebvollen Heiland mit einem zornigen Tone, ob er denn auch höre,
was diese Kinder sagten? Er antwortete, er höre
es, und fragte sie hingegen, ob sie denn die Worte
des Propheten y), Aus dem Munde der Unmün-
digen und Säuglinge hast du Lob zubereitet, nie gelesen hätten? Er gab ihnen hiedurch von
neuem deutlich genug zu verstehen, daß er der wahre
Sohn Gottes, und der von den Propheten verkündigte Messias sey.　Doch ihre Halsstarrigkeit war
so groß, daß sie nur noch verstockter wurden.

§. 197.

Einige
Heiden
verlangen
Jesum
zu sehen.
Unter den vielen Fremden, die sich damals zu Jerusalem aufhielten, dem Osterfeste mit beyzuwohnen,
befanden sich auch Heiden *), die dahin gekommen
waren bey der nemlichen Feyerlichkeit den wahren
Gott

y) Pf. 8, 3.

*) Dieses waren Leute, die zuvor Heiden gewesen wa-
ren, aber den jüdischen Glauben entweder schon angenommen hatten, oder im Begriffe standen, denselben anzunehmen.

Gott anzubeten ²). Sie trugen ein grosses Verlan=
gen, Jesum zu sehen. In dieser Absicht sprachen
sie mit dem Philippus. Dieser sagte es dem An=
dreas, und beyde gaben ihrem heiligen Lehrmeister
davon Nachricht. Jesus erfüllte ohne Zweifel die
Wünsche dieser frommen Heiden, und nahm eine sol=
che Stellung, daß er von ihnen konnte gesehen und
gehöret werden. Und da hielt er in ihrer Gegenwart,
und vor seinen Jüngern und den Juden eine Rede,
an welcher sie den größten Antheil hatten, die sie
aber nicht eher, als nach ihrer Erfüllung vollkommen
verstehen konnten. Die Stunde ist gekommen,
sprach er, daß des Menschen Sohn verherrli=
chet werde. Warlich, warlich, ich sage euch:
Es sey denn, daß das Weizenkorn *) in die
Erde falle, und ersterbe, so bleibt es allein;
wenn es aber erstirbt, so bringt es viele Frucht.
Wer sein Leben lieb hat, der wird es verlieren;
und wer sein Leben auf dieser Welt hasset, der
wird es erhalten zum ewigen Leben. Wer mir
dienen will, der folge mir nach; und wo ich
bin, da soll mein Diener auch seyn. Und
wer mir dienen wird, den wird mein Vater
ehren. Jetzt ist meine Seele betrübt. Und
was soll ich sagen? Vater hilf mir aus dieser
Stun=

²) Joh. 12, 20·33.

*) Dieses Weizenkorn ist Jesus Christus, welcher,
nachdem man ihn unter die Erde gebracht hatte, mit
einem neuen Leben aufgekommen ist, und durch die
Bekehrung aller Völker reichliche Frucht gebracht hat.
Anmerkung des Abts Messanguy.

J. C.
33.

Stunde: doch darum bin ich in diese Stunde gekommen. Vater, verherrliche deinen Namen. In dem Augenblicke hörte man eine Stimme vom Himmel, die sprach: Ich habe ihn verherrlichet, und will ihn nochmals verherrlichen. Der größte Theil der Anwesenden, die diese Stimme gehöret hatten, glaubte, es habe gedonnert. Andere aber sprachen: Ein Engel hat mit ihm geredet. Allein Jesus versicherte sie, daß sie sich nicht um seinetwillen, sondern um ihretwillen habe hören lassen. Jetzt, fuhr er fort, gehet das Gericht über die Welt, nun wird der Fürst dieser Welt ausgestoßen werden *). Und ich, wenn ich von der Erde erhöhet werde, will alles zu mir ziehen. Dies sagte er aber, anzudeuten, welches Todes er sterben würde.

§. 198.

Viele von den Obersten der Juden glauben an Jesum.

Hier machten ihm einige aus dem Volke einen Einwurf, indem sie sprachen: Wir haben aus dem Gesetze gehört, daß Christus ewig bleibe; und wie sagst du denn: des Menschen Sohn muß erhöhet werden? Wer ist dieser Menschen Sohn a)? Jesus antwortete ihnen: Das Licht ist noch eine kleine Zeit bey euch. Wandelt, weil ihr das Licht habt, daß euch die Finsterniß

*) d. i. Gott wird bald das Gericht, oder den Rathschluß seiner Barmherzigkeit gegen die Menschen ausführen, und sie von der Botmäßigkeit des Teufels befreyen. Vorbenannter Abt.

a) Joh. 12, 34-43.

niß nicht überfalle.   Wer in der Finsterniß
wandelt, der weiß nicht, wohin er gehet.   Glaubet an das Licht, weil ihr es habt, auf daß
ihr Kinder des Lichtes seyd.   Dieser liebreichen
Ermahnung ungeachtet blieb doch der größte Theil in
seiner Verstockung, und obgleich andere, worunter
sich auch viele Obersten des Volks befanden, an ihn
glaubten, so getraueten sie sich doch nicht solches öffentlich zu bekennen, aus Furcht von den Pharisäern aus der Synagoge gestoßen zu werden; denn
sie liebten mehr die Ehre der Menschen, als die Ehre
Gottes.   Des Abends verließ Jesus mit den Zwölfen die Stadt b), und begab sich nach Bethanien,
wo er übernachtete.

§. 199.

Am folgenden Tage, welches der Montag war,
lehrte Jesus mit den Zwölfen nach Jerusalem zurück c).   Unterweges empfand er Hunger, und da er
in der Ferne einen Feigenbaum, der Blätter hatte,
erblickte, so näherte er sich demselben, zu sehen, ob
er vielleicht Früchte daran finden möchte.   Als er aber
hinzu kam, und, weil es noch nicht die Zeit der Feigen *) war, nichts als Blätter an demselben fand, so
verfluchte er diesen Baum, der hierauf sogleich von
Grun-

*J. C.
33.*

*Jesus
verfluchet
einen Fei-
genbaum.*

b) Matth. 21, 17. Mark. 11, 11.

c) Matth. 21, 18-19. Mark. 11, 12-19. Luk.
  19, 47-48.

*) Hievon verdienet dasjenige gelesen zu werden, was
  in dem biblischen Wörterbuche des Abts Calmet unter dem Artikel Feigen zu finden ist.

T

Grunde aus verdorrete. Jesus begab sich, als er zu Jerusalem ankam, wieder in den Tempel, und trieb die Verkäufer und Käufer aus demselben, gestattete auch nicht, daß man etwas durch denselben trug. Stehet nicht geschrieben, sagte er zu diesen Leuten: Mein Haus soll ein Bethaus heißen allen Völkern? Ihr aber habt eine Mördergrube daraus gemacht. Dies Unternehmen, und diese Worte brachten die Hohenpriester und die Schriftgelehrten, als sie sie erfuhren, dergestalt auf, daß sie trachteten, wie sie ihn ums Leben brächten. Sie würden sich gewiß auch schon damals seiner Person bemächtiget haben, wenn die Furcht vor dem Volke, welches über seine Lehre erstaunete, sie nicht davon abgehalten hätte. Nachdem Jesus den Tag über mit lehren im Tempel zugebracht hatte, ging er des Abends wieder vor die Stadt hinaus, vermuthlich nach Bethanien.

§. 200.

Als Jesus am nächsten Morgen, nemlich den Dienstag früh mit seinen Jüngern nach Jerusalem zurückkehrete, so bemerkten dieselben, daß der Feigenbaum, an welchem Jesus den Tag zuvor vergebens Früchte gesuchet hatte, bis auf die Wurzel verdorret sey [d]). Petrus konnte nicht umhin demselben seine Verwunderung darüber zu bezeugen, der denn hieraus Gelegenheit nahm, seinen Jüngern die grosse Kraft eines lebhaften und standhaften Glaubens anzupreisen. Habt Glauben an Gott, sagte er

zu

d) Marc. 11, 20-26. Matth. 21, 20-22.

zu ihnen, warlich, ich sage euch: Wer zu diesem Berge spricht: Hebe dich, und stürze dich
ins Meer, und in seinem Herzen nicht zweifelt,
sondern glaubet, daß das geschehen werde,
was er saget, so wird ihm das, was er saget,
geschehen. Darum, fuhr er fort, sage ich euch:
Alles, was ihr in eurem Gebete bittet, glaubet
nur, daß ihr es empfangen werdet, so wird es
euch wiederfahren. Wenn ihr aber stehet, fuhr
er weiter fort, zu beten, so vergebet, wenn ihr
etwas gegen jemand habt, auf daß euch euer
Vater im Himmel eure Sünden auch vergebe.
Wenn ihr aber nicht vergeben werdet, so wird
euch euer Vater, der im Himmel ist, eure Sünden auch nicht vergeben.

§. 201.

Inzwischen kamen sie nach Jerusalem zurück e).
Jesus ging seiner Gewohnheit nach wieder in den Tempel. Als er in demselben hin und her ging, und das
Volk lehrete, näherten sich ihm die Hohenpriester, die
Schriftgelehrten und die Aeltesten, und verlangten
mit grosser Heftigkeit von ihm zu wissen, wer ihn
bevollmächtiget habe, so zu handeln, wie er es wirklich thue? Jesus erwiederte, er wolle es ihnen sagen, aus was für einer Macht er dieses thue, sie sollten ihm nur zuvor die Frage beantworten, die er ihnen vorlegen würde. Er fragte sie hierauf, woher

T 2   die

(margin: J. C. 33.)

(margin: Jesus leget den Schriftge- lehrten ei- ne Frage vor.)

e) Mark. 11, 27-33. Matth. 21, 23-27. Luk.
20, 1-8.

die Taufe des Johannes sey, ob sie vom Himmel wäre oder von den Menschen? Diese Frage setzte seine Feinde in Verwirrung. Sagen wir, so dachten sie bey sich selbst, sie war vom Himmel, so wird er sagen: Warum habt ihr ihm denn nicht geglaubet? Sagen wir aber, sie war von den Menschen, so fürchten wir uns vor dem Volke: denn sie hielten alle dafür, daß Johannes ein wahrer Prophet wäre. Sie glaubten endlich, sich aus diesem Gedränge zu helfen, sey kein schicklicheres Mittel, als wenn sie sich mit der Unwissenheit entschuldigen würden. Sie thatens. Und Jesus versetzte: So sage ich euch auch nicht, aus was für Macht ich das thue.

§. 202.

Die Pharisäer halten einen Rath, wie sie Jesum in seiner Rede fangen wollen.

Um aber diese Heuchler völlig zu schanden zu machen, trug er ihnen einige Gleichnisse vor, in welchen er ihre Aufführung nach dem Leben schilderte, und ihnen zugleich die Strafen anzeigete, die sie wegen ihres Unglaubens, wegen ihrer Verstockung und Grausamkeit zu gewarten hätten f). Doch alles dieses machte so wenig Eindruck auf ihre Bekehrung, daß sie vielmehr auf Mittel bedacht waren, sich seiner zu bemächtigen. Da sie aber diesen Schritt wegen des Volks, das ihn für einen Propheten hielt, noch nicht wagen durften, so gingen sie hin, und hielten einen Rath, wie sie ihn in seinen eigenen Worten fangen, und

mit-

f) Matth. 21, 28-46. 22, 1-22. Mark. 12, 1-17. Luk. 20, 9-26.

mithin der Obrigkeit und des Landpflegers Gewalt
überliefern möchten. Sie sandten hierauf einige
Pharisäer und Herodianer, die ihm die Frage vorlegen mußten, ob es erlaubt oder nicht erlaubt sey,
daß man dem Kaiser Zins gebe. Und hier glaubten
sie, daß es Jesu unmöglich seyn würde, sich aus ihren Fallstricken wickeln zu können. Allein der Ausgang bewies ihnen das Gegentheil; denn als die
Abgeschickten zu ihm kamen, und ihm diese Frage mit
der größten Verstellung vortrugen, sagte er zu ihnen:
Ihr Heuchler, was versuchet ihr mich? Zeiget
mir die Zinsmünze. Sie thatens, und reichten
ihm einen Denar. Er fragte sie, wessen Bild und
Ueberschrift dies sey? Des Kaisers, antworteten
sie. So gebt dem Kaiser, erwiederte er, was
des Kaisers ist, und Gott, was Gottes ist.
Da die Abgeordneten diese kluge Antwort, wodurch
auf einmal die Absichten seiner Feinde vereitelt wurden, vor dem Volke nicht tadeln durften, so bezeigten sie ihre Verwunderung darüber, und gingen still-
schweigend davon.

§. 203.

Noch an dem nemlichen Tage traten auch die Sadducäer zu ihm, und trugen ihm eine, ihrer Einbil-
dung nach unauflösliche Frage von der Auferstehung
der Todten vor [g]). Er zeigte ihnen aber gar bald
das Lächerliche derselben, und bewies die Gewißheit
der Auferstehung, die sie leugneten, mit so starken

*Jesus
beantwor-
tet die
Frage der
Saddu-
cäer.*

Z 3   Grün-

g) Matth. 22, 23-40. Mark. 12, 18-34. Luk.
20, 27-38.

J. C.
33.

Gründen, daß sie eben so beschämt, als die Phari=
säer und Herodianer zurückweichen mußten. Bes=
ser erging es jenem Schriftgelehrten, der diese Unter=
redung mit Beyfall angehöret hatte, und hierauf
Jesum fragte, welches das vornehmste Gebot unter
allen wäre? Das vornehmste Gebot unter allen,
antwortete Jesus, ist das: Höre, Israel, der
Herr, dein Gott, ist nur ein einziger Gott;
und du sollst Gott, deinen Herrn, lieben aus
ganzem deinem Herzen, aus ganzer deiner See=
le, aus ganzem deinem Gemüthe, und aus al=
len deinen Kräften. Dies ist das vornehmste
Gebot. Das andere aber ist diesem gleich:
Du sollst deinen Nächsten lieben, wie dich
selbst. Es ist kein anderes Gebot größer, als
diese. In diesen zwey Geboten hängt das
ganze Gesetz und die Propheten. Auch nun gab
der Schriftgelehrte Jesu Beyfall, und sprach: Mei=
ster, du hast warlich recht geredet; denn es ist
nur ein Gott, und außer ihm ist kein anderer;
und diesen lieben aus ganzem Herzen, aus
ganzem Gemüthe, aus ganzer Seele, und aus
allen Kräften, und seinen Nächsten lieben,
wie sich selbst, das ist mehr, als alle Brand=
opfer und andere Opfer. Als Jesus sah, daß
dieser Schriftgelehrte so vernünftig antwortete, so
gab er ihm die Versicherung, daß er nicht fern von
dem Reiche Gottes sey.

§. 204.

§. 204.

33.
Jesus
leget den
Phari=
säern eine
Frage von
dem Mes=
sias vor.

Jesus trug hierauf den bey ihm versammleten Pharisäern auch eine Frage vor. Sie betraf ihn selbst. Er fragte sie nemlich, was ihnen von Christo dünke h)? Wessen Sohn er sey? Sie antworteten: Davids Sohn. Er fragte sie ferner, wie es denn käme, daß ihn David im Geiste einen Herrn nenne, da er sage: Der Herr hat zu meinem Herrn gesagt: Setze dich zu meiner Rechten, bis daß ich deine Feinde zum Schemmel deiner Füsse lege i)? Wenn ihn nun, fuhr er fort, David einen Herrn nennet, wie ist er denn sein Sohn? Hier mußten sie nichts zu antworten. Jesus nahm hieraus Gelegenheit eine weitläufige Rede k) zu halten, worinn er die Heuchelen, den Stolz, den Geitz, die Grausamkeit und die andern Laster der Pharisäer und Schriftgelehrten mit den lebhaftesten Farben entwarf, und das ihnen bevorstehende Wehe öfters wiederholete. Er wandte sich hierauf vor dem ganzen Volke zu seinen Jüngern mit diesen Worten l): Hütet euch vor den Schriftgelehrten, die da wollen in langen Kleidern einhertreten, und sich auf dem Markte gern grüssen lassen, und in den Schulen und über Tische gern oben ansitzen; Sie fressen der Wittwen Häuser, und

T 4 wen=

h) Matth. 22, 41-46. Mark. 12, 35-37. Luk. 20, 41-44.

i) Pf. 109, 1.

k) Matth. 23, 1-36.

l) Luk. 20, 45-47. Mark. 12, 38-40.

J. C.
33.

Jeſus
rühmet die
Freygebig-
keit einer
armen
Wittwe.

wenden lange Gebete vor. Dieſe werden eine
ſchwerere Verdammniß empfangen.

§. 205.

Jeſus ſetzte ſich hierauf dem Gotteskaſten gegen
über, und ſah dem Volke zu, welches Geld hinein
legte ᵐ). Es warfen nun viele Reiche viel hinein.
Endlich kam auch eine arme Wittwe, die legte zwey
Stücke der geringſten Münze, die zuſammen nur einen Heller ausmachten, in denſelben. Kaum hatte
Jeſus ſolches bemerkt, ſo rief er ſeine Jünger zu
ſich, und ſprach zu ihnen: Warlich, ich ſage euch,
dieſe arme Wittwe hat mehr in den Gotteskaſten gelegt, als alle die, die eingeleget haben. Denn ſie haben alle von ihrem Uebrigen
eingelegt; dieſe aber hat von ihrer Armuth,
alles was ſie hat, ihre ganze Nahrung eingelegt.

§. 206.

Jeſus
verkündi-
get die Zer-
ſtörung
Jeruſa-
lems.

Als Jeſus bald darauf den Tempel *) verließ,
und weiter gehen wollte, traten ſeine Jünger zu ihm,
damit ſie ihm dieſes herrliche Gebäude, deſſen Vor-
trefflich-

m) Mark. 12, 41-44. Luk. 21, 1-4.

*) Von dieſem Tempel liefert uns Joſeph, der jüdiſche
Geſchichtſchreiber in dem fünften Kapitel des fünften
Buchs vom jüdiſchen Kriege eine ſehr ſchöne und ausführliche Beſchreibung. Man kann von dieſem Tempel auch die Geſchichte des alten Teſtaments von dem
gelehrten Abt Calmet nachleſen, indem darinn eine
ſehr leſenswürdige Beſchreibung von dieſem prächtigen Gebäude zu finden iſt.

trefflichkeit sie sehr bewunderten, zur Betrachtung vorstellen möchten n). Jesus hörete mit seiner gewöhnlichen Geduld ihren Vortrag an, er versicherte sie aber, es werde die Zeit kommen, da man dieses prächtige Werk dergestalt zerstören werde, daß auch nicht ein Stein auf dem andern bleiben würde. Er setzte hierauf seinen Weg nach dem Oelberge fort. Als er auf denselben kam, setzte er sich gerade dem Tempel gegen über. Hier nahmen sich Petrus, Jakobus, Johannes und Andreas die Freyheit, Jesum zu fragen, wann denn das alles, was er ihnen von dem Tempel gesagt habe, geschehen werde, und welches denn das Zeichen dieser Zerstörung und des Endes der Welt seyn werde? Sie verbanden diese zwo Fragen mit einander, indem sie glaubten, die Zerstörung des Einen werde ein Vorbote von dem Untergange des andern seyn. Jesus beantwortete beyde Fragen in einer langen Rede, die er deshalb hielt, und ermahnte sie zugleich darinn, daß, wenn sie in dem heiligen Orte den von dem Propheten Daniel vorgesagten Gräuel der Verwüstung *) sehen würden, ein jeder aus dem jüdischen Lande so geschwinde, als es ihm nur möglich wäre, weichen sollte, er sollte seine Flucht auf die Berge nehmen, und weder um seiner Kleider, noch um irgend einer andern Sache willen in sein Haus zurückkehren; denn um diese Zeit werde Gott

T 5   seine

n) Matth. 24, 1-51. 25, 1-30. Mark. 13, 1-37. Luk. 21, 5-36.

*) Die Götzenbilder die sich auf den Fahnen der Römer abgebildet befanden.

feine Rache an den verstockten Einwohnern ausüben, alles ihnen angedrohete Unglück werde Haufenweise über sie ausbrechen, und das Elend werde so groß seyn, daß dergleichen nie gewesen wäre, auch nie etwas dergleichen würde gehöret werden. Er fügete dieser Rede noch verschiedene Gleichnisse bey, wodurch er seine Jünger zur Wachsamkeit, zum Gebete, und zur Ausübung des Guten ermuntern wollte. Zum Beschlusse redete er von dem letzten Gerichte, und von dem ungleichen Urtheile, welches dabey über die Barmherzigen und Unbarmherzigen ergehen würde.

§. 207.

Die Juden berathschlagen sich, wie sie Jesum fangen und tödten möchten.

Nachdem Jesus alle diese Reden vollendet hatte, sprach er zu seinen Jüngern: Ihr wisset, daß nach zween Tagen Ostern *) seyn wird, und des Menschen Sohn wird übergeben werden, daß er gekreuziget werde °). An eben diesem Abend, da Jesus dieses sagte, nemlich des Dienstags Abends versammleten sich die Hohenpriester, die Schriftgelehrten und die Aeltesten des Volks in dem Saale des Hohenpriesters Kaiphas; und hielten einen Rath, wie sie Jesum mit List fangen und tödten möchten. Sie hielten aber nicht für rathsam, dieses an dem Feste zu unternehmen, aus Furcht, es möchte etwa das Volk, welches Jesum für einen Propheten hielt, einen Aufstand erregen. Doch, weil Jesus, das

wahre

---

*) Dieses Fest nahm in diesem Jahr am Donnerstage des Abends seinen Anfang.

.o) Matth. 26, 1-16. Mark. 14, 1-11. Luk. 22, 1-6.

wahre Osterlamm, beschloſſen hatte, ſich an dieſem
Feſte zum Heile der ganzen Welt ſchlachten zu laſſen,
ſo geſchah es, daß ſeine Feinde ihre Meinung ändern
ten. Judas Jſkarioth, einer von den Zwölfen,
gab hiezu Anlaß; denn da dieſer treuloſe Jünger wegen des Verweiſes, den er einige Tage zuvor in dem
Hauſe Simons, mit dem Beynamen des Aus-
ſätzigen, von Jeſu bekommen hatte, ſehr gegen ihn
aufgebracht war, ſo kehrte er noch ſpät nach Jeruſalem zurück, ging zu den Hohenprieſtern, und fragte
ſie, was ſie ihm geben wollten, wenn er ihn ihnen
verrathen würde? Sie verſprachen ihm dreyßig Silberlinge *). Er war damit zufrieden, und ſuchte
von dieſer Zeit an Gelegenheit, wie er ihn füglich und
ohne Lärm verriethe.

§. 208.

Am erſten Tage der ungeſäuerten Brode, da man
das Oſterlamm ſchlachtete **), traten die Jünger zu
Jeſu

Right margin notes: J. C. 33.

Right margin note for §. 208: Jeſus iſ-ſet mit ſei-nen Jün-gern das Oſterlam.

*) Dreyßig Silberlinge machten nach unſerer Münze
ohngefär funfzehn Thaler aus, und dieſes war der
gemeine Preis eines Sklaven.

**) An dem vierzehnten Tage des Monats Niſan mußte
zwiſchen zween Abenden, das Paſcha oder das
Oſterlamm geſchlachtet, und eine gänzliche Enthal-
tung von geſäuertem Brode beobachtet werden. Der
Ausdruck zwiſchen zween Abenden, bedeutet die ganze
Zeit, da ſich die Sonne ihrem Untergange nähert,
bis ſie völlig unſern Geſichtskreis verlaſſen hat, das
iſt, die Stunden nach unſerer Art zu zählen, von
zwey Uhr des Nachmittags an, bis um ſechs Uhr
des

J. C.
33.

Jesu, und fragten ihn, wo sie ihm zubereiten sollten, das Osterlamm zu essen ᵖ)? Jesus, der sich damals vermuthlich in Bethanien aufhielt, sandte hierauf zween seiner Jünger, und sprach zu ihnen: Gehet hin in die Stadt, und es wird euch ein Mensch begegnen, der trägt einen Krug mit Wasser; folget ihm nach. Und wo er hingehen wird, da sprechet zu dem Hauswirth: Wo ist das Gastzimmer, darinn ich das Osterlamm esse mit meinen Jüngern? Und er wird euch einen grossen Saal zeigen, der gepflastert und bereitet ist; daselbst richtet für uns zu. Petrus und Johannes, dies waren die zween Jünger, vollzogen den Befehl ihres heiligen Lehrers, und fanden alles so, wie er es ihnen vorgesagt hatte. Auf dem Abend folgte ihnen Jesus mit den übrigen Jüngern nach. Er setzte sich mit allen Zwölfen zur gewöhnlichen Stunde zu Tische, und zeigte ihnen gleich Anfangs das herzliche Verlangen, welches er gehabt, vor seinem Leiden mit ihnen das Osterlamm zu essen, an, wobey er ihnen aber auch zugleich die traurige Nachricht ertheilte, daß dies das letztemal sey, daß er solches mit ihnen essen werde. Er nahm hierauf den Kelch, mit welchem nach jüdischer Gewohnheit der Anfang zur Osterlammsmahlzeit gemacht ward, dankte, und

des Abends, zu der Zeit, wenn Tag und Nacht einander gleich sind. Man sehe des Abts Calmet bibl. Wörterb. unter dem Artikel Pascha.

p) Matth. 26, 17-25. Mark. 14, 12-21. Luk. 22, 7-16.

und sprach: Nehmet hin, und theilet ihn unter
euch; denn ich sage euch: Ich werde nicht
trinken von dem Gewächse des Weinstocks,
bis daß das Reich Gottes komme. Unter dem
Essen sprach er zu ihnen: Warlich, ich sage euch,
Einer unter euch wird mich verrathen. Diese
Worte erweckten bey allen seinen treuen Jüngern eine
ungemeine Betrübniß; und ein jeder unter ihnen
fieng an zu sagen: Herr, bin ichs? Jesus antwortete: Der die Hand mit mir in die Schüssel
tunket, der wird mich verrathen. Des Menschen Sohn gehet zwar dahin, wie von ihm
geschrieben ist: wehe aber dem Menschen,
durch welchen des Menschen Sohn verrathen wird. Besser wäre es ihm, daß derselbe
Mensch nicht geboren wäre. Hier sprach Judas: Bin ichs Meister? Jesus erwiederte: Du
hasts gesagt *).

§. 209.

Da sich aber der liebvolle Heiland von seinen
Jüngern nicht trennen wollte, ohne ihnen ein ganz
besonderes Merkmal seiner gegen sie tragenden Liebe
hinterlassen zu haben, so nahm er bey Fortsetzung des
Essens

*) Das ist: Ja, du bist es. Es ist dieses eine bey
den Juden gewöhnliche Redensart, da man jemand
antworten will: Du hast die Wahrheit geredet.
Der Abt Messanguy. Diese Worte: Du hasts gesagt, sprach Jesus, wie es scheint, so leise aus,
daß sie von den andern Jüngern nicht verstanden
wurden.

(Randnotiz rechts oben:) J. C. 33.

(Randnotiz rechts:) Jesus setzet das heilige Abendmahl ein.

Essens *) das Brod ⁹), dankte und brachs, und gab
es ihnen, und sprach: Nehmet hin, und esset:
Das ist mein Leib, der für euch gegeben wird;
Dies thut zu meinem Gedächtniß. Desgleichen
nahm er auch den Kelch, nachdem er zu Abend ge=
gessen hatte, dankte, und gab ihnen denselben, und
sprach: Trinket alle daraus. Denn dies ist
mein Blut des neuen Bundes, welches für
viele zur Vergebung der Sünden wird vergof=
sen werden. Und so gab er ihnen sein eigenes
Fleisch zu einer Speise; und sein unschätzbares Blut
gab er ihnen zu einem Tranke, und zeigte ihnen zu=
gleich an, was sie thun sollten.

§. 210.

Bald darauf erhob sich unter den Jüngern ein
Streit, welcher nemlich unter ihnen für den Größten
sollte gehalten werden ʳ). Jesus verwies ihnen ih=
ren

*) Das heilige Abendmahl wurde gegen das Ende der
Paßah = oder gesetzlichen Mahlzeit eingesetzt, als ei=
nige schon aufgehöret hatten, zu essen, andere aber
noch ein wenig aßen, wie es gegen das Ende einer
Mahlzeit zuzugeben pflegt. Unser Heiland war einer
von denen, welche nicht mehr aßen, wie solches der
heilige Lukas und der heilige Paulus ausdrücklich
sagen. Judas aß mit einigen andern noch, wie sol=
ches aus dem heiligen Johannes 13, 26. erhellet.
Der Verfasser des betrachteten Evangeliums.

q) Matth. 26, 26-28. Mark. 14, 22-24. Luk.
22, 19-29.

r) Luk. 22, 24-27.

ten Stolz, indem er sprach: Die Könige der Heiden herrschen über sie, und die Gewalt über sie haben, heißet man gnädige Herrn. Ihr aber nicht also: Sondern der Größte unter euch soll seyn wie der Jüngste, und der Vornehmste wie der Diener. Denn welcher ist der Größte? Der zu Tische sitzet, oder der dienet? Ist es nicht, der zu Tische sitzet? Ich aber bin mitten unter euch wie ein Diener. Er stand hierauf vom Tische auf *), und um ihnen durch sein eigenes Beyspiel zu zeigen, wie weit dergleichen Gedanken von ihnen entfernet seyn müßten, legte er seine Oberkleider ab, nahm ein Schurztuch, umgürtete sich, goß Wasser in ein Becken, und fieng an, ihnen die Füße zu waschen, die er hierauf mit eben diesem Tuche wieder abtrocknete. Petrus, der über die Herablassung seines Herrn in Erstaunen gerieth, wegerte sich, ihm solches zu verstatten. Allein da ihm Jesus drohete, daß er keinen Theil an ihm haben würde, wenn er sich von ihm nicht waschen ließe, so rief er voll Schrecken auf: Herr, nicht nur die Füße, sondern auch die Hände und das Haupt. Jesus erwiederte: Wer gewaschen ist, bedarf mehr nicht, als daß er die Füße wasche, so ist er ganz rein. Und ihr seyd rein; aber nicht alle. Er wußte nemlich wohl, wer der sey, der ihn verrathen würde; darum sprach er: Ihr seyd nicht alle rein.

§. 211.

*) Joh. 13, 4-11.

§. 211.

Nachdem der göttliche Heiland diese demüthige
Handlung geendiget, und seine Oberkleider angeleget
hatte, setzte er sich wieder zu Tische, und ermahnete
seine Jünger seinem Beyspiele zu folgen, und kein
Bedenken zu tragen, eben dasjenige zu thun, was er
ihnen gethan habe t). Warlich, setzte er noch hinzu,
warlich, ich sage euch: Der Knecht ist nicht
größer, als sein Herr; und der Gesandte ist
nicht größer, als der, der ihn gesandt hat.
Wenn ihr solches wisset, so seyd ihr glückselig,
wenn ihr es thut. Als er hierauf seine Jünger
ferner versichert, daß derjenige, der den, den er senden werde, aufnähme, ihn aufnähme, und daß der,
der ihn aufnähme, denjenigen aufnähme, der ihn gesandt habe, so ward er auf einmal im Geiste sehr betrübt, und brach endlich in diese Klageworte aus:
Warlich, warlich, ich sage euch: Einer unter euch wird mich verrathen. Diese Rede erweckte unter seinen Jüngern eine außerordentliche
Unruhe. Sie staunten einander an, und wußten
nicht, von wem Jesus redete. Johannes, sein
Liebling, der in Jesus Schooße lag *), nahm sich
endlich

t) Joh. 13, 12-31.

*) Die Juden aßen, nach Art der Römer, indem sie
auf Betten lagen, die um den Tisch oder die Tafel
herum standen. Es lagen ihrer gemeiniglich drey,
bisweilen aber auch vier auf einem Bette; daß Gesicht war nach dem Tische zu, und die Füße auswärts
gekehrt. Auf diesen Betten legte man sich in verschiedenen Stellungen, nachdem man es für bequem
fand,

endlich auf das Zuwinken des **Petrus** die Freyheit,
ihn zu fragen, wer denn der Unglückselige sey, von
dem er rede? Jesus antwortete ihm, der sey es, dem
er das eingetunkte Brod gebe.   Indem tunkte er das
Brod ein, und gab es dem **Judas**, **Simons** Iska=
rioths Sohne.   Auf diesen Bissen fuhr der Satan
in ihn.   Und Jesus sprach zu ihm: **Was du thun
willst, das thue bald.**   Doch keiner von denen,
die zu Tische saßen, wußten, warum Jesus ihm die=
ses sagte; denn weil Judas den Beutel hatte, so
meineten einige, Jesus habe ihm dadurch sagen wollen,
er solle das Nöthige für das Fest kaufen, oder er
sollte den Armen etwas geben.   Da er nun den Bis=
sen genommen hatte, ging er sogleich hinaus.   Es
war aber Nacht.

§. 212.

fand, bald lehnend, indem man sich auf den Ellen=
bogen stützte, bald indem man gerade saß, und bald
indem man ganz lag.   Der erste Platz des ersten Bet=
tes war der vornehmste und oberste.   Jesus nahm
ihn allezeit ein, und den andern neben ihm, nahm
Johannes ein.   Wir wissen nicht, in welcher Ord=
nung die übrigen Apostel lagen.   Dieses ist hinläng=
lich, um uns begreiflich zu machen, wie der heilige
Johannes sein Haupt leicht in Jesu Schooß legen
konnte, und was für eine besondere Gewogenheit die=
ses von Seiten Jesu war, der ihm eine so grosse Ver=
traulichkeit erlaubte.   Der Verfasser des betrachteten
Evangeliums.   Man kann hievon auch dasjenige
nachlesen, was der gelehrte P. Lamy in seinem Apparatu chronologico über das siebente Kapitel des
heiligen Lukas schreibt.   Man wird daselbst Jesum
auf einem solchen Bette abgebildet finden.

U

§. 212.

J. C.

33.
Jesus lobet die Beständigkeit seiner Jünger.

Kaum war Judas hinausgegangen u), so sprach Jesus: Nun ist des Menschen Sohn verherrlichet, und Gott ist verherrlichet in ihm. Ist Gott in ihm verherrlichet, so wird ihn Gott auch verherrlichen in ihm selbst; und wird ihn bald verherrlichen. Er redete hierauf seine Jünger also an: Ihr aber seyds w), die ihr bey mir in meinen Anfechtungen geblieben seyd. Und ich bereite euch das Reich, wie mirs mein Vater bereitet hat: Daß ihr über meinem Tische in meinem Reiche essen und trinken sollet, und sitzen auf Stühlen, und richten die zwölf Geschlechter Israel. Lieben Kinder, fuhr er fort, ich bin noch eine kleine Weile bey euch x). Ihr werdet mich suchen, und, wie ich zu den Juden sagte, wo ich hingehe, da könnet ihr nicht hinkommen, so sage ichs jetzt euch auch. Ein neues Gebot *), setzte er noch hinzu, gebe ich euch, daß ihr euch unter einander liebet; und so einander liebet, wie ich euch geliebet habe. Daran wird jedermann erkennen, daß ihr meine
Jün-

u) Joh. 13, 31-32.

w) Luk. 22, 28-30.

x) Joh. 13, 33-38.

*) Dieses Gebot ist zwar von allen Zeiten her; Jesus Christus setzet es aber aufs neue feste: er erhebet es zu einer neuen Vollkommenheit, indem er seine Liebe zu uns Menschen zur Richtschnure derjenigen Liebe machet, welche seine Jünger sich einander schuldig sind. Der Abt Messanguy.

Jünger seyd, wenn ihr Liebe unter einander habet. Petrus, dem es unerträglich fiel, von seinem Herrn und Meister getrennet zu werden, fragte ihn hierauf, wo er denn hingehe? Jesus antwortete ihm, wohin er gehe, dahin könne er ihm jetzt nicht folgen, es werde aber die Zeit kommen, da er ihm folgen werde. Petrus, der aus diesen Worten wohl abnehmen konnte, daß Jesus von seinem Leiden rede, versicherte ihn hingegen, daß er auch bereit sey, sein Leben für ihn zu lassen. Allein hier erhielt er die traurige Versicherung von Jesu, daß er ihn noch vor dem Hahnenkrähen dreymal verleugnen werde. Doch geschah es auch zu eben dieser Zeit, daß der göttliche Heiland zu ihm sprach: Simon, Simon, siehe, der Satan hat euer begehrt, daß er euch wie den Weitzen reutern möchte. Ich aber habe für dich gebeten, daß dein Glaube nicht aufhöre. Und wenn du dich dereinst bekehren wirst, so stärke deine Brüder y).

§. 213.

Jesus nahm hierauf von seinen Jüngern Abschied. Er that solches in einer langen Rede, die er an sie hielt, und die der heilige Evangelist Johannes vom vierzehnten Kapitel an, bis zu dem siebzehnten aufgezeichnet hat. Er versicherte sie darinn, daß er hingehe, für sie einen Ort in dem Himmel zu bereiten; daß er sie nicht als Waisen verlassen werde; daß er seinen himmlischen Vater bitten wolle, daß er ihnen einen andern Tröster sende, der sie alle Wahrheit werde leh-

Jesus nimmt von seinen Jüngern Abschied.

U 2

y) Luk. 22, 31-32.

J. C.
33.

lehren. Er erklärete ihnen darinn auch die wunderbaren Wirkungen, die die Ausgießung des heiligen Geistes hervorbringen werde, und sagte ihnen die Freude vor, die mit der Zeit ihre Herzen erfüllen würde. Er schloß endlich seine Trostrede mit einem Gebete z) an seinen himmlischen Vater, welches so voll der zärtlichsten Ausdrücke ist, daß es ohne Rührung nicht kann gelesen werden.

§. 214.

Jesus
verläßt
Jerusalem und
gehet über
den Bach
Cedron.

Nachdem Jesus dies Gebet geendiget, und den Lobgesang gesprochen hatte, verließ er die Stadt, und ging über den Bach Cedron *) nach dem Oelberge, wohin ihn seine Jünger begleiteten a). Unterweges
sagte

z) Joh. 17.

*) Der Bach Cedron oder Kidron floß in einem Thale auf der östlichen Seite von Jerusalem, zwischen dieser Stadt und dem Oelberge, und ergoß sich in das todte Meer. Er war sehr selten voll Wasser, und vielmals sah man gar keines darinn. Wenn es aber stark regnete, so lief er gewaltig an, und sein Lauf war sodenn überaus schnell. Er soll den Namen Kidron nach einiger Meinung von der grossen Menge Cedern, die an seinem Ufer zu beyden Seiten standen, erhalten haben. Es läßt sich aber solches nicht erweisen. Vielmehr ist er der Bach Kidron deswegen genannt worden, weil er in einem tiefen Thale floß, und wegen der vielen Bäume, die überall Schatten machten, sehr dunkel und finster aussah, oder weil alle Unreinigkeit aus der Stadt dahin zusammen floß. Der Abt Calmet unter dem Artikel Kidron.

a) Matth. 26, 30-35. Mark. 14, 26-31. Joh. 18, 1.

sagte er zu ihnen: Ihr werdet euch in dieser Nacht alle an mir ärgern. Denn es stehet geschrieben: Ich werde den Hirten schlagen, und die Schafe werden zerstreuet werden b). Aber nachdem ich werde auferstanden seyn, will ich vor euch in Galiläam hergehen. Petrus, der sich noch immer zu viel auf seine eigenen Kräfte verließ, antwortete hierauf: Und wenn sie sich auch alle an dir ärgern sollten, so will ich mich doch niemals ärgern. Aber Jesus versicherte ihn von neuem, daß er ihn noch in eben dieser Nacht, und zwar ehe der Hahn zweymal krähe, dreymal verleugnen würde. Petrus blieb bey seiner Meinung und sprach: Und wenn ich auch mit dir sterben müßte, so will ich dich doch nicht verleugnen. So sagten auch alle Jünger.

§. 215.

Bald darauf kam Jesus mit seinen Jüngern zu einem am Fuße des Oelberges gelegenen Hof, Namens Gethsemane *), und begab sich in den dabey befindlichen Garten, der, weil sich der göttliche Heiland mit seinen Jüngern schon öfters darinn versammlet hatte, dem Judas sehr gut bekannt war c). Gleich bey dem Eintritte in denselben sprach er zu seinen Jüngern: Setzet euch hier nieder, bis daß ich dort hingehe und bete. Er ging hierauf fort, und

Marginalien:
J. G.
33.

Jesus begiebt sich in einen am Oelberge befindlichen Garten, wo er Blut schwitzet.

U 3

b) Zach. 13, 7.

*) Gethsemane, bedeutet so viel, als die Oelkelter.

c) Matth. 26, 36-46. Mark. 14, 32-42. Luk. 22, 40-46. Joh. 18, 1-2.

und nahm niemand mit sich, als den Petrus, und die zween Söhne des Zebedäus, den Jakobus und den Johannes. Da er sich nun bey seinen drey liebsten Jüngern allein befand, fieng er auf einmal an sich zu betrüben, und zu ängstigen, so, daß er auch zu ihnen sprach: Meine Seele ist betrübt bis in den Tod; bleibet hier, und wachet mit mir. Er entfernte sich hierauf einen Steinwurf von ihnen, warf sich auf sein heiliges Angesicht nieder, und bat seinen himmlischen Vater, wenn es seyn könne, diesen bittern Kelch von ihm gehen zu lassen. Mein Vater, rief er mit kläglicher Stimme, ist es möglich, so gehe dieser Kelch von mir. Dies Gebet war aber mit einer so vollkommenen Uebergabe in den Willen seines himmlischen Vaters verbunden, daß er gleich noch diese Worte hinzusetzte: Doch nicht wie ich will, sondern wie du willst. Er wiederholete diese Bitte noch zweymal, da indessen seine Todesangst dergestalt zunahm, daß ein blutiger Schweiß aus seinem ganzen Körper hervorbrach, dessen dicke Tropfen zur Erde fielen, und ein Engel vom Himmel gesandt ward, ihn in diesem so bittern Leiden zu stärken. Jesus war während seiner erstaunlichen Angst dreymal aufgestanden, und zu seinen Jüngern gegangen, die er aber allezeit vor Traurigkeit schlafend angetroffen hatte. Als er zum drittenmale zu ihnen kam, sprach er zu ihnen: Schlafet nun, und ruhet. Siehe, die Stunde ist herbeygekommen, da des Menschen Sohn in der Sünder Hände überliefert wird. Stehet auf, lasset uns gehen; siehe, der mich verräth, ist nahe.

§. 216.

§. 216.

J. C.

33.
Jesus
gehet sei-
nen Fein-
den entge-
gen.

Der göttliche Heiland hatte diese Worte noch nicht
geendiget, so kam schon der treulose Judas an der
Spitze seiner mit Schwertern und Stangen bewaffne-
ten Bande auf ihn herzugeeilet, dem er aber getrost
entgegen ging d). Judas hatte den Kriegsknechten,
die Jesum nicht kannten, zuvor gesagt, daß derjenige, dem er einen Kuß geben würde, eben der sey,
den sie greifen sollten. Als er nun zu Jesu kam,
grüßte er ihn, und gab ihm einen Kuß. Jesus wegerte sich nicht denselben von ihm anzunehmen, und
begnügte sich bloß damit, daß er ihm seine Treulosig-
keit in solchen Ausdrücken vorhielt, die hinlänglich
genug waren, auch das härteste Herz zu erweichen.
Er fragte hierauf die auf das erhaltene Angriffszei-
chen herzueilenden Kriegsknechte und Gerichtsdiener,
wen sie suchten? Sie antworteten: Jesum von
Nazareth. Jesus sprach: Ich bins. Kaum
hatte er diese Worte geendiget, so wichen sie zurück,
und fielen zur Erde. Nachdem sie sich von ihrem
Schrecken wieder erholet hatten, fragte er sie nochmals, wen sie suchten? Und als sie jetzt eben so antworteten, wie zuvor, so erwiederte er: Ich habs
euch gesagt, daß ichs bin. Suchet ihr also
mich, so lasset diese gehen.

U 4 §. 217.

d) Matth. 26, 47-50. Mark. 14, 43-45. Luk.
22, 47-48. Joh. 18, 3-8.

§. 217.

J. C.

33.
Jesus
wird ge=
fangen ge=
nommen.

Hier fragten ihn seine Jünger, ob sie mit dem Schwerte drein schlagen sollten ᵉ)? Petrus, ohne die Antwort abzuwarten, zog sein Schwert, und hieb einem von des Hohenpriesters Knechten, der sich Mal= chus nannte, das rechte Ohr ab. Allein der sanft= müthige Jesus untersagte ihnen alle Gegenwehr, und befahl dem Petrus, das Schwert einzustecken, wo= bey er ihn zugleich versicherte, daß er, wenn er von seinen Feinden befreyet seyn wollte, nur seinen himm= lischen Vater bitten dürfe, der ihm gewiß mehr als zwölf Legionen Engel schicken würde. Nachdem er dem Malchus das Ohr angeheilet hatte, wandte er sich von neuem wieder an die, die gekommen waren, ihn gefangen zu nehmen, und an die sich dabey befin= denden Hohenpriester, an die Hauptleute der Tem= pelwache, und an die Aeltesten des Volks, und stel= lete ihnen die Niederträchtigkeit ihres Vorhabens vor, da sie nemlich jetzt mit Schwertern und Stangen auf ihn, gleich als auf einen Mörder ausgegangen wären, da sich doch niemand, als er täglich bey ihnen im Tem= pel gewesen und gelehret hätte, unterfangen habe, die Hände an ihn zu legen. Damit er ihnen aber zeigte, daß seine Gefangennehmung nicht von ihrem, sondern von dem Willen seines himmlischen Vaters abhinge, so übergab er sich ihnen jetzt selbst, worauf seine Jünger sogleich die Flucht nahmen, und ihn in den Händen seiner Feinde allein zurück ließen. Ein

Jüng=

e) Matth. 26, 51 = 56. Mark. 14, 47 = 52. Luk. 22, 49 = 53. Joh. 18, 10 = 11.

Jüngling *) aber, der nur mit einer Leinwand auf dem bloßen Leibe bekleidet war, folgte ihm nach. Diesen ergriffen die Jünglinge, die einen Theil der Schaar ausmachten. Doch er entging ihnen, indem er die Leinwand fahren ließ, und nackend davon floh.

§. 218.

Sobald sich Jesus der Gewalt und der Wut seiner Feinde überlassen hatte, banden sie ihn wie den größten Missethäter, und führten ihn gleich Anfangs zu dem Annas, dem gewesenen Hohenpriester, der ihn aber kurz darauf zu dem Kaiphas, seinen Schwiegersohn, der eben damals diese hohe Würde bekleidete, schickte f). Hier fand Jesus seine ärgsten Feinde, nemlich den ganzen jüdischen Rath schon versammlet. Kaiphas fragte ihn zuvörderst Verschiedenes wegen seiner Jünger, und wegen seiner Lehre. Jesus antwortete ihm unerschrocken: Ich habe öffentlich vor der Welt geredet. Ich habe allezeit in der Synagoge und in dem Tempel ge-

U 5   leh-

J. C. 33.

Jesus wird zum Annas und Kaiphas geführet.

*) Wer dieser Jüngling gewesen, solches ist unbekannt. Einige haben ihn für den heiligen Johannes gehalten, doch ohne alle Wahrscheinlichkeit; denn welcher kann sich vorstellen, daß dieser Apostel sich damals in einem solchen Aufzuge sollte befunden haben. Vermuthlich war es ein Einwohner von dem an diesem Garten gelegenen Hofe, der bey entstandenem Lerm sich aus dem Bette gemacht, und sehen wollte, was vorfiele.

f) Joh. 18, 12-23. Matth. 26, 57. Mark. 14, 53. Luk. 22, 54.

J. C.
33.

lehret, wo alle Juden zusammen kommen, und habe nichts im Verborgenen geredet. Was fragst du mich darum? Frage die, die gehöret haben, was ich zu ihnen geredet: siehe, diese wissen, was ich zu ihnen gesagt habe. So klug und bescheiden diese Antwort auch war, so mußte er doch eine der schimpflichsten Beleidigungen dafür erdulden; denn Einer von den gegenwärtigen Gerichtsdienern schlug ihn in sein heiligstes Angesicht, und sprach: Sollst du dem Hohenpriester so antworten? Der sanftmüthige Heiland übertrug diese Unbild mit einer erstaunlichen Geduld, und erwiederte dagegen nichts anders, als diese wenigen Worte: Habe ich übel geredet, so beweise es, daß es übel sey; habe ich aber recht geredet, was schlägst du mich?

§. 219.

Jesus
wird des
Todes
schuldig
erklärt.

Die Hohenpriester, die Aeltesten und der ganze hohe Rath sahen wohl ein, daß die Antwort von Jesu so beschaffen sey, daß sie ihn deshalb nicht verdammen könnten, ohne sich vor der ganzen Welt zu beschimpfen. Sie waren daher bemühet falsche Zeugnisse wieder ihn aufzubringen, damit sie einen Vorwand hätten, ihn zum Tode verurtheilen zu können ᵍ). Doch ihre Bemühung war vergebens; denn ob sich gleich viele falsche Zeugen einfanden, die gegen den unschuldigen Heiland auftraten, so fanden doch seine eigenen Feinde ihre Zeugnisse nicht für hinlänglich, ihn deswegen des Todes schuldig zu erklären. Endlich

kamen

g) Matth. 26, 59-68. Mark. 14, 55-65.

kamen noch zween Zeugen. Sie sagten aus, daß er ge=
sagt habe, er könne den Tempel Gottes abbrechen, und
denselben in dreyen Tagen wieder aufbauen. Aber auch
diese Anklage, die ohnehin falsch war *), ward für unzu=
länglich gehalten, ihn zu verdammen. Weil nun die
ungerechten Richter sahen, daß sie, aller Bemühung
ungeachtet, nicht im Stande wären, solche Zeugnisse
aufzubringen, die auch nur den Schein hätten, daß
das Todesurtheil mit Recht über ihn ausgesprochen
werden könne, so versuchten sie, ihn zu seinen selbst
eigenen Ankläger zu machen. Kaiphas stand daher
mitten unter den andern auf, und fragte ihn, ob er
denn nichts antworte auf die Vorwürfe, die ihm
diese Zeugen machten? Und da Jesus still schwieg,
und keine Antwort ertheilte, so sprach er: Ich be=
schwöre dich bey dem lebendigen Gott, daß du
uns sagest, ob du Christus, der Sohn Gottes
seyst? Jesus antwortete ihm nun, und sprach: Du
hast es gesagt. Doch sage ich euch: Von nun
an werdet ihr des Menschen Sohn zur Rech=
ten der Kraft Gottes sitzen sehen, und in den
Wolken des Himmels kommen. Kaum hatte er
aber diese Erklärung von sich gegeben, so zerriß der
Hohepriester seine Kleider, und sprach: Er hat
Gott gelästert, was bedürfen wir weiter Zeug=
niß? Siehe, jetzt habt ihr seine Gottesläste=
rung gehöret. Was dünket euch? Die übrigen

von

_____

*) Jesus hatte dieses nicht gesagt, sondern seine Worte
lauteten also: Brechet diesen Tempel ab, und am
dritten Tage will ich ihn wieder aufrichten. Joh.
2, 19.

J. C.
33.

von der Versammlung fielen ihm bey, und sprachen: Er ist des Todes schuldig. Sogleich ward der Unschuldigste dem Muthwillen der Gerichtsdiener überlassen, die ihn verspien, mit Fäusten schlugen, und ihm alle nur ersinnliche Schmach anthaten [h]).

§. 220.

Petrus verleugnet Jesum dreymal.

Inzwischen geschah es, daß Petrus seinen Herrn und Meister dreymal verleugnete. Nachdem sich dieser Jünger von seinem ersten Schrecken ein wenig erholet hatte, verließ er den Ort, wohin er geflohen war, wieder, und folgte Jesu, als derselbe nach dem Pallaste des Kaiphas geführt ward, von ferne nach, um zu sehen, was für einen Ausgang diese Sache endlich gewinnen würde [i]). Ein anderer Jünger *), der ihn auf diesem Wege begleitete, und der dem Hohenpriester bekannt war, ging mit Jesu in den Pallast, er aber blieb außerhalb der Thür stehen. Es dauerte jedoch nicht lange, so ward er durch Vermitt=

h) Luk. 22, 63 - 65.

i) Matth. 26, 57 - 75. Mark. 14, 54 - 72. Luk. 22, 54 - 62. Joh. 18, 15 · 27.

*) Man hält gemeiniglich dafür, daß dieser Jünger, den der heilige Evangelist Johannes nicht nennet, Johannes selbst gewesen sey. Allein, da nicht zu vermuthen ist, daß er als ein armer Galiläer, der sich noch über dies beständig bey Jesu aufhielt, dem Hohenpriester bekannt gewesen seyn sollte, so ist es gläublicher, daß dieser Jünger einer von den Grossen zu Jerusalem gewesen sey, die aufrichtig an Jesum glaubten, ob sie es gleich nicht öffentlich an den Tag legten.

mittlung eben dieſes Jüngers auch hineingelaſſen. Die Knechte und Gerichtsdiener hatten mitten in dem Hofe, weil es kalt war, ein Feuer gemacht. Er näherte ſich auch demſelben. Hier fand ihn die Magd, die ihn in den Pallaſt gelaſſen hatte, und ſprach zu den Umſtehenden: Dieſer war auch mit ihm. Sie wandte ſich hierauf zu dem Petrus ſelbſt und ſprach: Auch du wareſt mit Jeſu von Nazareth. Petrus leugnete es, und verſicherte, daß er ihn nicht kenne, noch wiſſe, was ſie ſage. Bald darauf verließ er den Vorhof. Damals krähete der Hahn zum erſtenmale. Bey ſeinem Weggehen ſah ihn eine andere Magd, und ſagte zu den Anweſenden: Dieſer war auch mit dem Jeſu von Nazareth. Petrus, der ſich vielleicht wegen der Flucht nicht verdächtig machen wollte, kehrte in den Vorhof bald wieder zurück. Er ward alſo noch einmal zur Rede geſtellt; allein er leugnete es jetzt wie das erſtemal, und ſchwor noch dazu, daß er dieſen Menſchen nicht einmal kenne. Ohngefär eine Stunde hernach umgaben ihn alle Gegenwärtige, und ſagten zu ihm, es könne einmal nicht anders ſeyn, er müſſe zu den Jüngern Jeſu gehören; denn ſeine Sprache verrathe es ganz deutlich, daß er ein Galiläer ſey. Und ein Anverwandter des Malchus, welchem Petrus das Ohr abgehauen hatte, behauptete vor allen, daß er ihn in dem Garten geſehen habe. Doch auch jetzt leugnete es Petrus, und beſtätigte es mit Fluchen und Schwören, daß er Jeſum nie gekannt, noch wiſſe, wer er ſey. Indem krähete der Hahn zum zweytenmale. Jeſus, der ſich damals nicht weit von dem Petrus befand, wandte

ſich

J. C.
33.

sich zu ihm, und sah ihn an. Sogleich erinnerte sich Petrus dessen, was der Herr zu ihm gesagt hatte, daß er ihn nemlich, ehe der Hahn zweymal *) krähe, drey= mal verleugnen werde. Er verließ also den Hof des Kaiphas, und weinete bitterlich.

§. 221.

Jesus wird zum Pilatus geführt.

Beym Anbruche des Tages versammleten sich die Aeltesten des Volks, die Hohenpriester und die Schrift= gelehrten nochmals, und vermuthlich in dem grossen Saale des Sanhedrins, um sich zu berathschlagen, wie sie Jesum tödten möchten ᵏ). Jesus ward auf ihren Befehl vorgeführt, und von neuem befragt, ob er Christus (der verheißene Messias) sey? Er ant= wortete ihnen, wenn er es ihnen gleich sagte, so glaub= ten sie ihm doch nicht, und wenn er ihnen Fragen
vorle=

---

*) Die heiligen Evangelisten Matthäus, Lukas und Johannes erzählen, daß Jesus zu dem Petrus ge= sagt habe: Ehe der Hahn krähen wird, wirst du mich dreymal verleugnen. Der heilige Markus aber sagt, Jesus habe gesprochen: Ehe der Hahn zwey= mal krähen wird, wirst du mich dreymal ver= leugnen. Dies ist jedoch kein Wiederspruch; denn der Hahn krähet um Mitternacht, und hernach ge= gen Morgen, und von diesem doppelten Krähen re= det der heilige Markus. Die andern drey Evange= listen reden aber von dem letztern Krähen, welches eigentlich das Hahnengeschrey genannt wurde. Man sehe des hochwürdigen Herrn Salzmann Anmerkung zu Matth. 26, 34.

ᵏ) Matth. 27, 1-2. Mark. 16, 1. Luk. 22, 66.71. 23, 1. Joh. 18, 28.

verlegen sollte, so würden sie ihm dieselben weder beantworten, noch ihn in Freyheit setzen. Aber, fuhr er fort, von nun an wird des Menschen Sohn sitzen zur Rechten der Kraft Gottes. So bist du denn, riefen hier alle, Gottes Sohn? Jesus antwortete: Ihr sagets, denn ich bins. Auf diese Worte ward der Unschuldigste von neuem des Todes schuldig erkläret. Weil aber das Recht über Leben und Tod nicht mehr in den Händen der Juden war, indem die Römer sich solches vorbehalten hatten, so führten sie ihn gebunden zu dem römischen Statthalter, dem Pontius Pilatus, damit er ihr abgefaßtes Urtheil bestätigen, und ihn durch einen grausamen Tod hinrichten möchte.

J. C.
33.

§. 222.

Aus allen diesen Umständen konnte der treulose Judas nichts anders schließen, als daß sein Herr und Meister eines sehr schmählichen Todes würde sterben müssen. Diese traurige Vorstellung erweckte bey ihm eine grosse Reue [1]). Er folgte den Hohenpriestern und Aeltesten nach; er reichte ihnen die von ihnen empfangenen dreyßig Silberlinge dar, und bekannte dabey, daß er gesündiget, indem er unschuldiges Blut verrathen habe. Allein er fand kein Gehör. Was gehet uns das an? antworteten sie ihm, da siehe du zu. Diese Antwort setzte ihn in Verzweiflung. Er eilete nach dem Tempel, warf das Geld zitternd in denselben, ging zurück, und erhenkte sich selbst. Die Hohenpriester, die sich ein Gewissen daraus machten,

Des Judas Reue und Verzweiflung.

___
1) Matth. 27, 3-8.

J. C.
33.

ten, die dreyßig Silberlinge in den Gotteskasten zu legen, weil es Blutgeld war, kauften dafür den Acker eines Töpfers, den sie zum Begräbnisse der Frembdlinge bestimmeten. Und von dieser Zeit an, ward dieser Acker Hakeldama oder der Blutacker genannt *).

§. 223.

Pilatus erkläret Jesum unschuldig.

Nachdem die blutdürstigen Juden den unschuldigen Heiland gebunden vor den Pallast des Pilatus gebracht hatten, so ließen sie denselben durch die römische Wache allein in denselben hineinführen, sie aber blieben außerhalb auf offenen Platze stehen, damit sie sich durch Betretung dieses heidnischen Hauses nicht verunreinigen möchten, und nicht gehindert würden Ostern **)

zu

*) Man zeigte noch zu den Zeiten des heiligen Hieronymus dieses Feld gegen Süden von Jerusalem. Es wird auch noch jetzt den Reisenden gewiesen. Der Ort ist sehr klein, und mit einem Gewölbe überbauet. Die Leichen sollen, wie man sagt, in weniger als drey oder vier Tagen darinn verwesen. Drutmar, ein Mönch von Corbey sagt, es habe zu seiner Zeit ein Hospital für die französischen Pilgrimme, welche das heilige Land besucht, an diesem Orte gestanden. Der Abt Calmet unter dem Artikel Hakeldama.

**) Aus dieser übel verstandenen Stelle haben einige unrecht geschlossen, die Juden hätten ihr Osterlamm nicht am Donnerstage mit dem Erlöser, sondern erst an seinem Sterbetage genossen, welches unser Charfreytag ist. Sie hatten ihr Osterlamm geschlachtet, wie der Herr, am vierzehnten Tage des Monats Nisan: denn Christus hielt seine Ostern mit den

Apo-

zu essen ᵐ).   **Pilatus ging also zu ihnen hinaus,**
und   J. C.

33.

Aposteln an jenem Tage, an welchem das Osterlamm mußte geschlachtet werden. Luk. 22, 7.
Es mußte aber geschlachtet werden am vierzehnten
Monatstage, nicht am funfzehnten.   Christus aß
das Osterlamm am ersten Tage der ungesäuerten
Brode, an welchem sie, die andern Hebräer, das
Osterlamm schlachteten. Mark. 14, 12. Die Ankläger des Herrn meiden also das Pfleghaus, nicht
wegen des Osterlammes, sondern damit sie nicht gehindert werden von der Genießung der übrigen
Schlachtopfer, welche die Osterwoche hindurch ge-
wöhnlich waren: wie aus 2 Chron. 35, 8. zu ersehen ist.   Das Ansehen des Erzbischofs Paul von
Burgos hat einigen die Meinung beygebracht, die
Juden hätten den Ostertag allezeit auf den Sabbath
übersetzet, so oft er auf den Vorabend des Sabbaths
fiel; damit man sich nicht zween Tage nach einander
von aller Arbeit zu enthalten gezwungen würde.
Allein dies scheint eine Erfindung der spätern Rabbinen zu seyn: sintemal weder die Schrift, noch Joseph oder Philo, eine Meldung von dieser Ueberse-
zung thun.   Man hätte durch dieselbe auch nichts
gewonnen; denn wenn der Ostertag diese Woche auf
den Sabbath übersetzt wird, fällt der siebente Tag
der ungesäuerten Brode in der nächsten Woche auf
den Vorabend des Sabbaths.   Da nun der siebente
Tag des ungesäuerten Brods eben sowol ein Feyertag
war, hätte man, der Uebersetzung ungeachtet, zween
Tage nach einander alle Arbeit vermeiden müssen.
Anmerkung des hochwürdigen Herrn Weitenauer
über Joh. 18, 28.

m) Joh. 18, 28-38.   Luk. 23, 2-4.   Matth. 27,
11.   Mark. 15, 1-2.

X

J. C.
33.

und erkundigte zuvörderst, was sie wieder den ihm
vorgestellten Menschen anzubringen hätten. Ihre
Antwort war stolz und trotzig. Wäre dieser, riefen sie, kein Uebelthäter, so hätten wir ihn dir
nicht übergeben. Doch sie mußten antworten. Sie
fengen daher an, ihn zu beschuldigen, daß er das
Volk verkehrt, daß er verbiete dem Kaiser Schoß zu
geben, und sage: er sey Christus, ein König. Pilatus kehrte hierauf in das Richthaus *) wieder zurück, rief Jesum, und fragte ihn, ob er der Juden
König sey? Jesus that eine Gegenfrage. Er fragte
nemlich den Pilatus, ob er dieses von sich selbst rede,
oder ob es ihm andere von ihm gesagt hätten? Der
durch diese Frage beleidigte Statthalter erwiederte:
Bin ich denn ein Jude? Dein Volk und die
Hohenpriester haben dich mir übergeben: was
hast du gethan? Jesus antwortete hierauf mit der
größten Sanftmuth: Mein Reich ist nicht von
dieser Welt. Wäre mein Reich von dieser Welt,
so würden ja meine Diener für mich streiten,

daß

*) So wird bey dem Evangelisten das Haus genennet,
worinnen zu Jerusalem der römische Statthalter
wohnete, und in welchem derselbe, wie auch bey Jesu
geschah, Gericht hielt. Der grossen Veränderungen
ungeachtet, welche Jerusalem besonders zu der Zeit,
da es von dem Titus belagert, und hernach von den
Römern gänzlich zerstöret und verwüstet worden,
betroffen haben, will man doch noch den Reisenden
das Prätorium, oder das Haus des Pilatus zeigen, welches nach der Zeit in eine Kirche soll verwandelt worden seyn. Der Abt Calmet unter dem
Artikel Prätorium.

daß ich den Juden nicht überliefert würde:
Nun aber ist mein Reich nicht von hinnen.
So bist du, sagte Pilatus, dennoch ein König? Du sagsts, versetzte Jesus, ich bin ein König. Ich bin dazu geboren, und deswegen in
die Welt gekommen, daß ich der Wahrheit
Zeugniß gebe. Wer aus der Wahrheit ist, der
höret meine Stimme. Hier fragte Pilatus:
Was ist Wahrheit? Doch ohne die Antwort abzuwarten, ging er wieder zu den Juden hinaus, und
versicherte sie, daß er keine Schuld an Jesu finde.

J. C.
33.

§. 224.

Diese Erklärung machte bey den erbitterten Juden keinen andern Eindruck, als daß sie nur um so
mehr dadurch gereizet wurden, auf den Tod des unschuldigen Heilands zu dringen [n]). Sie vermehrten
ihre Klagen. Jesus schwieg zu allem. Pilatus
fragte ihn, ob er denn nicht höre, wie viele Zeugnisse
sie wieder ihn gäben? Aber auch jetzt schwieg er. Indessen wurden die Hohenpriester und die Aeltesten des
Volks in ihren Schmähungen immer heftiger, und
beschuldigten Jesum auch, daß er durch seine Lehre
das Volk von Galiläa an, bis nach Jerusalem
aufrührisch gemacht habe. Als Pilatus von Galiläa reden hörete, fragte er, ob Jesus ein Galiläer sey. Man versicherte ihn dessen; und nun
glaubte er ein Mittel entdecket zu haben, sich auf einmal aus dieser ihm so verdrießlichen Sache wickeln zu

Jesus
wird zum
Herodes
geführt.

X 2   kön=

n) Matth. 27, 12-14. Mark. 15, 3-5. Luk. 23,
5-12.

können. Er befahl daher Jesum unverzüglich zu dem Herodes, den Tetrarchen von Galiläa zuzuführen, der sich eben damals zu Jerusalem aufhielt. Herodes, der schon längst gewünschet hatte, Jesum zu sehen wegen der vielen Wunder, die er von ihm gehöret hatte, und deren eins er nun auch von ihm zu sehen verhoffte, erfreuete sich ungemein über seine Gegenwart. Er stellete mancherley Fragen an ihn, allein er erhielt eben so wenig, als die Hohenpriester und Schriftgelehrten, die sich indessen auch in seinem Pallaste einfanden, und ihn auf das heftigste anklagten, eine Antwort. Dies Betragen von Jesu verdroß den Tetrarchen dergestalt, daß er ihm allerley Arten von Verachtung empfinden ließ, und ihn hierauf mit einem weißen Spottkleide angethan zu dem Pilatus wieder zurück schickte. An diesem Tage wurden Pilatus und Herodes wieder gute Freunde, da sie zuvor mit einander in Feindschaft gelebet hatten.

§. 225.

Pilatus ist bemühet Jesum beym Leben zu erhalten.

Als Jesus zu dem Pilatus wieder zurückgebracht wurde, und dieser nun sah, daß ihm sein Anschlag mißlungen, so rief er die Hohenpriester, die Obersten und das Volk zusammen, und stellte ihnen vor, daß er Jesum in allen Sachen, weshalb sie ihn angeklaget hätten, unschuldig befunden habe °). Herodes selbst habe nichts, so des Todes würdig, an ihm finden können. Er that ihnen hierauf den Vorschlag,

daß

---

o) Luk. 23, 13-19. Matth. 27, 15-18. Mark. 15, 6-10. Joh. 18, 19.

daß er ihn wolle züchtigen laſſen, und ſodenn in Freyheit ſetzen. Doch dieſer Vorſchlag machte bey den
blutdürſtigen Juden nicht den geringſten Eindruck,
und ſie fuhren immer fort, auf den Tod Jeſu zu dringen. Pilatus, der Jeſum gern beym Leben erhalten wollte, that ihnen einen neuen Vorſchlag. Ihr
habt, ſagte er zu ihnen, eine Gewohnheit, daß
ich euch auf Oſtern Einen los gebe. Welchen
wollet ihr, daß ich euch los gebe? den Barrabas, oder Jeſum, der Chriſtus genannt
wird? Pilatus glaubte nicht, daß die Juden ihren
Haß gegen Jeſum ſo weit treiben ſollten, daß ſie
ihm einen Aufrührer und Mörder, welches Barrabas war, vorziehen ſollten. Er irrete ſich aber
wieder.

§. 226.

Um dieſe Zeit ereignete ſich eine Sache, die den
römiſchen Statthalter in ſeinem Vorhaben, Jeſum
zu erhalten, ſehr beſtärkte; denn ſeine Gemahlinn *)

X 3 ſchicks

Die Juden
verlangen,
daß Pila-
tus Je-
ſum ſolle
kreuzigen
laſſen.

*) Die Gemahlinn des Pilatus ſoll Procle, Procula,
oder Proſcula, oder Claudia Procula gehei-
ſſen haben. Vincentius von Beauvois nennt ſie
Procla, und beruft ſich darbey auf das unächte
Evangelium des Nikodemus. In dem Exemplar
aber, das der Herr Fabricius davon hat drucken
laſſen, befindet ſich dieſer Name nicht. Es heißet
nur: Matrona ipſius Pilati procul poſita. Male-
las in ſeiner Chronike, Nicephorus, der unächte
Lucius Dexter geben ihr den Namen Procula. Einige Kirchenväter ſcheinen der Meinung geweſen zu
ſeyn, daß ſie als eine gottesfürchtige Weibsperſon
ſelig

J. C.
33.

schickte zu ihm, als er auf dem Richtstuhle saß, und ließ ihn warnen, sich an der Unschuld dieses Gerechten nicht zu vergehen, indem sie seinetwegen in einem Traume, den sie gehabt, viel erlitten hätte p). Inzwischen überredeten die Hohenpriester und die Aeltesten das Volk, daß sie die Freyheit des Barrabas, und den Tod Jesu vom Pilatus begehren sollten, welches auch geschah q); denn als dieser sie von neuem fragte, welchen von beyden er ihnen los geben sollte, so riefen sie alle mit einander: Den Barrabas. Und als er sie weiter fragte, was er denn mit Jesu, der Christus genannt würde, machen sollte, so schrien sie alle: Laß ihn kreuzigen. Er fragte sie hierauf noch einmal, was er denn Uebels gethan habe? sie schrien aber noch vielmehr: Laß ihn kreuzigen.

§. 227.

Jesus wird gegeiselt, gekrönet und verspottet.

Pilatus, ob er gleich ein Heide war, erstaunte über die Wut und Grausamkeit der Juden. Doch ließ er noch nicht allen Muth sinken. Er glaubte ein

sehr

selig geworden sey. Andere wollen sie nicht nur zu einer Christinn, sondern sogar zu einer Heiligen machen. Ihren Traum von unserm Erlöser halten einige für die Eingebung eines bösen Geistes, als dem es geahndet, daß sein Reich würde zerstöret werden. Andere schreiben ihn aber einem guten Geiste zu. Der Abt Calmet unter dem Artikel Procle. Mehrere Nachrichten hievon sind zu finden bey dem P. Cornelius a Lapide über Matth. 27, 19.

p) Matth. 27, 19.

q) Matth. 27, 20-23. Mark. 15, 11-14. Luk. 23, 20-21. Joh. 18, 40.

sehr schickliches Mittel, ihn zu retten, werde seyn, wenn er ihn ihnen in einer recht erbärmlichen Gestalt unter die Augen stellen würde.   Er befahl also den Kriegsknechten Jesum zu geißlen r), welchen Befehl sie auch, nachdem sie ihn völlig entkleidet, und mit Stricken oder Riemen an eine Säule *) gebunden hatten, auf die grausamste Art an ihm vollzogen. Müde des Schlagens löseten sie ihn wieder von der Säule ab, und führten ihn, nachdem er wieder bekleidet war, in den Vorhof des Richthauses.   Hier umgab ihn die ganze Schaar der Kriegsknechte.   Sie rissen ihm von neuem mit der größten Ungestüme die Kleider von seinem zerfleischten Leibe ab, bedeckten seine Schultern mit einem alten Purpurmantel; setzten ihm eine Dornenkrone auf; gaben ihm ein Rohr, statt des Scepters, in seine rechte Hand, und indessen, daß einige aus Hohn vor ihm die Knie bogen, und ihn einen König der Juden nannten, spien ihn andere an, rissen ihm das Rohr aus der Hand, und schlugen ihm damit die Dornenkrone so tief in sein heiligstes Haupt, daß sein unschätzbares Blut von allen Seiten herab rann.

X 4   §. 228.

r) Joh. 19, 1-3. Matth. 27, 26-31. Mark. 15, 15-19.

*) Die heiligen Evangelisten thun zwar keine Meldung von einer Säule, an die der göttliche Heiland vor seiner Geißlung sey gebunden worden, indessen war doch dieses eine Gewohnheit bey den Römern, und es ist kein Zweifel, sie werden sie auch damals beobachtet haben.   Man sehe den Lipsius de cruce lib. 2. c. 4.

J. C. 33.

§. 228.

§. C.

33.
Pilatus
ftellet Je-
fum in ei-
ner er-
bärmlichen
Geftalt
den Juden
vor.

In diesem beweinenswürdigen Zustande führten
sie ihn endlich zum Pilatus wieder zurück, der ihn in
dieser rührenden Gestalt den Juden sogleich mit diesen Worten: Sehet, welch ein Mensch! vorstelle-
te [1]). Allein die Grausamen, die gleich den Tygern
bey Erblickung des Bluts nur noch wütiger wurden,
verdoppelten ihr Geschrey, als sie Jesum in diesem
erbärmlichen Zustande erblickten. Kreuzige ihn, riefen sie aus vollem Halse, kreuzige ihn! Pilatus
antwortete ihnen: Nehmet ihr ihn hin, und kreu-
ziget ihn; denn ich finde keine Schuld an ihm.
Allein sie bestanden darauf, daß er den Tod verdienet,
weil er sich für den Sohn Gottes ausgegeben habe,
wer aber dieses thue, der müsse nach ihrem Gesetze
sterben. Diese Worte setzten den Statthalter in ein
ungemeines Schrecken. Er ging wieder zurück in
das Richthaus, und fragte Jesum, woher er sey?
Jesus gab ihm aber keine Antwort. Pilatus bezeigte seinen Unwillen darüber, indem er ihn fragte,
ob er nicht wisse, daß es in seiner Gewalt stehe, ihn
zu kreuzigen, oder ihn los zu lassen? Jesus fieng nun
an zu reden, und versicherte ihn dagegen, daß er über
ihn keine Gewalt hätte, wenn sie ihm nicht von oben
herab gegeben worden wäre. Daher, setzte er noch
hinzu, hat der, welcher mich dir übergeben
hat, eine größere Sünde. Diese Antwort machte
bey dem Pilatus einen so starken Eindruck, daß er
von neuem auf Mittel sann, wie er ihn los geben
möchte.

[1]) Joh. 19, 4-16.

möchte. Allein er ließ sich in seinem Vorhaben gar
bald wieder irre machen; denn als die Juden seine
Absichten merkten, und ihm daher zuriefen, daß er
kein Freund des Kaisers sey, wenn er ihn los ließe,
der Aufruhr unter dem Volke auch immer größer ward,
so verlor er den Muth dergestalt, daß er Jesum
heraus führete, und sich auf seinen Richterstuhl an
der Stätte, die Hochpflaster, im Griechischen Lithostrotos, auf hebräisch aber Gabbatha genannt
wurde, niedersetzte. Hier wusch er zwar öffentlich
die Hände, und bezeugte vor dem ganzen Volke, daß
er unschuldig sey an dem Blute dieses Gerechten, indessen that er doch, was die Juden, welche riefen,
daß dieses Blut über sie und über ihre Kinder kommen sollte, verlangten; denn er gab ihnen den Barrabas los t). Jesum aber verurtheilete er, daß er
gekreuziget würde. Dies geschah am Rüsttage *) in
Ostern, um die sechste Stunde.

§. 229.

Kaum hatte Pilatus dies ungerechte Urtheil über
Jesum ausgesprochen, so führten ihn die Kriegsknechte in das Richthaus wieder zurück, wo sie ihm
den Purpurmantel mit schmerzlicher Erneurung seiner
Wunden abrissen, und ihm dafür seine eigenen Klei-

X 5   der

t) Matth. 27, 24-26. Luk. 23, 24-25. Mark.
   15, 15.

*) Die Juden nennen den Freytag den Rüsttag, weil es
   ihnen nicht erlaubt ist, am Sabbathe ihr Essen zuzurichten, sondern es den Tag zuvor bereiten mußten.
   Der Abt Calmet unter dem Artikel Rüsttag.

J. C.
33.

der gaben u). Sie führten ihn hierauf mit einem schweren Kreuze beladen zwischen zweyen Missethätern zur Stadt hinaus nach der Scheitelstätte, auf hebräisch Golgotha *) genannt, wo er sollte gekreuziget werden. Der matte und ganz entkräftete Heiland konnte mit seinem schweren Kreuze nicht weit kommen. Er sank unter der Last desselben, und die römischen Kriegsknechte sahen sich genöthiget, ihm dasselbe abzunehmen, welches sie hierauf einem Juden aus Cyrene, Namens Simon **), dem Vater des Alexander und des Ruffus, der eben vom Felde kam, und da vorüberging, auflegten, den sie auch zwangen solches Jesu nachzutragen.

§. 230.

VieleWeiber beweinen Jesum.

Unter der grossen Volksmenge, die Jesum nach der Scheitelstätte begleitete, befanden sich auch viele

Wei-

u) Matth. 27, 31-32. Mark. 15, 16. 20. 21. Luk. 23, 26. 32. Joh. 19, 16-17.

*) Dieser Ort, der unter dem Namen Calvarienberg am meisten bekannt ist, lag nahe bey Jerusalem, auf der nordwestlichen Seite dieser Stadt. Mehrere Nachrichten hievon sind in des Abts Calmet biblischen Wörterbuche unter den Artikeln Golgotha und Calvaria zu finden.

**) Viele haben diesen Simon für einen Heiden gehalten. Allein es ist weit wahrscheinlicher, daß er ein Jude gewesen sey, weil es nicht nur viele Juden zu Cyrene in Libyen gab, sondern weil auch nicht zu glauben ist, daß die Römer einen Heiden zu einer Verrichtung, die sie für so schimpflich hielten, sollten gezwungen haben.

Weiber *), die von seinem so beweinenswürdigen Zuſtande dergeſtalt gerühret wurden, daß ſie die Hände zuſammen ſchlugen, und ganz in Thränen zerfloſſen ʷ): Aber Jeſus wandte ſich zu ihnen, und redete ſie alſo an: Ihr Töchter Jeruſalems, weinet nicht über mich, ſondern weinet über euch ſelbſt, und über eure Kinder. Denn ſehet, es werden Tage kommen, da man ſagen wird: Selig ſind die Unfruchtbaren, und die Leiber, die nicht geboren haben, und die Brüſte, die nicht geſäuget haben. Alsdenn werden ſie anfangen zu den Bergen zu ſagen: Fallet über uns! und

zu

*) Es iſt eine gemeine Sage, daß ſich unter dieſen Weibern auch eine, Namens Veronica befunden, die Jeſu ihr Schweißtuch gereichet habe, damit er ſich mit demſelben abwiſchen möchte. Er habe ſolches auch gethan, bey dem Abwiſchen aber habe er ſein heiligſtes Angeſicht vollkommen in demſelben abgedruckt. Dieſe Erzählung erhält aber heut zu Tage wenig Beyfall mehr, und man glaubt, daß ſie erſt im eilften Jahrhunderte aufgekommen ſey. Der Abt Calmet, bey dem mehrere Nachrichten hievon zu finden ſind, ſagt, einige hielten dafür, der Name Veronica ſey aus den Worten vera icon, das wahre Bild entſtanden, woraus man aus Mißverſtand den Namen eines Weibes gemacht hätte; und verweiſet hierauf ſeine Leſer auf den Bollandus am 5 Februar auf der 449. u. f. f. S. S. imgleichen auf des Herrn von Tillemont 33ſte Anmerkung bey dem Leben Jeſu. Man ſehe des Abts Calmet bibliſches Wörterbuch unter den Artikeln Veronica und Berenice, und des P. Alexander Natalis hiſt. eccl. Tom. 3 pag. 6.

ʷ) Luk. 23, 27-31.

J. C.
33.

zu den Hügeln: Bedecket uns. Denn wenn man das thut am grünen Holze, was wird am dürren werden?

§. 231.

Jesus wird zwischen zween Mördern gekreuziget.

Als endlich die grausamen Kriegsknechte mit Jesu auf die Scheitelstätte, welches um die sechste Stunde *) oder um unsern Mittag geschah, kamen, so gaben sie ihm mit Myrrhen vermischten Wein **) zu trin-

*) Der heilige Markus sagt 15, 25., daß es die dritte Stunde gewesen, da Jesus gekreuziget worden, und der heilige Johannes berichtet uns, daß Pilatus das Todesurtheil über ihn um die sechste Stunde gesprochen habe. Beyde Evangelisten scheinen also, sich zu widersprechen. Allein sie können unserm Vermuthen nach leicht zusammen verglichen werden, wenn man betrachtet, daß die Juden den größten Theil des Tages in drey grosse Stunden abgetheilet hatten, die sie die dritte, die sechste und die neunte Stunde nannten, und davon eine jedwede drey gemeine Stunden in sich enthielt. Die dritte Stunde fieng nach unserer Art zu zählen an des Morgens um neun Uhr, und dauerte bis um zwölf Uhr, die sechste von zwölf Uhr bis drey, und die neunte von drey bis sechs Uhr. Johannes redete also von der Stunde, die bald anfieng, und Markus redete von der Stunde, die bald zu Ende ging.

**) Es war bey den Römern gebräuchlich, daß sie den zum Tode verurtheilten Personen Wein, der mit Myrrhen oder andern Specereyen vermischet war, zu trinken gaben, damit sie durch den Genuß desselben gestärket, und gegen die Schmerzen gleichsam unempfindlich gemacht würden. Der Haß der Kriegsknechte.

trinken, den er zwar verkostete, aber zu trinken sich
wegerte ˣ). Sie entblößten ihn hierauf aller seiner Kleider, und hefteten ihn an das in der Erde
befestigte Kreuz *) mit drey oder vier starken Nägeln,

knechte, die Jesum kreuzigten, war aber gegen
denselben so groß, daß sie, wie aus dem heiligen Matthäus 27, 34. zu ersehen ist, ihm statt
eines guten Weins, einen sehr sauern Wein, den
sie noch über dies mit Galle vermischet hatten,
reichten.

x) Matth. 27, 33-34.　Mark. 15, 23.

*) Gemeiniglich stellen die Mahler die Kreuzigung
Christi also vor, als ob das Kreuz zu der Zeit, da
man den Heiland daran schlug, niedergelegt gewesen, hernach aber mit dem Leibe des Heilandes in die
Höhe gerichtet worden sey. Diese Meinung hat auch
viele Vertheidiger gehabt. Allein Nonnus, der Verfasser des Trauerspiels, der leidende Jesus, betitelt,
Bonaventura und viele andere, deren Namen bey
dem P. Kornelius a Lapide zu lesen sind, halten
dafür, Jesus sey an ein schon vorher aufgerichtetes
Kreuz geschlagen worden, welcher Meinung auch
der gelehrte Abt Calmet beytritt. Einige haben geglaubt, unter den Füßen des Gekreuzigten wäre
eine Art von Fußschemmel, oder ein hervorragen-
des Holz gewesen, worauf die Füße desselben gesetzet und angenagelt worden wären. Der heilige Gregorius von Tour de glor. Martyr. l. 1.
c. 6. merkt es ausdrücklich an, und man siehet
eine ungeheure Menge von Kreuzen, die auf solche Art gemacht sind. Doch andere behaupten,
man treffe in den Beschreibungen, die uns die ältesten griechischen und lateinischen Schriftsteller von

dem

geln *), die man ihm durch seine heiligsten Hände
und Füße schlug. Zu seiner größern Beschimpfung
kreu-

dem Kreuze hinterlassen, nicht die geringste Spur
eines solchen Fußschemmels an. Doch reden sie von
einem Holze, worauf der Gekreuzigte gleichsam als
auf einem Pferde saß, damit seine Hände nicht von
der Schwere des Körpers zerrissen werden konnten.
Dieses aber war ein grosser Nagel, der in der Mitte
des Kreuzes eingeschlagen war, wie solches deutlich
genug aus dem Justinus in dialogo cum Tryphone,
aus dem Irenäus lib. 1. cap. 46. und aus dem
Tertullian lib. 2. contra Nationes erhellet, und
von vielen geschickten Kunstrichtern für wahr angenommen worden. Die Uebelthäter wurden ganz nackend gekreuziget. Allem Ansehen nach ward der Erlöser der Welt eben so wenig geschonet, als andere,
die diese Todesstrafe leiden mußten. Die Soldaten
theileten seine Kleider unter sich, um seinen Rock
aber, den er unter den andern Kleidern anhatte, und
wie ein Hembe auf dem bloßen Leib trug, warfen sie
das Loos. Die Christen haben Jesum aus Ehrfurcht und Schamhaftigkeit bald völlig bekleidet,
bald von den Lenden bis auf die Füße bedeckt, bald
nur mit einer Decke um die Mitte des Leibes vorgestellet. Doch dieses ist keinesweges ein Beweis, daß
man solches allezeit gethan habe, noch weniger, daß
man mit dergleichen Achtung Christo, den man nicht
genau kannte, und der die Strafe und Schmach unserer Sünden auf sich nehmen wollen, wirklich begegnet habe. Diese Nachrichten sind größtentheils in
des Abt Calmet biblischen Wörterbuche unter dem
Artikel Kreuz zu finden.

*) Die Griechen stellen den Heiland allezeit vor, als
wenn er mit vier Nägeln ans Kreuz sey geheftet worden.

kreuzigten ⁷) sie mit ihm jene zween Mörder, die ihn zu

J. C.
37.

den. Gregorius von Tour lib. 1. de gloria Martyr. cap. 6. nimmt ihrer auch so viel an; nemlich an jedweder Hand, und an einem jedweden Fuße einen. Er sagt ferner, die Kaiserinn Helena habe zween von diesen Nägeln in den Zaum des Pferdes ihres Sohns Constantins setzen lassen; einen aber in das abriatische Meer geworfen, um seine Stürme zu mindern. Theodoretus lib. 2. hist. eccles. c. 18. Ambrosius und andere erzählen, daß sie auch einen von diesen Nägeln in den Helm des Kaisers Constantin habe setzen lassen. Andere halten dafür, daß unser Heiland nur mit drey Nägeln durchboret worden, nemlich mit einem an jedweder Hand, und mit einem an beyden Füßen. Die Gewohnheit der lateinischen Kirche richtet sich nach dieser letzten Meinung. Denn die meisten alten Crucifixe aus dieser Kirche stellen ihn mit drey Nägeln am Kreuze vor. Nonnus in Joann. glaubt, man habe die Arme des Heilandes auch mit Ketten gebunden, und Hilarius redet von Stricken, welche dabey gebraucht worden. Man zeiget in unterschiedenen Kirchen die Nägel, oder vielmehr Stücke von den Nägeln des Kreuzes Jesu. Jedoch läßt sich hieraus weder die Falschheit und Unrichtigkeit dieser Reliquien, noch auch dieses schließen, daß ihrer mehr, als viere gewesen wären. Denn weil es nur Stücke sind, so können viele davon nicht sowol zum Durchgraben seiner Hände und Füße, sondern zur Zusammenfügung der Theile des Kreuzes gebraucht worden seyn. Alle diese Nägel haben nach der Zeit mit einander verwechselt werden können. Der Abt Calmet unter dem Artikel Nagel.

y) Luk. 23, 33. Matth. 27, 38. Mark. 15, 27. Joh. 19, 18.

J. C.
33.

zur Richtstätte begleitet hatten, den einen zu seiner rechten, und den andern zu seiner linken Seite, gleich als wäre er das Haupt und der Anführer derselben gewesen.

§. 232.

Fortsetzung.

Nachdem die Kriegsknechte Jesum gekreuziget hatten, nahmen sie seine Kleider, machten vier Theile daraus, und ein jeder von ihnen erhielt ein Theil. Ueber den Rock aber, der keine Nat hatte, sondern durchaus gewirket war, warfen sie das Loos ᶻ). Sie setzten sich hierauf zum Kreuze, Jesum zu bewachen *). Inzwischen ließ Pilatus eine Tafel oben an das Kreuz heften, auf welcher die Worte: Jesus von Nazareth, der König der Juden, in hebräischer, griechischer und lateinischer Sprache standen ᵃ). Diese Aufschrift, die von vielen gelesen ward, erregte bey den Hohenpriestern eine grosse Unruhe. Sie eilten daher zu dem Pilatus, und baten ihn diese Aufschrift zu ändern, und zu schreiben, daß er gesagt habe: Ich bin der Juden König. Allein Pilatus fertigte sie ganz kurz mit diesen Worten ab: Was ich geschrieben habe, das habe ich geschrieben.

§. 233.

z) Joh. 19, 23-24. Matth. 27, 35-36. Mark. 15, 24. Luk. 23, 34.

*) Die Römer pflegten die Gekreuzigten bewachen zu lassen, um zu verhindern, daß sie von ihren Freunden nicht abgenommen, und begraben würden. Lipsius de cruce lib. 2. cap. 15. 16.

a) Joh. 19, 19-22. Matth. 27, 37. Mark. 15, 26. Luk. 23, 38.

§. 233.

Um die sechste Stunde, nemlich zu eben der Zeit, da Jesus gekreuziget ward, verbarg sich die Sonne, worauf eine schreckliche Finsterniß erfolgte, die sich über den ganzen Erdboden *) verbreitete, und bis um die neunte Stunde, da Jesus seinen Geist aufgab, anhielt b). Während dieser ganzen Zeit mußte er die entsetzlichen Lästerungen und die empfindlichsten Spott- reden, die nicht nur das gemeine Volk, sondern auch die Hohenpriester, die Schriftgelehrten und Aeltesten

gegen

---

*) Origenes glaubt in seiner Erklärung des Evangeli- sten Matthäus, diese Finsterniß habe nur das jüdische Land bedeckt, als welches zuweilen unter den Worten, die ganze Erde angedeutet werde. Und diese Mei- nung ist von Maldonatus, Erasmus, Datablus und vielen andern Auslegern angenommen worden. Aber Chrysostomus, Euthymius, Theophilactus und etliche andere behaupten, es habe sich die obgedachte Finsterniß, wo nicht über die ganze Hälfte, doch we- nigstens über den größten Theil derselben erstrecket. Der Abt Calmet unter dem Artikel Finsterniß. Ob dieses die nemliche Finsterniß gewesen, von welcher Phlegon ein Freygelassener des Kaisers Hadrian re- det, und die nach seinem Zeugnisse so groß gewesen seyn soll, daß man sogar am Mittage die Sterne am Him- mel erblickt, darinn kommen die Gelehrten nicht über- ein. Man kann hievon die Abhandlung nachlesen, die der Abt Calmet von der Finsterniß bey dem Tode Jesu geschrieben, und dasjenige, was der P. Pagi in seiner Kritik auf das Jahr Christi 32. bemerket hat.

b) Matth. 27, 45. Mark. 15, 33. Luk. 23, 44.

Y

J. C.
33.

gegen ihn ausfließen, anhören c). Er übertrug aber alles mit der größten Geduld: er bat seinen himmlischen Vater für die, die ihn beleidigten, und versprach dem einen Schächer *), der ihm zur rechten Seite hing, und seine Lästerungen und seine andere Missethaten herzlich bereuete, daß er noch den nemlichen Tag mit ihm im Paradiese seyn sollte. Er wandte sich hierauf zu seiner in Thränen zerfließenden Mutter, die eben damals mit ihrer Schwester Maria Cleophas **), und mit Maria Magdalena, nebst

c) Matth. 27, 39·50. Mark. 15, 29-37. Luk. 23, 35·46. Joh. 19, 25·30.

*) Von diesem Schächer erzählet das Evangelium von der Kindheit Jesu eine sehr alte aber unächte Schrift, daß das Kind Jesus auf seiner Reise nach Egypten nebst seiner Mutter und seinem Pflegevater auf einen Haufen Räuber gestoßen wäre, welche alle geschlafen hätten, bis auf zween, von welchen der eine diese ganze heilige Gesellschaft hätte tödten wollen, welches aber der andere verhindert hätte. Damals hätte das heilige Kind schon vorgesaget, daß diese beyden Räuber dereinst neben ihm würden gekreuziget werden, und der eine in das Paradies eingehen, der andere aber in die Hölle fahren würde. Es setzet noch hinzu, der erste hätte Titus, und der andere Damachus geheißen. Allein ein jeweder wird leicht urtheilen können, was von Erzählungen, die in erdichteten Büchern vorkommen, zu halten sey.

**) Man hält diese Maria Cleophas für das Eheweib des Cleophas, und für die Mutter Jakobs des Kleinen, Josephs, oder Joses, Simons und Juda, die bey den Evangelisten Brüder Jesu, das ist, seine nächsten Anverwandten genannt werden. Mehrere Nach-

nebſt dem Apoſtel Johannes nicht weit von dem
Kreuze ſtand, und empfahl ihr dieſen ſeinen ſo gelieb=
ten Jünger mit dieſen Worten: Weib, ſiehe, dies
iſt dein Sohn. Nach dieſem empfahl er dieſem
Apoſtel ſeine Mutter, indem er zu ihm ſprach: Siehe,
dies iſt deine Mutter. Und von dieſer Stunde
an nahm ſie Johannes in ſein Haus, und ſchätzte
ſich unendlich glückſelig die Mutter des Herrn zu ſei=
ner Mutter zu haben. Um die neunte Stunde, da
Jeſus ſchon drey Stunden am Kreuze gehangen, und
ſeine innerliche Verlaſſenheit aufs höchſte geſtiegen
war, rief er mit lauter Stimme: Eloi, Eloi,
lama Sabachthani? das iſt: Mein Gott, mein
Gott, warum haſt du mich verlaſſen? Als er
kurz hierauf über Durſt klagte, reichte man ihm unter
den größten Verſpottungen vermittelſt eines an einem
Rohre befeſtigten Schwammes Eſſig *), zum trin=

Y 2   ken,

Nachrichten hievon ſind zu finden in dem bibliſchen
Wörterbuche des Abts Calmet unter dem Artikel
Maria Cleophas.

*) Dieſer Eſſig war aller Wahrſcheinlichkeit nach ein
ſolcher Eſſig, den die Kriegsknechte zu ihrem Tranke
bey ſich hatten. Der Kaiſer Peſcennius Niger gab
einen Befehl, ſeine Soldaten ſollten im Felde nichts
anders, als Eſſig trinken, und der Kaiſer Konſtan=
tin der Groſſe erlaubte den Soldaten, einen Tag um
den andern wechſelweiſe Wein und Eſſig zu trin=
ken. Dieſer Eſſig war aber nicht von derjenigen Art,
den wir zu unſerm Salate und Brühen brauchen;
ſondern es war ein ſchlechter Wein, Namens Peſca
oder Sera, deſſen Zubereitung die Schriftſteller, die
de re ruſtica geſchrieben haben, melden. Er wird
noch

ken, und da er denselben zu sich genommen hatte, sprach er: Es ist vollbracht. Gleich darauf rief er nochmals mit lauter Stimme: Vater, in deine Hände befehle ich meinen Geist. Und als er dieses gesagt hatte, gab er mit geneigtem Haupte den Geist auf.

§. 234.

Auf den Tod Jesu erfolgener, erstaunliche Begebenheiten. Kaum hatte Jesus seinen Geist aufgegeben, so gerieth das ganze Gebäude der Natur in eine außerordentliche Bewegung d). Die Erde fieng an zu zittern und zu beben, die Felsen zerspalteten, der Vorhang *) des Tempels, der das Heiligste von dem Heiligen absönderte, zerriß von oben bis unten aus in zwey Stücke. Die Gräber öffneten sich, und viele Leiber der Heiligen, die entschlafen waren, standen auf, und gingen, nachdem Jesus auferstanden war, aus

noch heut zu Tage sehr stark in Spanien und in Italien in der Erndte getrunken. Man sehe des Abts Calmet biblisches Wörterbuch unter dem Artikel Essig.

d) Matth. 27, 51-53. Mark. 15, 38. Luk. 23, 45.

*) Es befanden sich nach dem Zeugnisse des Josephus 5, 5. vom jüdischen Kriege, in dem Tempel zween Vorhänge, der eine hing vor dem Heiligen, und der andere hing vor dem Heiligsten. Die Schriftausleger sind nicht einig, welcher aus diesen beyden Vorhängen bey dem Tode Jesu zerrissen sey. Man ist aber der Meinung des heiligen Leo gefolget, der in seiner zehnten Rede von dem Leiden des Herrn die Worte des heiligen Evangelisten von dem Vorhange verstehet, der vor dem Heiligsten hing.

aus ihren Gräbern in die heilige Stadt, wo sie vielen erschienen. Der Hauptmann und die Kriegsknechte, die bey ihm waren, und Jesum bewachten, und folglich von einem Theile dieser außerordentlichen Begebenheiten selbst Augenzeugen waren e), geriethen darüber in eine grosse Furcht, und wurden dadurch dergestalt gerühret, daß sie öffentlich bekannten, Jesus sey warlich Gottes Sohn gewesen. Die übrigen Zuschauer wurden größtentheils nicht weniger davon gerühret. Sie schlugen an ihre Brust, und kehrten ganz bestürzt zurücke.

§. 235.

Es war nun nicht viel Zeit bis zum Anbruche des grossen Sabbaths *) mehr übrig f). Die Juden, zu verhindern, daß die Körper der drey Gekreuzigten diesen Tag über nicht an dem Kreuze hengen blieben **), eilten zu dem Pilatus, und baten ihn zu befehlen, daß ihnen die Beine möchten zerbrochen, und ihre Leiber fortgeschaffet werden. Pilatus befahls. Die Kriegsknechte vollzogen auch ohne Anstand diesen Befehl an den zween Missethätern; als sie aber zu Jesu kamen,

Y 3

(margin: Die Seite Jesu wird mit einer Lanze durchstochen.)

(margin top: J. C. 33.)

---

e) Matth. 27, 54 - 56. Mark. 15, 39 - 41. Luk. 23, 47 - 48.

*) Dieser Sabbath ward der Grosse genannt, weil er in die Osterwoche fiel. Kornelius a Lapide über diese Stelle.

f) Joh. 19, 31 - 34.

**) Es war in dem Gesetze ausdrücklich befohlen, daß die Leichname nicht über Nacht am Kreuze sollten gelassen werden. 5 Mos. 21, 22 - 23.

J. C.
33.

kamen, und sahen, daß er schon verschieden sey, bra=
chen sie ihm die Beine nicht; aber Einer *) von ih=
nen stieß ihm seine Lanze in die Seite, worauf so=
gleich Blut und Wasser heraus floß.

§. 236.

Joseph
von Ari=
mathia
nimmt den
Leichnam
Jesu vom
Kreuze ab.

Um diese Zeit ging Joseph von Arimathia,
ein ansehnlicher Rathsherr oder Mitglied des hohen
Raths und heimlicher Jünger Jesu, der nie auf ei=
nige Weise in seine Verurtheilung gewilliget hatte,
ganz unerschrocken zu dem Pilatus und bat ihn um
den Leichnam Jesu g). Pilatus, der es kaum glau=
ben konnte, daß Jesus so geschwinde gestorben seyn
sollte, ließ den Hauptmann kommen, und erkun=
digte sich bey ihm, ob Jesus wirklich verschieden
sey; und da dieser solches bestätigte, so willigte er
ohne fernern Anstand in seine Bitte. Sobald sich Jo=
seph mit Leinwand versehen hatte, begab er sich zum
Kreuze, von dem er mit Beyhülfe **) des Nikode=
mus,

*) Dieser Kriegsknecht wird gemeiniglich Longin ge=
nannt. Man hat viele Erzählungen von dem heili=
gen Longin; allein keine ist, wie der Abt Calmet
sagt, besonders glaubwürdig. Er führet indessen
doch einige Erzählungen von ihm an, die unter dem
Artikel Longin zu finden sind.

g) Matth. 27, 57-60. Mark. 15, 42-47. Luk.
23, 50-56. Joh. 19, 38-42.

**) Die heilige Evangelisten sagen zwar nicht, daß Ni=
kodemus dem Joseph bey Abnehmung des Leich=
nams Christi vom Kreuze geholfen habe, es ist die=
ses jedoch sehr wahrscheinlich, und scheinet eine fast
allgemein angenommene Meinung zu seyn.

mus *), der auch ein heimlicher Jünger war, den heiligen Leib abnahm, und nachdem sie ihn mit einem Vor-
rathe von Myrrhen und Aloe, der sich auf hundert
Pfunde belief, einbalsamiret und nach jüdischem Gebrauche in leinene Tücher gewickelt hatten, legten sie

Y 4   ihn

*) Man hat noch jetzt ein apokryphisches Evangelium
unter dem Namen des Nikodemus, welches in einigen Handschriften den Titel: Gerichtliche Urkunde
des Pilatus führet. Allein es ist unstreitig die
Schrift nicht, welche die Alten unter diesem Titel angeführet haben, und welche Pilatus dem Tiberius
zugeschicket haben soll; sondern es ist ein neues Stück
voller Fabeln und ungereimter Dinge, die nicht die
geringste Aufmerksamkeit verdienen. Zu Ende dieses
falschen Evangelii lieset man folgende Worte, die an sich
schon ein genugsamer Beweis sind, daß es unächt und
untergeschoben ist: Im Namen der heiligen Drey-
einigkeit! Hier endigen sich die gerichtlichen Urkunden von unserm Heilande Jesu Christo, welche
Theodosius der Grosse zu Jerusalem in dem Prä-
torio des Pontius Pilatus, unter den öffentlichen Urkunden gefunden hat, die in dem neunzehnten Jahre des Kaisers Tiberius, im sieben-
zehnten Jahre Herodes, des Sohnes, des Königs über Galiläa, am achten Tage vor den Ka-
lendis des Aprils, welches der drey und zwanzigste des Merzmonates ist, im Jahre der zwey
hundert und andern Olympias, unter den Hohenpriestern Joseph und Kaiphas aufgezeichnet
worden. Nikodemus hat solche in eine Geschichte
verfasset, und nach der Kreuzigung und dem
Leiden des Heilandes in hebräischer Sprache aufgeschrieben. Man sehe des Abts Calmet biblisches
Wörterbuch unter dem Artikel Nicodemus.

J. C.

33.

ihn in ein neues Grab *), welches Joseph für sich
selbst

*) Dies Grab ist eine Art einer kleinen Kammer, die
von innen viereckigt, von dem Boden bis an das Gewölbe acht Fuß und einen Zoll hoch, sechs Fuß und
einen Zoll lang, und funfzehn Fuß und zehn Zoll
breit ist. Die Thür, so sich auf der Morgenseite befindet, ist nur vier Fuß hoch, und etwas über zween
Fuß und vier Zoll breit. Sie wird mit einem Steine
von eben dem Felsen, daraus das Grab bestehet, verschlossen. — Der Ort, wo der Leib unsers Heilandes hingelegt ward, nimmt eine ganze Seite der
Höhle ein. Es ist ein Stein, der zween Fuß und
vier Zoll von der Erde erhaben, fünf Fuß und eilf
Zoll lang, und zween Fuß und acht Zoll breit ist,
und von der östlichen Seite des Grabes bis an dessen
Abendseite reichet. Er ist noch heut zu Tage vorhanden, aber mit einem weißen Marmor ganz überzogen.
Man kann davon die Reisebeschreibung des Paul
Lukas nach Alcinasien im zweyten Theile S. 12.
u. f. nachsehen. Dieser hat den heiligen Ort vielmal
besucht, und macht von seiner heutigen Gestalt eine
richtige Beschreibung. Der Abt Calmet in seinem
biblischen Wörterbuche unter dem Artikel Grab. Der
Kaiser Konstantin erbauete über dieses Grab eine
ungemein prächtige Kirche, davon die Beschreibung
in dem Leben dieses Kaisers, welches uns Eusebius
hinterlassen hat, befindlich ist. Der Anfang zu diesem Baue ward gemacht in dem Jahre Jesu Christi
326. und geendiget im Jahre 335. welches das drey-
ßigste Jahr der Regierung des Konstantin war. Sie
ward den dreyzehnten September dieses nemlichen
Jahres unter den Bürgermeistern Julius Konstan-
tius und Crionius Ruffius Albinus eingeweihet,
wie solches der P. Antonius Pagi in seiner Kritik
bey den angezeigten Jahren bemerket.

J. C.
33.

selbst in einen Felsen hatte hauen lassen, der in einem
Garten nahe bey dem Orte war, wo man Jesum
kurz vorher gekreuziget hatte.   Sie verschlossen hier=
auf das Grab mit einem grossen Steine, den sie da=
vor wälzeten.   Die Weiber, die mit Jesu aus Ga=
liläa gekommen waren, gaben indessen genau Acht,
wohin und auf was Weise der heilige Leib begraben
wurde.   Sie kehreten hierauf wieder zurück, und
nachdem sie Specerey und Salben bereitet hatten,
hielten sie sich den Sabbath über nach dem Gesetze
stille.   Maria Magdalena, und die andere Ma=
ria, nemlich Jakobs und Josephs Mutter blieben
aber noch einige Zeit im Garten, und setzten sich dem
Grabe gegen über.

§. 237.

Des andern Tages, der nach dem Rüstage folget,
nemlich am Sabbath gingen die Hohenpriester und die
Pharisäer zu dem Pilatus und berichteten ihn, daß
sich Jesus, den sie den Verführer nannten, als er
noch gelebet, habe verlauten lassen, daß er nach dreyen
Tagen wieder auferstehen werde [h].   Sie baten ihn
zugleich, den Befehl zu ertheilen, daß sein Grab bis
auf den dritten Tag bewachet würde, damit seine Jün=
ger ihn nicht etwa bey der Nacht stehlen, und her=
nach vorgeben möchten, er sey wirklich von den Tod=
ten erstanden; denn so, sagten sie, würde der letzte
Betrug ärger seyn, als der erste.   Pilatus bewil=
ligte, was sie begehrten, und setzte noch dieses hinzu:
Gehet hin, und bewahret es, wie ihr wisset.

Die Ho=
henpriester
besetzen
das Grab
Jesu mit
einer Wa=
che.

Y 5   Sie

[h] Matth. 27, 62-66.

J. C.
33.

Sie gingen demnach hin, besetzten das Grab mit der erhaltenen Wache, und versiegelten den Stein, den Joseph davor gewälzet hatte.

§. 238.

Jesus stehet von de. Todten auf.

Doch alle Mühe, die sie anwandten, dasjeni₁e zu verhindern, was Jesus Christus, als er noch lebte, vorgesagt hatte, war umsonst und vergebens. Denn am ersten Tage nach dem Sabbathe, welches der erste Tag in der Woche, oder unser Sonntag war, stand Jesus bald früh siegreich von den Todten auf, und durchdrang den Stein, der ihn verschlossen halten sollte, ohne ihn zu verletzen. Die Erde fieng hierauf an, sich sehr heftig zu erschüttern [i]). Ein Engel, dessen Angesicht wie der Blitz glänzete, und dessen Kleid so weiß wie der Schnee war, fuhr von dem Himmel herab, warf den Stein vom Grabe hinweg, und setzte sich auf denselben. Sein Anblick setzte die wachthabenden Kriegsknechte in ein solches Schrecken, daß sie wie die Todten erblaßten, und darauf die Flucht nahmen.

§. 239.

Magdalena kömt vor Tage zum Grabe.

Indessen näherten sich Maria Magdalena, Maria, Jakobs Mutter, und Salome *) dem Grabe [k]). Maria Magdalena und Maria Jakobs Mutter waren schon des Tages zuvor, als der Sabbath zu Ende ging, und der Sonntag eintreten wollte,

i) Matth. 28, 2-4.

*) Salome war des Zebedäus Eheweib, und die Mutter Jakobs des Größern, und des Johannes.

k) Mark. 16, 2.

wollte, bey dem Grabe gewesen, dasselbe in Augen=
schein zu nehmen [1]). Sie hatten hierauf, nachdem
sich der Sabbath völlig geendiget hatte, in Beglei=
tung der Salome einen ansehnlichen Vorrath von
Specereyen eingekaufet [m]), den Leichnam ihres heili=
gen Lehrers einzubalsamiren, woran sie am Tage sei=
nes Begräbnisses waren gehindert worden.   Als sie
nun auf dem Wege waren, dieses heilige Geschäft, so=
bald Johanna mit den andern Weibern würde ge=
kommen seyn, vorzunehmen, so geriethen sie in eine
nicht geringe Unruhe wegen des grossen Steines, mit
welchem Joseph das Grab verschlossen hatte, indem
sie nicht wußten, wer ihnen diesen Stein wegwälzen
würde.   Sie erstaunten aber, als sie in einer gewissen
Entfernung vermittelst des Mondlichtes das Grab schon
geöffnet erblickten [n]). Magdalena verließ sogleich
ihre Gesellschaft, und eilte dahin, zu sehen, was vorge=
gangen sey [o]). Aber welch ein Schlag war es nicht für
ihr liebendes Herz, als sie den Leib ihres göttlichen Mei=
sters in demselben nicht mehr fand.   Vor Leidwesen
ganz außer sich kehrte sie zu ihren Gefährtinnen wieder
zurück, und erzählte ihnen, was sie gesehen hatte.
Vermuthlich rieth sie ihnen, sich wieder nach Hause
zu begeben, bis sie ihnen weitere Nachricht würde er=
theilet haben; sie aber eilete [p]) zu dem Petrus und
zu dem Johannes, denen sie, sobald sie sie erblickte,

Kla=

---

l) Matth. 28, 1.
m) Mark. 16, 1.
n) Mark. 16, 3 - 4.
o) Joh. 20, 1.
p) Joh. 20, 2.

J. C.
33.

klagend zurief: Sie haben den Herrn aus dem Grabe hinweggenommen; und wir wissen nicht, wo sie ihn hingeleget haben.

§. 240.

Petrus und Johannes laufen zum Grabe.

Kaum hatten Petrus und Johannes diese traurige Nachricht vernommen, so verließen sie Jerusalem, und begaben sich zum Grabe q). Beyde liefen. Johannes aber, da er schneller laufen konnte, langte zuerst bey demselben an, doch ging er nicht in dasselbe, sondern sah nur hinein, und betrachtete die zurückgelassenen Tücher. Petrus, der später kam, ging in das Grab hinein, und sah außer den leinenen Tüchern, die Johannes gesehen hatte, auch das Tuch, womit das Haupt bedeckt gewesen, zusammengewickelt an einem besondern Orte liegen. Johannes folgte dem Petrus ins Grab, und sah das nemliche. Er glaubte nun gewiß, weil sie die Schrift noch nicht wußten, daß der Leib seines Herrn, wie Magdalena gesagt hatte, müsse seyn hinweggenommen worden. Sie kehreten daher ganz betrübt nach Jerusalem zurück.

§. 241.

Jesus erscheinet der Maria Magdalena.

Maria Magdalena, die diesen zween Jüngern nach dem Grabe gefolget war, kehrete mit ihnen nicht nach der Stadt zurück, sondern blieb bey demselben r), und zerfloß ganz in Thränen, weil sie nicht wußte, wo sie den Leib Jesu finden sollte. Indem sie so weinete, sah sie, sich bückend noch einmal in das Grab, und damals erblick-

q) Joh. 20, 3 - 10.
r) Joh. 20, 11 - 17.

erblickte sie zween Engel in weißen Kleidern an dem
Orte, wo Jesu Leichnam gelegen hatte, den einen
zum Haupte, und den andern zu den Füßen sitzend,
die sie fragten, warum sie weine? Sie antwortete:
Darum, daß sie meinen Herrn haben hinweggenommen; und ich weiß nicht, wo sie ihn
hingeleget haben. In dem Augenblicke, da sie
dies sagte, hörete sie ein Geräusch hinter sich. Sie
wandte sich um, und sah Jesum, ohne ihn doch zu
kennen. Er fragte sie, warum sie weine, und wen
sie suche? Sie, in der Meinung, daß es der Gärt-
ner sey, erwiederte: Herr, hast du ihn hinweg-
getragen, so sage mir, wo hast du ihn hingeleget? so will ich ihn holen. Sie war schon im
Begriff, weiter zu gehen. Allein Jesus sprach zu
ihr: Maria! Jetzt erkannte sie auf einmal, daß sie
denjenigen gefunden, den ihre Seele liebte. Sie
wandte sich den Augenblick wieder um, und rief vor
Freude ganz entzückt: Rabboni, das heißt, Meister. Sie sank zu gleicher Zeit unter den zärtlichsten
Bewegungen ihres Herzens zu seinen Füßen nieder,
und wollte sie umpfangen. Jesus sprach aber zu ihr:
Rühre mich nicht an, denn ich bin noch nicht
zu meinem Vater aufgefahren. Geh aber hin
zu meinen Brüdern, so nannte er seine Jünger,
und sage ihnen: Ich fahre auf zu meinem Vater, und zu eurem Vater, zu meinem Gott,
und zu eurem Gott. Nachdem Jesus dieses gesagt hatte, verschwand er aus ihren Augen. Magdalena eilete sogleich zu den Jüngern*), die sie

*) Joh. 20, 18. Mark. 16, 10-11.

in

in grosser Traurigkeit fand, und erzählete ihnen, was Jesus gesagt hatte. Doch sie fand keinen Beyfall; denn da diese höreten, daß Jesus lebe, und von ihr sey gesehen worden, so glaubten sie es nicht.

§. 242.

Es war noch sehr früh, als sich Magdalena von dem Grabe entfernet, den Jüngern das zu erzählen, was sie gesehen und gehöret hatte. Sie hatte noch nicht lange das Grab verlassen, als sich Johanna *) mit ihren Gefährtinnen, wie sie es mit Magdalena und ihrer Gesellschaft verabredet hatte, bey demselben einfand '), die Einbalsamirung des Leichnams Jesu vorzunehmen, zu welchem Ende sie einen grossen Vorrath von Specereyen mit sich genommen hatten. Sie sahen aber eben so, wie jene, daß der Stein vom Grabe gewälzet sey. Sie gingen hinein, und geriethen in eine außerordentliche Bestürzung, da sie den, den sie suchten, nicht fanden. Indem sie so bestürzt da standen, sahen sie zween Männer in glänzenden Kleidern neben sich stehen. Dieser unvermuthete Anblick setzte sie in ein neues Schrecken. Sie schlugen ihre Augen zur Erde. In dieser Stellung redeten die Engel sie also an: Was suchet ihr den Lebendigen bey den Todten? Er ist nicht hier, sondern er ist auferstanden. Gedenket daran, wie er euch sagte, da er

*) Dies war die Ehefrau des Chusa, der bey dem Herodes Haushofmeister war. Sie war damals vermuthlich eine Wittwe.

t) Luk. 24, 1-9.

er noch in Galilda war, und sprach: Des
Menschen Sohn muß in die Hände der Sünder überliefert, und gekreuziget werden, und
am dritten Tage wieder auferstehen. Hier errinnerten sich die frommen Frauen an diese Worte.
Als sie vom Grabe wieder zurückkamen, erzählten sie
alles dieses den Eilfen und allen übrigen Jüngern,
die sie, wie es scheint, beysammen fanden.

§. 243.

Maria, Jakobs Mutter, und Salome, ihre
Gefährtinn hatten bisher auf die Rückkunft der Magdalena vergebens gewartet, die, wie es das Ansehen
hat, noch immer beschäftiget war, die Jünger von
der Wahrheit der Auferstehung ihres Meisters zu überzeugen.   Ungewiß, wenn sie zurückkommen würde,
verließen sie, da die Sonne schon aufgegangen war u),
den Ort ihres Aufenthalts, und kamen zum Grabe,
welches sie, wie sie es schon einige Zeit zuvor vermittelst des Mondlichtes bemerket hatten, offen fanden.   Sie gingen in dasselbe w), und wurden un-
vermuthet eines Jünglings gewahr, der in einem
langen weißen Kleide zur rechten Hand saß. Seine
Gegenwart verursachte bey ihnen Entsetzen. Allein
er tröstete sie. Entsetzet euch nicht, sprach er zu
ihnen, Ihr suchet Jesum von Nazareth, den
Gekreuzigten; er ist auferstanden, und ist
nicht hier. Sehet da die Stätte, wo sie ihn
hinlegten. Gehet aber hin, und sagets seinen
                                        Jün-

(margin top right) J. C.
33.

(margin right) Maria, Jakobs Mutter und ihre Gesellinn kommen nach Son- nenauf- gange zum Grabe.

u) Mark. 16, 2.

w) Mark. 16, 5-8. Matth. 28, 58.

Jüngern und dem Petrus, daß er vor euch hingehe in Galiläa; da werdet ihr ihn sehen, wie er euch gesagt hat. Die frommen Frauen befolgten sogleich den Befehl dieses Engels, verließen das Grab, und flohen von demselben; denn es hatte sie eine grosse Furcht eingenommen, die jedoch mit einer außerordentlichen Freude vermischet war.

§. 244.

Jesus erscheinet diesen frommen Frauen.

Als die heiligen Frauen auf dem Wege begriffen waren, dem Befehle des Engels zufolge, den Jüngern dasjenige zu verkündigen, was sie von ihm gehöret hatten, war ihre Furcht so groß, daß sie sich mit niemand zu reden getraueten x). Jesus, der sie ihrer Furcht nicht länger überlassen wollte, kam ihnen entgegen und grüssete sie y). Sie kannten ihn gleich, näherten sich seinen heiligen Füßen, umpfiengen sie, und beteten ihn an. Indem sie dieses thaten, sprach er zu ihnen: Fürchtet euch nicht; gehet hin, und verkündiget es meinen Brüdern, daß sie in Galiläam gehen, daselbst werden sie mich sehen. Sobald sich Jesus ihren Augen entzogen hatte, setzten sie ihren Weg nach Jerusalem fort, und verkündigten den Eilfen und allen Jüngern z), was Jesus und der Engel ihnen befohlen hatten. Allein sie fanden bey denselben eben so wenig, als die andern Frauen, nemlich Maria Magdalena, Johanna und ihre Gesellinnen, die ihnen schon vorher die Auf-

erste

x) Mark. 16, 8.
y) Matth. 28, 9-10.
z) Luk. 24, 8-12.

erstehung ihres Herrn bekannt gemacht hatten, Bey=
fall; denn die Erzählungen von ihnen allen kamen je=
nen nicht anders als Mährchen vor.   Petrus stand
jedoch auf diese letzte Nachricht auf, und lief noch ein=
mal zum Grabe, er ging aber nicht, wie das erstemal
hinein, sondern betrachtete nur, indem er hineinsah, die
leinenen Tücher, die allein lagen, und kehrete hierauf
voll Verwunderung zurück *).

§. 245.

Die Ho=
henpriester
bestechen
die Kriegs=
knechte, die
bey dem
Grabe die
Wacht ge=
habt, mit
Gelde.

Nachdem Maria, Jakobs Mutter, und Sa=
lome, ihre Gefährtinn, das Grab verlassen hatten, ka=
men einige von den Kriegsknechten, die dasselbe bewachet,
und sich nun wieder von ihrem Schrecken erholet hatten,
in die Stadt, und erzähleten den Hohenpriestern alles,
was sich zugetragen hatte a). Ihre Nachricht setzte die=
selben

*) Wir halten es für Pflicht hier anzumerken, daß wir
bey Erzählung der Besuche, die die heiligen Weiber
bey dem Grabe Jesu abgeleget, und der Erscheinun=
gen der Engel und des Heilandes, die sie gehabt ha=
ben, der Ordnung gefolget sind, die der Verfasser
des betrachteten Evangeliums dabey beobachtet
hat. Niemand hat, unserm Vermuthen nach, die
Erzählungen der vier Evangelisten von diesen Bege=
benheiten glücklicher zu vereinigen gewußt, als eben
dieser gottselige Schriftsteller. Sollten unsere geehr=
ten Leser einer andern Meinung seyn, so verweisen
wir Dieselben auf die Anmerkungen, die dieser seinen
Betrachtungen beygefüget hat, und glauben gewiß,
daß Sie, nachdem Sie sie aufmerksam werden gelesen
haben, ihm ihren völligen Beyfall schenken werden.

a) Matth. 28, 11-15.

selben in eine außerordentliche Bestürzung. Sie ver=
sammleten sich sogleich mit den Aeltesten des Volks,
und berathschlagten sich, was nun bey so bedenklichen
Umständen zu thun sey. Es ward endlich der verab=
scheuungswürdige Entschluß gefasset, den Wächtern
eine ansehnliche Summe Geldes zuzustellen, damit sie
bey dem Volke vorgeben möchten, daß die Jünger
Jesu, als sie eben geschlafen, gekommen wären, und
seinen Leib weggenommen hätten. Die Kriegsknechte
nahmen auf die Versicherung, daß sie sich von Seiten
des Pilatus nichts sollten zu befürchten haben, das
Geld an, und thaten, wie man sie unterrichtet hatte.

§. 246.

Noch an dem nemlichen Tage gingen zween von
den Jüngern Jesu nach einem von Jerusalem sech=
zig Stadien weit entfernten Flecken, Namens Em=
maus *). Sie unterhielten sich unterweges mit den
Dingen, die sich seit drey Tagen zugetragen hatten, und
waren eben in ihrem Gespräche ganz vertieft, als sie
Jesum in der Gestalt eines Reisenden erblickten b).
Er gesellete sich gleich zu ihnen, und fragte sie, seiner
Gewohnheit nach, auf eine sehr einnehmende Art, was
sie denn für ein Gespräch mit einander führeten, und
warum sie so traurig wären? Kleophas **), so nannte
sich

*) Dieser Flecken Emmaus, der sechzig Stadien, oder
fast zwo deutsche Meilen von Jerusalem lag, darf
nicht mit der Stadt gleiches Namens, die weiter hin
nach Joppe zu gelegen, und nach der Zeit den Na=
men Nikopolis erhalten hat, verwechselt werden.

b) Luk. 24, 13 - 24. Mark. 16, 12.

**) Ob dieser Kleophas der Mann von der Maria Kleo=
phas

sich der eine Jünger, verwunderte sich sehr über diese
Frage, und antwortete: Bist du allein so fremd zu
Jerusalem, daß du nicht weißt, was in diesen
Tagen darinn geschehen ist? Was denn? erwiederte Jesus.   Mit Jesu von Nazareth, sprachen
sie, welcher ein Prophet war, mächtig in Thaten und in Worten, vor Gott und allem Volke;
wie ihn unsere Hohenpriester und Obersten zur
Verdammniß des Todes überliefert und gekreuziget haben.   Wir hofften zwar, fuhren sie fort,
er sollte Israel erlösen: nun ist aber heute schon
der dritte Tag, daß solches geschehen ist.   Es
haben uns auch etliche Weiber von den Unsrigen erschreckt, die sehr frühe bey dem Grabe
gewesen sind. Und da sie seinen Leib nicht fanden, sind sie gekommen, und sagten, sie hätten
ein Gesicht der Engel gesehen, welche sagten,
er lebe.   Und etliche unter uns gingen zum

Z 2   Grabe

phas gewesen, ist ungewiß; noch ungewisser ist, wer
der andere Jünger gewesen. Gregorius Magnus in
Job. l. 1. c. 1. glaubt, es sey der heilige Lukas gewesen. Origenes in Jerem. homil. 19. und Basilius
in Isai. V. nennen ihn Simon. Epiphanius vermuthet, es sey Nathanael gewesen. Ambrosius in Apo-
logia Dav. l. 1. c. 8. & in Luc. XII. c. 12. und andere legen ihm den Namen Emmaus bey.   Eben so
wird er in einer sehr alten Handschrift der Evangelien
genannt, welche zu Corbie aufbehalten wird, wie solches der Abt Calmet in seinem biblischen Wörterbuche
bezeuget.   Das wahrscheinlichste ist, daß er einer von
den siebenzig Jüngern gewesen, dessen Name aber unbekannt geblieben ist.

Grabe hin, und fandens so, wie die Weiber sagten, aber ihn fanden sie nicht.

§. 247.

Jesus giebt sich ihnen zu erkennen.

Jesus ließ sie nicht weiter reden, sondern verwies ihnen jetzt mit harten Worten ihren Unglauben, und zeigte ihnen hernach weitläufig aus der Schrift, daß Jesus alles dieses habe leiden müssen, und also in seine Herrlichkeit eingehen e). Indessen kamen sie nahe zum Flecken, und Jesus stellete sich *), als wenn er weiter gehen wollte. Kleophas aber, und sein Gefährte, deren Herzen durch das Gespräch, welches Jesus mit ihnen auf dem Wege geführet hatte, ganz entzündet waren, nöthigten ihn, daß er doch bey ihnen bleiben möchte, indem es wolle Abend werden, und der Tag sich schon geneiget habe. Er erhörte ihre Bitte, und ging mit ihnen hinein. Als er mit ihnen zu Tische saß, nahm er das Brod, segnete es, und nachdem er es gebrochen hatte, gab er es ihnen. In dem Augenblicke öffneten sich ihre Augen, und sie erkannten, daß ihr Gast

---

e) Luk. 24, 25-35.

*) Diese Verstellung ist keine von denen, die der Aufrichtigkeit zuwieder sind. Er erschien ihnen als ein Reisender; er thut hier weiter nichts, als daß er dieselbe Person vorstellet. Er thut gegen sie, als wenn er weiter zu gehen gehabt, und sich zu Emmaus nicht hätte aufhalten wollen. Und er würde sie auch wirklich verlassen, und sich nicht aufgehalten haben, wenn sie ihn nicht inständig gebeten, und dadurch sowol ihre Liebe, als ihr Verlangen im Glauben unterrichtet zu werden, gegen ihn an den Tag geleget hätten. Der Verfasser des betrachteten Evangeliums.

Gaſt Jeſus Chriſtus ſey; aber er verſchwand ſogleich J. C.
aus ihren Augen.   Nun war es ihnen nicht möglich
länger zu Emmaus zu bleiben.   Begierig die andern 33.
Jünger ihrer Freude theilhaftig zu machen, verließen
ſie eilends den Flecken, und kehreten wieder nach Jeruſalem zurück.   Hier fanden ſie die Eilfe *) und die andern Jünger Jeſu bey einander verſammlet, von denen gleich einige ihnen entgegen riefen: **Der Herr iſt
wahrhaftig auferſtanden, und dem Simon er-
ſchienen** **).   Kleophas und ſein Gefährte erzählten hierauf vor der ganzen Geſellſchaft, was auch ihnen,
da ſie ſich auf dem Wege befanden, begegnet ſey, und
wie ſie Jeſum am Brodbrechen erkannt hätten.   Manche von den Jüngern wurden durch dieſe Erzählung
im Glauben ſehr geſtärket, die Hartnäckigkeit anderer
aber war ſo groß, daß ſie in ihrem Unglauben ver-
blieben d).

§. 248.

Indem die Eilfe und die andern Jünger ſich noch   Jeſus
von den tröſtlichen Begebenheiten, die ſich an dieſem erſcheinet
Tage zugetragen hatten, mit einander unterhielten,   den verſtand Jeſus mitten unter ihnen, und ſprach: Der   ſammleten
Friede ſey mit euch: ich bin es, fürchtet euch   Jüngern.

                    Z 3   nicht

*) So wurden die Apoſtel genannt, auch wenn ſie nicht
   alle eilfe beyſammen waren; denn Thomas, die eilfte
   Perſon war abweſend.

**) Dieſer Erſcheinung thut der heilige Apoſtel Paulus
   1 Korinth. 15, 5. Meldung. Bey was für einer
   Gelegenheit Petrus dieſelbe gehabt, ſolches iſt unbekannt, indem weder Paulus noch die Evangeliſten
   uns Nachricht davon ertheilen.

d) Mark. 16, 13.

J. C.
33.

nicht ᵉ). Diese unvermuthete Erscheinung setzte sie alle in ein außerordentliches Schrecken. Sie waren ganz außer sich; denn weil die Thüren aus Furcht vor den Juden verschlossen waren, so glaubten sie einen Geist zu sehen. Jesus, sie aus diesem Irrthume zu führen, sprach zu ihnen: Was seyd ihr so erschrocken? und warum kommen solche Gedanken in eure Herzen? Sehet meine Hände und meine Füße: Ich bin es selbst; fühlet mich und sehet: denn ein Geist hat nicht Fleisch und Beine, wie ihr sehet, daß ich habe. Nachdem er dieses gesagt hatte, zeigete er ihnen seine Hände, seine Füße und seine Seite. Die Freude und das Erstaunen der Jünger über das, was sie sahen und höreten, war so groß, daß sie noch nicht recht glaubten. Jesus, der nichts unterlassen wollte, um sie vollkommen von der Wahrheit seiner Auferstehung zu überzeugen, fragte sie, ob sie nichts zu essen hätten? Sie legten ihm ein Stück von einem gebratenen Fische vor, und Honigseim. Er aß davon, und gab ihnen das übrige zurück. Er wünschte ihnen hierauf noch einmal den Frieden, und sprach zu ihnen: Nehmet hin den heiligen Geist; Welchen ihr die Sünden vergebet, denen sind sie vergeben; und welchen ihr sie behaltet, denen sind sie behalten. Hierauf verschwand er vor ihren Augen.

§. 249.

Jesus
erscheinet
den Jün=
gern zum
andernma=

Thomas, einer von den Zwölfen, der auch Didymus, das ist, Zwilling genannt wird, war bey dieser Erscheinung nicht zugegen ᶠ). Kaum war er aber

zu

e) Luk. 24, 36-43. Joh. 20, 19-23.
f) Joh. 20, 24-29.

zu den Uebrigen gekommen, so erzählten sie ihm mit
grosser Freude, daß sie den Herrn gesehen hätten. Allein Thomas war viel zu ungläubig, als daß er ihren
Worten gleich hätte Beyfall geben sollen.   Ja er erklärte sich ganz kurz, daß er es auch nicht thun würde,
es sey denn, daß er selbst die Nägelmale in seinen Händen sehe, und seine Finger in die Nägelmale, und seine
Hand in seine Seite lege.   Der liebvolle Heiland, der
diesen Apostel nicht allein in seinem Unglauben lassen
wollte, erschien acht Tage hernach seinen Jüngern nochmals bey verschlossenen Thüren, als sie sich eben wieder an dem Orte befanden, wo sie sich an dem Tage
seiner Auferstehung versammlet hatten.   Nachdem er
sie, wie das vorigemal mit den Worten: Der Friede
sey mit euch, angeredet hatte, so wandte er sich zu
dem Thomas, und sprach zu ihm: reiche deinen
Finger her, und siehe meine Hände; und reiche
deine Hand her, und lege sie in meine Seite; und
sey nicht ungläubig, sondern gläubig. Thomas,
in dem Augenblicke ein ganz anderer Mensch, rief:
Mein Herr, und mein Gott! Jesus gab ihm einen
gelinden Verweis und sprach: Weil du mich gesehen hast, Thoma, glaubest du. Selig sind,
die nicht sehen, und dennoch glauben.

le, und be-
straft den
Unglauben
des Tho-
mas.

§. 250.

Bald nach diesen erfreulichen Begebenheiten verließen die Jünger die Stadt Jerusalem, und begaben sich wieder nach Galiläa, wie ihnen war befohlen worden.   Jesus erschien einigen von ihnen hier
auf ein neues, und zwar bey dem tiberiadischen

Jesus
offenbaret
sich eini-
gen Jün-
gern am
See Ti-
berias.

Z 4   Meere.

Meere g). Die Erscheinung trug sich also zu: Simon Petrus, und Thomas, Nathanael von Kana in Galiläa, die Söhne des Zebedäus und zween andere Jünger von Jesu waren eben beysammen. Petrus sprach: Ich will hin fischen gehen. Wir gehen mit, sagten die andern. Sie gingen hinaus, traten in das Schiff, und warfen das Netz aus. Allein sie waren so unglücklich, daß sie die ganze Nacht nichts fiengen. Als es Tag war, stand Jesus am Ufer, ohne daß ihn die Jünger erkannten, und rief ihnen zu: Kinder, habt ihr nichts zu essen? Sie riefen zurück: Nein. Werfet, erwiederte Jesus, das Netz zur Rechten des Schiffes, so werdet ihr finden. Sie thatens, und das Garn ward dergestalt mit Fischen angefüllet, daß sie es nicht mehr ziehen konnten. Nun erkannte der Jünger, den Jesus liebte, daß es der Herr sey. Er sagte es dem Petrus. Kaum hatte dieser solches gehöret, so gürtete er eilends sein Kleid um sich; denn er war nackend *), warf sich ins Meer, und schwamm nach dem Gestade, damit er nur um so geschwinder zu seinem Herrn und Meister gelangen möchte. Die andern Jünger fuhren aber mit dem Schiffe an das Land, von dem sie nur ohngefär zwey hundert Ellen entfernet waren, und zogen das Netz mit den Fischen hinter dem Schiffe her.

§. 251.

Als sie ans Land traten, sahen sie glüende Kohlen, auf welchen ein Fisch lag, und

g) Joh. 21, 1-8. Brod.

*) Er hatte nur sein Unterkleid an. Man vergleiche damit 1 Buch der Kön. 19, 24. 2 Buch der Kön. 6, 20. Apostelgeschichte 19, 16.

Brod h). Jesus befahl ihnen von den Fischen, die sie erst gefangen hatten, herbeyzubringen. Petrus stieg, diesem Befehl zufolge ins Schiff, und zog mit Beyhülfe der andern das Netz völlig ans Land, ohne daß es zerriß, ob sich gleich hundert und drey und funfzig große Fische in demselben befanden. Jesus lud sie hierauf zu einem Mahle ein, wobey er mit eigenen Händen das Brod und die Fische austheilete. Die Jünger waren jetzt so gewiß von der Vortrefflichkeit ihres Wirthes überzeuget, daß keiner ihn fragen durfte: Wer bist du? Denn sie wußten, daß es der Herr war. Und dies war das drittemal, daß Jesus, nachdem er von den Todten erstanden, seinen Jüngern erschien.

§. 252.

Nachdem sie das Mahl genossen, wandte sich Jesus zu dem Simon Petrus, und fragte ihn, ob er ihn mehr liebe, als ihn die andern Jünger liebten i)? Ja, Herr, antwortete Petrus, du weißt, daß ich dich lieb habe. Jesus sprach zu ihm: Weide meine Lämmer. Bald hierauf fragte er ihn wieder mit diesen Worten: Simon Johannis, hast du mich lieb? Ja, Herr, war die Antwort des Petrus, du weißt, daß ich dich lieb habe. Weide meine Lämmer, antwortete auch jetzt Jesus; doch als wäre er noch nicht zufrieden mit des Petrus Antwort, fragte er ihn nun zum drittenmale: Simon Johannis, hast du mich lieb? Petrus ganz betrübt, daß Jesus ihn zum drittenmale fragte: Hast du mich lieb? erwiederte: Herr, du weißt alle Dinge, du weißt,

J. C. 33.

Jesus erhebet den Petrus zum Haupte seiner Kirche.

Z 5   daß

h) Joh. 21, 9-14.
i) Joh. 21, 15-17.

J. C.
33.

daß ich dich lieb habe. Hier sprach Jesus: Weide meine Schafe. Und hiemit machte er ihn zum allgemeinen Hirten seiner Heerde, und zum Oberhaupte seiner Kirche.

§. 253.

Jesus
sagt dem
Petrus
die Art seines Todes
vor.

Weil aber Jesus dem Petrus weiter zu verstehen geben wollte, mit welchem Tode er dereinst Gott verherrlichen würde, so sprach er zu ihm: Warlich, warlich, ich sage dir: Da du jünger warest, gürtetest du dich selbst, und gingest, wohin du wolltest; wenn du aber wirst alt werden, so wirst du deine Hände ausstrecken, und ein anderer wird dich gürten, und führen, wohin du nicht willst k). Nachdem Jesus dieses gesagt hatte, sprach er zu ihm: Folge mir nach. Petrus thats. Als er sich aber umwandte, und den Jünger sah nachfolgen, welchen Jesus liebte, der auch an seiner Brust beym Abendessen gelegen, und gesagt hatte: Herr, wer ists, der dich verrathen wird? so fragte er Jesum, was denn dieser zu gewarten hätte? Jesus strafte ihn wegen seines Vorwitzes und sprach: Wenn ich will, daß er bleibe, bis ich komme, was gehet das dich an? Folge du mir nach. Hierauf verbreitete sich ein Gerücht unter den Jüngern, daß Johannes nicht sterben würde. Dies wollte aber der göttliche Heiland nicht andeuten, wie solches die Erfahrniß genug bewiesen hat.

§. 254.

Jesus
zeiget sich
seinen

Einige Zeit hierauf zeigte sich Jesus allen Eilfen l), als sie sich in Galiläa auf dem ihnen bestimmten

k) Joh 21, 18-23.
l) Matth. 28, 16-20.

ten Berge mit mehr, als fünf hundert Brüdern versammlet hatten ᵐ). Sobald sie ihn sahen, beteten sie ihn an; auch jene, welche zuvor daran gezweifelt hatten *). Jesus trat ganz nahe zu ihnen, und verkündigte ihnen, daß ihm alle Gewalt gegeben worden im Himmel und auf Erden. Er befahl ihnen, sich in der ganzen Welt auszubreiten, alle Völker zu unterrichten, sie im Namen des Vaters, und des Sohnes, und des heiligen Geistes zu taufen; und sie zu lehren, alles das zu halten, was er ihnen befohlen habe. Er gab ihnen endlich die tröstliche Verheißung, daß er bey ihnen bis an der Welt Ende verbleiben werde.

§. 255.

Als endlich der vierzigste Tag ⁿ) nach seiner siegreichen Auferstehung herbeygekommen war, an welchem Tage er die Welt zu verlassen beschlossen hatte, um zu seinem Vater, der ihn gesandt hatte, wieder zurück zu kehren, so erschien er seinen Aposteln zu Jerusalem zum letztenmale, da sie eben alle Eilfe bey Tische saßen ᵒ). Er verwies ihnen ihren Unglauben, und die Härte ihres Herzens, daß sie denen nicht geglaubt, die ihn nach seiner Auferstehung gesehen hatten. Alles, was vorgegangen, sagte er zu ihnen, habe so geschehen müssen, damit die Schrift erfüllet würde. Er eröffnete ihnen den Verstand derselben ᵖ). Er befahl ihnen, in seinem Namen die Buße und Vergebung der Sünden zu predigen,

J. C.
33.
Jüngern auf einem Berge.

Jesus erscheinet den Eilfen zum letztenmale.

m) 1 Korinth. 15, 6.
*) Man sehe des hochwürdigen Herrn Salzmann Uebersetzung und Anmerkung.
n) Apostelgeschichte 1, 3.
o) Mark. 16, 14.
p) Luk. 24, 44-47.

digen, und damit zu Jerusalem den Anfang zu ma=
chen. Er wiederholete noch einmal den Befehl, das
Evangelium in der ganzen Welt zu verkündigen, wo=
bey er sie versicherte, daß derjenige, der glaube und ge=
tauft sey, werde selig werden, wer aber nicht glaube,
der werde verdammet werden.[q]. Die Zeichen aber,
die denen folgen würden, welche glaubten, wären diese:
In seinem Namen würden sie Teufel austreiben: sie
würden mit neuen Zungen reden: die Schlangen wür=
den sie vertreiben: tödtliche Getränke würden ihnen
nichts schaden, und wenn sie ihre Hände auf die Kran=
ken legen würden, so würde es mit ihnen besser werden.
Er befahl ihnen ferner, zu Jerusalem zu verbleiben[r],
bis sie den heiligen Geist, den er ihnen zu senden ver=
sprach, würden empfangen haben, und mit der Kraft
aus der Höhe würden angethan worden seyn. Johan=
nes, sagte er, hat mit Wasser getauft, ihr aber
sollet nicht lange nach diesen Tagen mit dem
heiligen Geiste getaufet werden[s].

§. 256.

Nachdem der göttliche Heiland seine Jünger so wohl
unterrichtet hatte, führete er sie zur Stadt hinaus in
eine Gegend auf dem Oelberge, die nicht weit von Be=
thanien entfernet lag[t]. Hier fragten ihn die, die zu=
sammen gekommen waren[*], ob er in dieser Zeit das
Reich

q) Mark. 16, 15-18.
r) Luk. 24, 49.
s) Apostelgesch. 1, 5.
t) Luk. 24, 50.
*) Diese Worte scheinen anzudeuten, daß außer den Apo=
steln, die eigentlich diese Frage von dem Reiche Israel
an

Reich Israel wieder aufrichten würde? Er antwortete ihnen: Es gebühret euch nicht zu wissen die Zeit und die Stunde, welche der Vater seiner Macht vorbehalten hat; Sondern ihr werdet die Kraft des heiligen Geistes empfangen, welcher auf euch kommen wird; und werdet meine Zeugen seyn zu Jerusalem, und in ganz Judäa und Samaria, und bis an das Ende der Erde ^u). Als er dieses gesagt hatte ^w), hob er seine Hände auf, und segnete sie. Indem er dieses that, schied er von ihnen, und fuhr auf einer Wolke, die ihn aufnahm, gleich als auf einem prächtigen Triumphswagen gegen Himmel, wohin ihn unzählige Schaaren himmlischer Geister begleiteten. Die Jünger thaten mit ihren Augen das nemliche, so lange sie nur immer konnten, und beteten ihn an. Auf einmal erblickten sie aber zween Männer in weißen Kleidern, die sie also anredeten: Ihr Männer von Galiläa, was stehet ihr, und sehet nach dem Himmel? Dieser Jesus, welcher von euch aufgenommen ist in den Himmel, der wird also, wie ihr ihn gesehen habt zum Himmel fahren, wieder kommen. Diese Worte sahen die Jünger als einen Befehl an, sich sogleich nach Jerusalem zurückzubegeben. Sie verließen daher den Oelberg, der von Jerusalem eine Sabbathsreise [*]) liegt, und kehr-

ten

an Jesu thaten, sich damals auch andere Jünger und Jüngerinnen bey Jesu versammlet gehabt haben.

u) Apostelgesch. 1, 6-9.

w) Mark. 16, 19. Luk. 24, 50-51. Apostelgesch. 1, 9-14.

*) Da die heilige Schrift nicht ausdrücklich bestimmet,

wie

J. C.
33.

ten nach dieser Stadt mit grosser Freude zurück. Hier versammleten sie sich wieder in jenem Saale, in welchem sie sich seit dem Leiden Jesu aufgehalten hatten, nemlich Petrus und Johannes, Jakobus und Andreas, Philippus und Thomas, Bartholomäus und Matthäus, Jakobus, des Alphäus Sohn, und Simon Zelotes, und Judas, Jakobs Bruder. Alle diese beharreten einmüthig im Gebete mit den Weibern und Maria der Mutter Jesu, und mit seinen Brüdern; und bereiteten sich mit möglichster Andacht zur Empfangung des ihnen verheißenen Trösters.

§. 257.

Matthias wird zum Apostel erwählet.

Während der Zeit, da die heiligen Apostel an diesem Orte versammlet waren, stand Petrus eines Tages, als sich ohngefär hundert und zwanzig Personen beysammen befanden, mitten unter den Brüdern auf x), und hielt an dieselben eine Rede, darinn er ihnen zeigte, wie nothwendig es sey, ehe sie ihr grosses Geschäft anfiengen, Einen zu erwählen, der ein Zeuge seiner Auferstehung sey, und die durch den Tod des Verräthers Judas erledigte Stelle wieder besetze. Sein Vorschlag erhielt einen allgemeinen Beyfall, und es wurden zu dem Ende zween Männer vorgestellet, nemlich Joseph

wie weit es an einem Sabbath zu reisen erlaubt sey, so kommen die Gelehrten wegen dieser Sache in ihren Meinungen nicht völlig überein. Die Rabbinen bestimmen die Länge dieses Weges gemeiniglich auf zwey tausend Ellen, die ohngefär sieben Stadien, oder beyläufig eine halbe Stunde betragen. Man kann hievon den Seldenus de jure nat. & gent. l. 3. c. 9. und den Reland de Palaeſt. ſac. l. 2. c. 1. nachsehen.

x) Apostelgesch. 1, 15-26.

seph, der Barsabas *) genannt ward, mit dem Zu=
namen der Gerechte, und Matthias **). Die
Ent=

J. C.
33.

*) Von dem Leben dieses frommen Jüngers weiß man
keine besondere Umstände. Einige haben ihn mit dem
heiligen Barnabas vermenget. Papias meldet beym
Eusebius lib. 3. c. 39. Barsabas habe einesmals
Gift getrunken, welches ihm durch die Gnade Jesu
Christi keinen Schaden gethan habe. Die Märtyrer=
verzeichnisse des Usuard und Adon setzen seinen Fest=
tag auf den 20. Julius, und berichten, er sey, nach=
dem er um des Evangeliums willen viel erduldet hät=
te, in Judäa gestorben, und habe ein sehr rühmli=
ches Ende gehabt. Man sehe des Abts Calmet bi=
blisches Wörterbuch unter dem Artikel Barsabas.

**) Die Griechen halten dafür, dieser Apostel habe zu
Colchis geprediget, und auch daselbst sein Leben be=
schlossen. Sie begehen sein Fest den 9. August, und
die Lateiner den 24. Hornung. Die alten Ketzer ha=
ben ihm ein falsches Evangelium zugeschrieben, wel=
ches aber die Kirchenväter, wenn sie davon Erwäh=
nung gethan, als eine untergeschobene Schrift ver=
worfen, und bezeuget haben, daß es niemals von der
Kirche angenommen worden sey. Clemens von Ale=
xandrien Stromat. lib. 2. p. 380. a. & lib. 7. p. 748. c.
beruft sich einigemal auf die Ueberlieferungen des hei=
ligen Matthias. Es ist aber sehr wahrscheinlich, daß
dieselben von den Basilidanern, Marcioniten und
Valentinianern hergerührt, welche alle das Ansehen
haben wollten, als ob sie den Lehrsätzen dieses Apostels
folgten, und also dergleichen schlechte Werke zusam=
men schmierten. Man führt zum Exempel folgende
Worte von ihm an: Wenn der Nächste des Auser=
wählten sündiget, so begeht der Auserwählte
selbst die Sünde; denn wenn derselbe nach der
Ver=

J. C.
33.

Entscheidung, welcher von beyden der Gesellschaft einverleibet werden sollte, ward Gott überlassen, zu dem sie sämtlich also beteten: Herr, der du aller Herzen kennest, zeige an, welchen du unter diesen zween erwählet hast. Daß einer die Stelle dieses Dienstes und Apostelamts empfange, davon Judas abgewichen ist, daß er hingienge an seinen Ort. Nach diesem Gebete ward das Loos geworfen. Es fiel auf den Matthias, und er ward den eilf Aposteln zugeordnet.

Vernunft, oder, nach dem Worte, gehandelt hätte, so würde sein Nächster für seinen Wandel so viel Hochachtung gehabt haben, daß er nicht würde gesündiget haben. Ferner: Man muß wieder sein Fleisch streiten, und sich desselben also gebrauchen, daß man ihm gar kein sinnliches Vergnügen einräumt; sondern vielmehr seine Seele an dem Glauben und Erkenntniß wachsen lasse. Desgleichen: Verwundert euch über das Gegenwärtige, welches eine Stufe ist, worauf man zur Erkänntniß höherer Dinge gelanget. Gedachter Clemens sagt auch, daß einige den Matthias mit dem Zachäus, dem Zöllner vermengten, welche Meinung aber deswegen ohne Grund ist, weil Zachäus kurz vor Jesu Tode bekehret worden, da Matthias im Gegentheil gedachter maßen einer von den ersten Jüngern desselben gewesen ist. Der Abt Calmet in seinem biblischen Wörterbuche unter dem Artikel Matthias, wo man auch noch mehrere Nachrichten von diesem Apostel finden wird.